新世紀教育工程——九年一貫課程再造

中華民國課程與教學學會◎主編

序

　　八十七年九月，教育部公布「國民教育階段九年一貫課程總綱綱要」，經過了激烈的爭辯和爭論，研習、座談，試教和試辦，終於在九十年八月，自國小一年級開始實施，並預計於四年內國中小全面實施。一路走來，全民關心，許多人更付出了心力，十分辛苦，令人敬佩。

　　但是在後現代性別籠罩的台灣社會，九年一貫課程從一誕生就認定了它乖舛和悲慘的命運。首先，民國八十二、三年公布國民小學、中學課程標準，剛於八十五、六年起分別實施，在新課程實施才剛兩年，才實施到國小二年級，就迫不及待的重起爐灶，誕生時間詭異；第二，後現代消費主義要求效率和速度結合，一套嶄新的九年一貫課程不到兩年就打造完成，概念尚未澄清就迫不及待的實施，決策難免疏漏，品質令人擔憂；第三，社會賢達和民間團體掌控了課程決策權，課程學者、學科專家等被拒於決策門之外，導致新課程在理論上、概念上的拙劣，能力指標和統整課程、學校本位並列，行為主義和進步主義共生，概念斷裂，理論斷層；第四，經由各科勢力的競逐和爭奪，新課程處處顯現了妥協的痕跡：七大學習領域時分時合，為什麼「七大」？誰是「七大」？強調課程統整，又冒出六大議題，為什麼「六大」？誰又是「六大」？第五，「快樂學習」、「創新教學」成為時髦的名詞，教學總時數減少了，語文、數學、自然等課程減少；生活、綜合活動、彈性學習增加了。這並不是不好，它是否受遊戲式的、節慶式的後現代影像文化的影響，或依據什麼理論？

　　以上這些問題都還沒有答案，有的甚至還沒有發問，九年一

貫課程就上路了，尤其是在刻意營造的嘉年華會的歡樂氣氛中啓航了。Fullan（1993）告訴我們：「改革就像乘著一艘漏水的破船，在不合作的水手駕駛下，駛上沒有航海圖之水域的有計畫的旅程。」他慧眼看到了我們的九年一貫課程的改革，讓我們也一起來關心這個旅程，要做的事情很多，一定要大家一起來。課程本來就是發展出來的，「K-12一貫」正等著我們呢！

課程與教學學會成立已邁入第七年，黃前理事長政傑博士和所有幹部、同仁奠定了很好的基礎，我們致力於課程與教學的研究，課程與教學議題的針貶，課程與教學政策的參與，對九年一貫課程的改革更盡了心力。本年度會以「新世紀教育工程── 九年一貫課程再造」爲主題，希望集合大家的智慧，引導新課程駛向更正確的航程。

本書的發行，首先要感謝高秘書長新建的運籌帷幄，林組長佩璇、周組長淑卿、葉組長興華的全力投入。揚智出版社協助出版，各位朋友踴躍賜稿，也一併誌謝。

歐用生

於中華民國課程與教學學會

目錄

披著羊皮的狼？——九年一貫課程改革的深度思考

歐用生
國立台北師範學院課程與教學研究所教授
中華民國課程與教學學會理事長

摘要

　　後現代教育受制於雙重的符碼：一方面是訴諸民主和消費主義的口號，強調希望、選擇、多元、擁有、自我和民主；另一方面是經濟符碼，強調效率、效果和技術。最近的課程和教學的改革似乎是這兩種符碼的混合和混種。口號上是結構再造和學校轉型，但根本上，學校改革仍然隱含了社會功能主義、效率和生產、個人主義和專家主義。科技主義的狼披上進步主義的羊的外衣，所以即使教育改革了，但並沒產生不同和改變（reform without change）。

　　九年一貫課程改革正顯現了這種後現代性格。雖然標榜著課程鬆綁、賦權增能（empowerment），創新教學，培養帶著走的能力，追求卓越等口號，但從校園中瘋狂地展開的「台灣現象」，可以看出它真的是「改革但沒有產生不同」，真的是「披著羊的外衣的狼」。

關鍵詞：後現代社會、課程改革、課程品質

前言

　　後現代社會本來就是一個充滿對立和衝突的社會，後現代教育改革更顯現了明顯的矛盾：即教育受制於雙重的符碼，一方面是訴諸民主和消費主義的口號，強調希望、選擇、多元、擁有、自我和民主；另一方面是經濟符碼，強調效率、效果和技術。（Hartley, 1997）最近關於課程、教學、評量和管理的改革似乎是這兩種符碼的混合和混種（hybrid）。這是現代官僚的課程結構和後現代進步主義的教學的結合，口號上是結構再造和學校轉型，配合選擇、選項、去中心、學習者中心等口號，但根本上，學校改革仍然隱含了社會功能主義、效率和生產、個人主義和專家主義。科技主義的狼披上進步主義的羊的外衣，仍然是為了資本累積的彈性教育。（Hartley, 1997; Wexler, 1995）所以即使教育改革了，但並沒產生不同和改變（reform without change）。

　　課程改革本來就是非常複雜、崎嶇的過程，充滿了權力鬥爭、競逐和妥協的痕跡。尤其是在後現代性格籠罩的台灣社會，九年一貫課程從一誕生就注定了它舛錯、顛沛的不幸命運。國民中小學九年一貫課程公布以後，經過激烈的爭論，以及試辦和實驗，已於九十一年八月開始實施。標榜著課程鬆綁、賦權增能，創新教學，培養帶著走的能力，追求卓越等口號的九年一貫課程，背負了國人的高度期待和悲壯的歷史使命終於上路了。但是否真的是「改革但沒有產生不同」？是否是「狼披著羊的外衣」？值得大家嚴肅地思考。

　　例如，九年一貫課程實施以後，「知識淺化」成為大家關切的問題。各校校長辦學能力有別，師資人力不同，社區條件互異，校本課程發展良莠不齊；許多課程流於花俏的競逐，教學活動雖然花樣百出，全校搓湯圓、作跳蚤市場，學生看似快樂學

習，但是否眞能體驗意義？課程統整流於教材的拼湊，教學評量成爲「過關」的遊戲，是否眞能提高教學品質？行動研究也做了，但只是玩一場研究的遊戲，不僅沒有解決問題，甚至只在爲工具理性服務。教師又缺少課程評鑑能力，沉溺於媒體報導的歡欣，學生表面快樂的誘惑，「草根模式」是否不淪爲「草莽模式」？九年一貫課程是否眞如批評者所言：只重視「基本」能力，偏重快樂學習，但降低了教學品質和水準，將使國中國小化，國小幼稚園化，造成學生「安樂死」？不能不加以檢討和批判。（歐用生，2002）

　　九年一貫課程的實施產生許多獨特的「台灣現象」，本文將從課程改革和課程品質的觀點，批判地檢討、解析這些現象，並探求其課程改革的意義。

新課程改革的「台灣現象」

　　九年一貫課程不僅是後現代社會的產物，本身就充滿了後現代的色彩。它不是政府催生的，而是源於民間團體和民意代表的強大壓力；不再是國家文化或國家身分的灌輸，而重視多元文化或地方知識的發展；不是教育專業閉門造車，而是學校社會集體協商；不是由上而下的、政府主導的課程管理，而是由下而上的、共同參與的課程愼思。這種後現代思維撞擊超穩定的、僵化的舊體制，顯明地刻畫了課程改革和實施的顚簸和坎坷。

　　例如，統整課程是九年一貫課程改革的主要特色之一，而改革是否落實，端視教師能否轉換課程典範，並且具備統整課程設計的能力而定。過去國內課程界對統整課程的理論探討不多，對課程設計的實踐更缺少經驗，所以實施起來，困難重重。這時不少學者、專家帶著現場的中小學教師們一起做，發展出以「主題」

為中心的多學科（領域）統整模式。但這個模式立刻席捲全國，中小學集中所有的人力、物力、財力、時間和精力，全力推展多學科模式的「主題」統整，幾乎已經達到了「歇斯底里」的地步。多學科主題統整取得了霸權的地位，封閉了其他模式的思考，而且概念無限制的擴大，實施主題統整，就是在作學校本位課程發展，就是在實施九年一貫課程，就是在推行課程改革。

這種課程改革的「台灣現象」，延燒到每一所校園，每一間教室，每一種活動，隨處可見。春節到了，全校師生一起搓湯圓，氣氛熱烈；母親節到了，全國的師生都在「護蛋」，體會母親的辛勞（蛋破了卻要寫「悔過書」）；為鼓勵學生閱讀，有的校長跳「天鵝湖」，有的校長跳起「鋼管舞」；有的學校在山上舉行畢業典禮，我們的畢業典禮偏要到「海底」去舉行。全民麻醉在嘉年華的歡樂氣氛和大賣場式的聲光刺激當中，誤以為這就是「快樂學習」，這就是「體驗」，這就是「改革」。但誰去覺醒：大賣場式（shopping mall approach）的市場邏輯強調將多元的、編織過的文化產品放在學生的手上，學生就以非常膚淺的方式消費這些產品。這種方式忽視了全球現實的複雜性和緊張，只提供更多的產品給消費者，讓他們以簡單的、沒有生產性的方式來消費。（McCarthy, 2000）

以下試從四方面，探討課程改革的台灣現象。

一、課程計畫品質堪慮

九年一貫課程標榜課程鬆綁，專業自主，授權學校擬訂課程計畫，報教育局核備後實施，於是各校又在「學校本位」的模糊概念之下，瘋狂地展開學校本位課程發展，掀起了另一波的台灣現象。不曉得他們是否知道：什麼是SWOT分析？什麼是學校願景？為什麼要有願景？反正全國教師又開始陷入「SWOT分析」

和「學校願景塑造」的「歇斯底里」當中。教師們只知道要填一大堆的表，要寫一大疊的報，只好臨「表」泣涕，不知所云；校長只好找遍辭典，勤練書法，寫出最顯目的一個對聯，或六個字作為學校願景，然後「公告周知」、「呈報了事」，只要有「神主牌」，管他有沒有「靈位」！接下來的學校課程發展計畫和學校願景沒有任何關聯，純為塑造願景而忙，為效果而作，不知改革的目標何在？課程品質如何？等等，誰也不關心。

　　學校能夠在時間內提出課程總體計畫已是精疲力竭，那有餘力再去關心課程品質，即使有時間，也不知有那些提高品質的策略。首先，課程綱要本身並沒有統整，生活領域本來是沒有的，後來決定將低年級的社會、自然與生活科技和藝術與人文合併為「生活」，臨時把這三領域的低年級的能力指標和教學內容「拼湊」成「生活」，所以生活課程是由社會、自然與生活科技和藝術與人文「拼湊」而成，領域屬性並不清楚。而且教科書發展者並沒有深究各學習領域的特性，依自由心證，理所當然地去解釋課程綱要和能力指標，又限於時間壓力，能編出書本，以通過審查就已經很不錯了。綱要本身沒有統整，殘缺不全；教科書編者無法顧及品質，教師更不用說了，只好照書教，照表操課，那管品質；學了那麼多課程統整，但真正需要時卻派不上用場。

　　小學一年級的課程規劃中，綜合活動、生活和彈性課程等的時間顯著增加，約占了二十四節課中的半數，語文的時數顯著減少了，每週約只有五或六節課，而且要包括英語和母語，數學、自然等也減少了。雖然低年級的課程以生活教育和活動為主，但知識性科目大幅度地削減，對基本能力的培養是否不會影響，值得認真思考。

　　而且一年級的課程中，生活、綜合活動和健康與體育等重複情形十分嚴重。一年級教材以家庭和校園生活為主題，各領域之

間重複在所難免，而且螺旋狀課程的主要原理之一「程序性」是指一再強調課程的重要元素，或許會有部分的重複。但如果兒童一天要繞校園三次，生活是「認識校園」，健康與體育是「認識校園的運動器材」，綜合活動是「校園的安全」，兒童不僅不會感到興趣，更是兒童時間和生命的浪費，尤其是活動方式又很膚淺的話。

日本、大陸等地的「綜合活動」是在「生活」之上的，從三年級才開設，十分合理，我國的這種課程設計，應考慮修正。

第二，課程計畫結構鬆散，各部分之間均少邏輯關聯和銜接。「學校願景」是較理想化的辦學哲學和理念，應配合擬訂校務發展計畫和學校教育目標，然後依據願景、計畫和目標設計課程。大部分學校的課程規劃中，願景──目標──課程──教學之間彼此分立，好像是各自黏貼上去的，缺少關聯；領域──能力指標──教材──教學──評量之間也缺少邏輯，能力指標如何達成？學習領域目標如何達成？學校願景如何實現？

第三，彈性學習節數是課程鬆綁的具體表現，學校本位課程發展的重要場域，也應該是建立學校特色的重要手段。是正式課程的一部分，占有二至四節，扮演十分重要的角色。可以作為領域教學的延伸，補救教學、加廣加深學習，發展鄉土或環境教育，由班級教師設計使用或規劃學校特色課程。其課程應考慮學校願景、社區特性、社會需要，依據核心價值或概念，從一年級到六年級作整體的規劃和設計。但大部分的學校卻用於行政雜事的處理，其他時間作不完的事全部推給彈性學習。因此某校彈性學習時間共四十八小時，但其中「發教科書」一節，「註冊」一節，「調整桌椅」一節，「路隊整編」一節，……這種課程設計真不知理念何在？「品質」何在？真能培養「帶著走的能力」？

所以每一所學校的課程發展計畫都按時呈報，縣市教育局也都備了，形式齊全，該有的都有，但誰去關心其內容和品質？實施品質更不用說了。

二、主題統整淺化知識

　　知識是統整課程的盟友，不是敵人。（Beane, 1997; Hargreaves, 1997; Wineburg & Grossman, 2000）從統整課程的理論來看，統整課程不僅不會降低品質，更能提高學習水準。（Kelly, 1997）首先，學科確實有其順序和結構，但如果不把這些順序和結構帶進兒童的學習中，成為兒童的順序和結構，則沒有意義，沒有適切性。其次，知識不是神賦的實體，必須因應新的需要和目的重新組織和再結構，能提供更真實、更具刺激性的內容，更能提高水準。第三，統整課程可增進高層次的思考能力，它不是累積知識，記憶事實，而是深入地研究主題，發現類型和關聯性，發展分析、綜合能力，兒童參與知識的建構，更具適應性，更能解決問題，因此不會降低品質。

　　目前中小學教師實施的課程統整，幾乎完全被多學科主題統整模式主宰，認為把教材結合起來就是統整，例如，擬訂「春天到了」這個主題，把社會、自然、國語、美術……等各科中有關「春天」的內容拿來一起教就是「統整課程」。主題統整只是「課程統整」最原始的一種形式，嚴格說來尚未「統」，也沒有「整」；只是把水果切好，放到果汁機中，那一塊是西瓜、木瓜、鳳梨、蕃茄、……等仍清晰可見。課程統整應該像「綜合果汁」一樣，把水果放進果汁機，按下按鈕，經過攪拌、融合以後，變成「你儂我儂」，「你泥中有我，我泥中有你」，才真正是課程統整。

　　再者，任何學問的知識結構包括事實（fact）、概念

（concept）、原理原則（generalization）和理論，事實組成概念，概念組成原理原則。同時也要考慮學習方法或能力的因素，二者是交互作用的（Drake, 1998）。傳統課程設計的最大缺點是只強調事實，要求學生記憶、背誦，而課程統整就是要培養學生高層次的能力，使學生有形成概念、歸納原理原則的能力。但主題統整的「結」綁得太低，只綁在「事實」的層次，概括能力有限，對學生高層次能力的提昇助益不大。

一個精緻的課程統整至少要包括六個構成因素，即：（一）主題，（二）組織中心，（三）教學內容，（四）能力指標，（五）教學活動和（六）評量方法。日前盛行的多學科主題統整模式，缺少最重要的三部分，即組織中心、教學內容和能力指標，這三部分都與學問的知識有關，因此品質堪慮。

許多統整課程的學習主題，多偏於校園、鄉土或節慶，僵化而且重複。主題是否具有普遍性的價值？是否能拓展學生對世界或對人類意義的理解？是否具有課程統整的性質？是否與學生真實的興趣有關？是否能引發學生的探究行動？尤其是要學生多關心社會問題，培養學生關心社會，與社會一起呼吸，共同脈動的胸懷和能力，這才是統整課程的進步主義的意涵，才是社會統整的精義。（Beane, 1997）

而且課程統整要超越學科領域和學問身分，重視統整性的活動，不管學科或學問的界限，儘可能利用各種知識。學問知識成為主題、活動和爭議問題的一種資源，在脈絡中重新定位。因此知識不再是抽象的、分節的，而是具有生命、有意義的，更易於學習，是統整課程的盟友，而不是敵人。但台灣現象中的主題統整，仍保留學科界限，把「結」綁在「事實」上，仍偏重低層次的能力；更甚者只有活動，沒有內容，全校學生一起搓湯圓，一至六年級學生作相同的活動，學習相同的內容，是否真是「六年

級一年級化」，快樂學習中降低水準，向下沉淪？

三、快樂學習流於膚淺，體驗不足

　　課程改革最終必須落實到學生的經驗上。九年一貫課程改革了，教學當然也要創新。於是「快樂學習」、「教學創新」成為至高無上的指令。但「快樂」是什麼？「快樂學習」是什麼？好像不重要。全校學生實施「搓湯圓」的活動，教師評量的標準是學生學得很高興，很投入，有興趣。不用上課大家玩在一起，那會不高興？不喜歡？將「快樂」限於表面聲光的視覺刺激，將「興趣」限於「技術興趣」（Grundy, 1987），將成就囿於公共媒體的公開報導，使教育淪為商品化、市場化。

　　許多教學的設計流於花俏，只有活動，沒有內容；只有玩樂，沒有體驗，品質亟待提昇。例如，各校為活潑教學，常實施戶外教學，然後填寫學習單了事。學習單瘋狂地印，用意何在？參觀或戶外教學當然有其價值，如參觀動物園可協助學生瞭解動物生態。但一個深度的主題探索，不可能在十幾分鐘的參觀就完成，短暫的參觀，學生也只是獲得片斷的經驗。在低年級的許多教學活動中，都考慮到「愛護學校的感情」等情意目標的培養，但設計的教學活動只有帶學生去參觀校園，這裡是校長室，那裡是保健室；這裡有一棵樟樹，那裡有一個涼亭；單純地校園走一遭，如何培養愛校情操？

　　深化的學習需要有機會讓學習者和環境產生長時間的互動，讓具體的現場經驗和抽象的知識，重新解構，重新再融合，不斷地讓學習的基模解構再重組。在這歷程當中，學生不但養成學習的習慣，也不斷內化學習的經驗，學習的機制就會產生自動化與探索。參觀無尾熊的展覽，只是一次短暫的經驗，探索螞蟻生態卻能成為未來許多學習的基礎。（林文生，2001）但教師和學生

汲汲於嘉年華會的歡樂，誰願意這麼做？

四、評量和評鑑機制闕如

多元評量是九年一貫課程非常重視的改革重點，強調許多評量的新觀念，例如，不可只用一種測驗來決定一個學生表現的好壞；評量可以找到學生的優點，強化學生的優點，而使學生的優點變多，激發學習動力；評量不一定要和他人比較，評量應該幫助學生和自己的過去比較並成長。評量不應只注重學生個體之間的比較，還應該強調學生之間良性互動的關係。在評量方式上，則強調依學生身心發展與個別差異，以獎勵及輔導爲原則，並依各學科及活動性質，採用多元的評量方式。

但目前各校實施的多元評量，僅是評量方式的多元，而且限於表面，不合乎多元評量的精神。例如，只有「檔案」，不一定有評量；學習單已幾乎達到泛濫的程度了，但內容上仍限於事實的再製，缺少高層次的思考、創意、批判的問題；「過關」又是另一個瘋狂現象，學生拿著學習單到各關去回答問題，教師權充關主，娛樂學生；父母、家長等不管懂不懂評量的意義，也成爲關主，成爲評鑑者。這種多元評量，熱鬧有餘，深度不足，真能達成評量的目標？

依現行國民中小學成績考查辦法，以及一般學校的運作常態，學校通常會在學期中實施二至三次的定期性紙筆測驗。若因爲九年一貫課程強調多元評量而將定期性紙筆測驗完全廢除，恐不易爲教師和家長接受。因此各校宜變通因應，鼓勵教師平常多多採用諸如：觀察、實作、操作、檔案評量、作業評定等的多元化評量措施，而原先每學期三次的紙筆式定期評量，將其中的第一次評量改爲實施非紙筆式定期評量，另兩次則維持原有的紙筆式定期評量，以維持學習水準。（黃嘉雄，2000）

課程評鑑是九年一貫課程改革中最弱的一環，連最簡易的量化資料都沒有蒐集，更不用說採用個案研究、俗民誌研究等方法，在自然情境中，實際「看到」並「體驗」革新運作的情形；也沒有仔細分析革新方案內容，學校相關文件、會議紀錄；觀察教師會談或教室；訪問校長、教師和家長；利用問卷瞭解他們的想法和觀念等，實有加強的必要。若只是有「衝勁」的校長，帶著有「創意」的教師，一直往前衝，沒有往後看，沒有加以評鑑。缺少反省、批評的「草根模式」將淪為「草莽模式」！

台灣現象的解析

　　課程改革的台灣現象蘊含了許多問題，仍待繼續檢討：課程概念澄清了或受到扭曲？思考活絡了或趨於單一？模式活化了或仍然僵化？課程發展流於形式或具教育意義？教學改革是花俏或是實質？尤其九年一貫課程改革是否降低學生水準，淺化知識？令人疑慮。許多人批評：九年一貫課程只強調基本能力，快樂學習，統整課程又妨礙了知識的系統學習，學科知識殘缺不全；而且教學過程中學生好像都在玩，沒有作業，多元評量就是過關，知識被淺化，將造成國中國小化，國小幼稚園化，將使學生「安樂死」，十分可怕！（歐用生，2001）

　　這種台灣現象的背後隱藏了許多問題，大大地影響課程實施的品質，茲從下列八點來說明。

一、理論不在，盲目進行

　　任何課程都必須有理論的支撐。Reid（1999）就認為：課程改革是學校組織的三個主要特徵——工學、社會系統和理論的平衡的結果。工學是使組織運作的一組複雜的技術；而組織工學的

實施是經由社會系統，如人與人之間的關係；理論則是關於教學、學習或學校課題的明顯的或暗默的信念。如學校教育的目的為何？學習是什麼？兒童如何學習？「成就」的定義為何？師生的適當的行為應該如何等等。

也就是說，課程改革不僅只是改革形式課程，其蘊含的人性論、社會論、知識觀、課程觀等也必須改革。例如，統整課程不僅只是重新安排學習計畫的方法而已，它是進步主義的教育哲學的一部分，也是一種課程設計的理論，有其特定的知識觀、教育觀和課程觀，尤其要透過課程設計的統整，加強經驗的、知識的和社會的統整。（Beane, 1998）

但目前盛行的統整課程的改革，教師只關心如何操作，只在技術上改革，社會系統和課程理論仍然是分科課程的思考。即使統整課程實施了，也只是教師暫時願意花額外的努力，來克服社會系統外在的影響，及與統整相異的理論，但這只能是短暫的，維持一個短時間；終究惰性的力量又會還魂，等它占了上風以後，又回復到分科課程的角色和結構。（Hargreaves, 1997; Posner, 1992; Reid, 1999; Young, 1971）

二、概念模糊，邊作邊修

九年一貫課程揭櫫了許多嶄新的理念，如學校本位、課程統整、協同教學、能力指標……等等。這些概念本來就十分多義，過去國內在這些方面的研究不多，具體實踐的例子也很少。因此新課程實施以後現場教師感到霧煞煞，就連教授、專家也各說各話，莫衷一是。而且不管有沒有研究，作了再說，等不及作深入探討和研究，全民實施打跑戰術，邊作邊修，且戰且走。

課程統整的概念極其紛歧而多義，例如，多學門課程（multi-disciplinary）、科際整合課程（interdisciplinary）、超學門課程

（transdisciplinary）和交叉課程（cross-disciplinary）等，各有其特定的意涵和操作的技巧。多少教師，甚或專家、學者在做課程統整前，已弄清楚了這些概念。許多教師也許覺得自己採用的是進步主義革新的理念和方法，但並沒有覺醒革新的說詞和實施之間的差距，新理念被轉化於舊的傳統中，成為教師視為理所當然的實際。雖然實施統整課程，但舊課程中隱含的哲學觀、知識論和課程論並沒有改變。雖然改革了，但沒有產生更好的結果。

三、課程鬆綁，鬆了再綁

　　九年一貫課程改革的主要口號之一是「課程鬆綁」，但「鬆綁」意謂什麼？鬆了不綁？鬆鬆地綁？鬆後再綁？許多現場實際工作者說：課程改革口號叫得漫天響，但實際上是鬆後再綁，而且綁得更緊，因為不僅有教育部的綁，地方政府也綁，專家更在綁。某國小鑑於課程發展委員會難以運作，欲修改組織編制，將教務處擴充為課程發展委員會，但上級說：「與國民教育法抵觸，礙難同意。」校長嘆曰：「教育當局叫我們跳舞，我們也想跟著跳，但手鐐腳銬，跳得起來嗎？」

　　某市教育局為提高學校課程發展計畫品質，舉辦「學校課程發展計畫」講習，要求全市國中小校長、教務主任來參加研習，並請某教授主持，全面接受該教授的「版本」，各校依此修正計畫，再請該教授審查，格式、內容、用語等不使用該版本者，就不予通過。某校長嘆曰：「如果這樣，全市用一個版本就好了，為什麼還要各校呈報計畫？」

　　這一波課程改革中，中央政府有意鬆綁，事實上「鬆綁」本來就有「責任轉稼」的意味（Halsey, 1997），這麼龐大的改革機制已非教育部所能掌控，只好順水推舟，進行鬆綁。國家經由衝突、妥協和政治的運作可以立法課程、評量和政策的改革，但政

策的制訂者、課程改革者都不一定能控制他們的文本的意義和實施。所有的文本都有疏漏，在改革過程的每一階段都接受再脈絡化。（Apple, 2000）因此政府放手了，「專家」立即接手，而且為爭取對「聖經」的解釋權，展開了一場激烈的爭奪戰：有的高談闊論，充滿學術語言，令老師霧煞煞；有的使命感太強，只此一家，別無分號；有的甚至誤導，引至錯誤的方向，真正是「專」門騙人「家」了！

四、內容僵化，定於一尊

課程文件的解讀是在解讀文本，是在說故事，每一個教師都發展自己的課程，說自己的故事，要將被主流文化或敘說視為雜音（noise）的教師聲音納進來，一起說故事，說者、聽者都變成主角，所有的結果都是暫時性的，像夜空中閃爍的繁星，此起彼落，眾星閃爍，而非北極獨光，課程統整一直發展下去，愈來愈精緻，故事就永遠說不完，愈來愈精采。（Doll, 1993）

九年一貫課程雖然也大喊彈性、自主、創新、多元，但課程實施現場完全看不到這種景象。教師都說同一個故事，而且永遠就是一個故事，一下子就說完了。某一學校有一個新的點子，立刻風靡全國；某一學校有新的作法，也立刻滲透到全國的校園。SWOT分析、願景塑造都是同一形式、同一作法；課程統整就是主題統整；多元評量就是「過五關」；活潑教學就是全校搓湯圓。課程改革帶給教師不安定感、不安全感，只要別人做就跟著作；只要作過一次，就像抓住了漂流的浮木，暫時作為保護傘。生存下去就已經不容易了，何遑論及品質！

市場並沒有鼓勵課程、教學、組織，甚至是形象的多元性，相反的，總是低貶不同的選擇，增加主流模式的權力。更重要的是擴大接近和結果的差異。（Apple, 2000）在政策文件中，經濟

話語和文化論述糾結在一起，二者邏輯互異，但看似同一。但教育改革利用複製的論述，以前者去證成後者，是有意安排的混合，是文字遊戲，把後現代文化的潮流凍結成類型，壓制其多元化，並將之標準化。

五、市場導向，流於花俏

　　一系列的教育改革強力地撞擊傳統的教育勢力，教育專業大門已被迫打開，市場化的邏輯已滲透到學校的每一個領域，九年一貫課程的實施更加深了課程與教學的市場化。大賣場式的課程設計，嘉年華會的教學實際，師生沉溺於五光十色的感官刺激，沉醉於媒體報導的表面成就，誤以為這就是「改革」，這就是「品質」。

　　在市場社會中，品質是「能滿足消費者，能使他們快樂的東西」，也就是「合用」、「沒有缺點」，能吸引顧客的口味，而品質的過程，始於消費者，要去瞭解他們需要什麼，然後又回到消費者。這是一種後現代語言，在當前的消費主義的社會中，任何想法、經驗和生活被認為是一種產品，被「市場化」了，我們也將它們投入市場中，加以消費，然後捨棄。資本主義的文化易產生一種暫時感，即一種信念，認為物品或想法是放在那兒，可以隨時取用或消費，之後又轉移到另一種消費的產品或觀點。即使是道德或價值的決定，也像衣服可以試穿一樣，滿足目前的慾望就用它，品味改變了，就「降價」或「變形」，棄之如破履。物品和決定變成具體的、具表面價值的東西，試用一些時間以後，可用更新、更時髦的東西來代替。（Alba, 2000）

　　課程改革和教學創新就是在提供遊戲性的、節慶式的影像，引進新的媒體邏輯和形式，媒體上出現的訊息不能像教師和教科書中的教訓一樣，刻板而無生趣；而是多元的、即時的、富變

化,甚至是聳動的、煽情的,以吸引學生。

六、「快樂」有餘,「體驗」不足

　　「快樂學習」、「親身體驗」是教育現場最響亮的口號,但仔細觀察,「快樂」看似有餘,「體驗」十分不足。(陳芙蓉,2000;黃慧仙,2000)課程改革或教學創新就是在追求流動的視覺影像,舒適感和不可能的夢想,也就是在追求私的層面,使個人在獲得和消費中得到安慰和滿足,立即性的自我陶醉和享樂主義取代了延遲的滿足感,廣告商保證金錢可以完成任何事情,信用卡使什麼都變得立即可能。無止境的消費保證無止境的幸福和立即的滿足,在追求快樂、幸福的熱潮中,我們失去了較不具體的、較遠的滿足和快感。在我們的感受中,快樂取代了道德,這種幸福感是多變的,而且腐蝕了道德的慎思,就像「現實」被建構,包裝和出售一樣,真、善、美也被市場和效率取代。

　　許多課程或教學設計都十分強調情意目標,都重視「培養愛校的感情」、「珍惜社區的資源」,但教學活動頂多只是帶學生到校園走一遭,到社區公園逛一逛,但一點都沒有訴諸對地方(place)的感情。感情植基於土地上,知道人是從那裡開始的,才知道他是誰。地方與感情的關係是地方課程理論研究的主題。地方把特殊性列為焦點,地方感敏銳個人的瞭解,及引導人的心理的、社會的力量。如果沒有地方感,我們對特定力量的欣賞是模糊的、個人化的。地方蘊育了生根的社會力量,產生知覺、清晰和洞見;澄清地方感,使抽象的成為可接近的。課程理論如果從歷史、時間、地點和人的意圖中抽象化出來,將不會有進展。課程理論也要奠基於特定的社會理論,對教育所地的世界的紮根的觀點。缺少這種觀點,則課程理論陷於孤立,將知識瑣碎,化為將被記憶的碎片,模糊了它的政治意涵。(Pinar & Kincheloe,

1991）

　　體驗學習是一種賦「權」增「能」的教學。從Foucault（1980）的觀點來看，「權」或「能」的問題作用在身體的層次，顯現於行動，在教學實際的微觀層面上，是可以觀察的，可以引發，可以使它顯著，使它緊張，加以扭曲，迫使它作某些事。它們不是不可捉摸的，而是可以觀察的，可以經驗的。教學存在於心和情緒，存在於無意識的層面，存在於心靈、精神，它是靠身體、以身體、從身體、在身體上完成的。

　　這種觀點對分析學校和權力有兩點啓示。第一，權力的概念必須從結構的、意識型態的鉅觀分析，轉到身體的微觀分析；第二，權力不只是表出的，也是生產的，因此教學和管理（surveillance）的關係成爲教學實際的核心，不是外加的，是教學內含的機制的一部分。（McCarthy, 2000）這種賦權增能的教學才眞正是「體驗學習」。

七、陷阱處處，防不勝防

　　課程改革是一個複雜、崎嶇的歷程，由於各種勢力的競逐、角力和爭奪，鑿出了許多陷阱，防不勝防，甚至陷入了而不自知。許多學校爲了發揮專業自主，展現教師武功，決定自行設計部分教材，如生活教材或綜合活動教材等，有的學校甚至除了國語、數學外，其他領域都自編教材，不採用坊間教科書，這種嘗試，精神可嘉，令人敬佩。但仔細研究這些教材，卻發現了許多問題；事實上，即使是國家審定通過的教科書，品質上也不夠精緻。例如，民間或學校出版的「生活」教科書，隱藏著許多知識論上和概念上的問題，不能不嚴肅地加以審視和批判。這種「生活課程」是成人們爲兒童決定的、預設的「生活」，在成人們的眼中，兒童是無能的，無聲的，他們的生活世界是單純的；成人們

認爲：我們決定他們生活的內容和方式，就能使他們過完美的生活。而且兒童和我們生活的脈絡和社會仍然是靜態的、單一的，嗅不出多元的、複雜的，甚至是後現代社會的氣氛。依照這種前提和假定描繪出來的「生活課程」，眞能讓兒童過理想的、有趣的、充滿希望的「生活」？（Cannella, 1998；歐用生，2001）

　　事實上，生活課程要徹底分析人們在當代社會中的生活經驗，並批判性地參與道德的、政治的爭議，以實現民主學習社會中的教育目標。（Quicke, 1999）二十一世紀的生活需要哪一種課程？二十一世紀的社會是開放的、民主的、前瞻的；是一個學習的社會，每一個人都可以獲得自我發展和有益於他人和社會發展的知識和技能，達成學習社會的教育目標。學習是終身的，延伸到校外，到學校畢業後。因此二十一世紀的生活課程，並非學生畢業後即結束的傳統的「學科」，而是師生共同創造的生活經驗。

　　教師完全依賴教科書施教，能把它教完就不錯了，誰會去覺醒這些理論上、概念上的陷阱？進了陷阱仍渾然不知，如何達成生活課程目標？

八、技術理性，主導改革

　　教育現場的教師，缺少對九年一貫課程改革的整體圖像，不知改革的願景和方向，只是在枝葉末稍上改變。同時爲滿足上級的要求，追求表面上的效果、效率和績效，只好依樣畫葫蘆。無論如何，總得在開學前一個月向地方政府教育局呈報「學校課程發展計畫」，總得在上級到學校視察、評鑑以前，完成各項表、報，以爭取績效。至於這些計畫、表、報等是否可行，品質如何，就並不那麼重要了。

　　在這種技術理性主導下的課程改革，易失去原來的意圖，純粹爲改革而改革，爲「統整」而「統整」，爲「協同」而「協

同」，模糊了改革的意義。尤其是從這種課程改革運動，可以看到：學校去調適消費的資本主義的主流論述，絲毫無力加以反抗。就像資本主義不能脫離後現代文化，反而要利用後現代文化，以促進生產和消費。

於是資本主義開始適應後現代主義的消費者的口號，如擁有、反省、多元和選擇等，以這些口號來包裝效果、效率、績效等現代性的鬼魅。也就是說，現代性的思維去擁抱後現代的大腿，表面上大喊自主、增能、擁有、多元等口號；表現上，泰勒主義（Taylorism）被除魅化了。事實上，科技理性的狼只是披著進步主義的羊的外衣，只是被「市場化」了，而以新的形象出現，借屍還魂，主導著課程改革。

結語

九年一貫課程改革是我國課程史上劃時代的創舉，其激起的爭論和對話，更具有跨時代的意義。理論的建立和概念的澄清已作了許多努力；課程政治的分析和論辯，也有了不少成果。雖然留下了許多尚待努力的空間。

現在九年一貫課程在刻意營造的嘉年華會的氣氛中上路了，老師們的努力是可以肯定的。但嘉年華會的歡樂後面隱藏著許多的問題和危機，如果不去揭露、覺醒，並加以克服，可能造成新世紀的不幸。本文只是一個起點，也喚起大家一起努力。

參考書目

中文書目

陳芙蓉（2000）。愛籽國小「主題活動」統整課程發展之研究。國立台北師範學院課程與教學研究所碩士論文。

黃慧仙（2000）。天藍國小「主題活動」的成長足跡。國立台北師範學院課程與教學研究所碩士論文。

歐用生（2001，12月）。國小生活課程的理念與設計——批判的觀點。主題演講稿於北京師範大學基礎教育課程中心主辦之「綜合實踐活動・生活課程實驗研討會」，大陸深圳。

歐用生（2002）。建立二十一世紀的新學校——校本課程發展的理念與實踐。載於歐用生、莊梅枝（主編），反省與前瞻——課程改革向前跑。台北：中華民國教材研究發展學會。

英文部分

Alba, A. D., E. Gonzaloz-Gandiano, C. Lankshear, M. Peters (2000). *Curriculum in the Postmodem Condition*. N. Y.: Peter Lang.

Apple, M. W. (2000). Racing toward Educational Reform-The Politics of Markets and Standards. In R. Mahalingam, C. McCarthy: *Multicultural Curriculum - New Directions for Social Theory, Practice, and Policy*. RKP.

Beane, J. A. (1997). *Curriculum Integration - Designing the Core of Democratic Education*. N.Y.: Teachers College.

Cannella, G. S (1998). Early Childhood Education - A Call for Construction of Revolutionary Images. In W. Pinar (1998). *Curriculum - Toward New Identities*. N.Y.: Garland.

Doll, W. E. (1993). *A Post Modern Perspective on Curriculum*. N.Y.: Teachers College.

Drake, S. M. (1998). *Creating Integrated Curriculum - Proven Ways to Increase Student Learning*. Ca. Corain Press.

Foucault, M. (1977). *Discipline and Punish - The Birth of the Prison*. N.Y.: Pantheon Books.

Grundy, S. (1987). *Curriculum-Product or Praxis*. N.Y.: The Falmer Press.

Hargreaves, A. (1997). *Learning to Change. - Teaching Beyond Subjects and Standards*. S. F.: Jossey-Bass.

Hartley, D. (1997). *Re-schooling Society*. London: The Falmer Press.

Kelly, A. V. (1997). *The Curriculum-Theory and Practice*. N.Y.: Harper and Row.

Kincheloe, J. L. (1991). Introduction. In J. L. Kincheloe, W. F. Pinar (1991). *Curriculum as Social Psychoanalysis - The Significance of Place*. N.Y.: SUNNY.

McCarthy, C., G. Dimitradis (2000). Globalizing Pedagogies - Power, Resentment and the Renanation of Difference. In R. Mahalingam, C. McCarthy, ibid.

Pinar, W. F. (1995). *Understanding Curriculum*. (Eds.). N.Y.: Peter Lang.

Pinar, W. (1998). *Curriculum-Toward New Identity*. (Ed.). N.Y.: Garlaud Pud.

Quicke, J. (1999). *A Curriculum for Life-Schools for a Democratic Learning Society*. Buckingham: Open U.P.

Reid, W. A. (1999). *Curriculum as Institution and Practice*. London: LEA.

Wexler, P. (1995). After Postmodernism - A New Age Social Theory in Education. In Smith, R. P., & Wexler, *After Postmodernism* (Eds.). N.Y.: The Falmer Press.

Wineburg, S., P. Grossman (2000). *Interdisciplinary Curriculum - Challenges to Implementation.* (Eds.) N.Y.: Teachers College.

Young, M. F. D. (1971). An Approach to the Study of Curriculum as Socially Organized Knowledge, In M. Young. *Knowledge and Control.* (Ed.) London: Macmillan.

九年一貫課程的首演──改革理念與實務面向的落差

吳麗君
國立台北師範學院初等教育系副教授

摘要

台灣地區的中、小學課程正在經歷一次前所未有的大整容手術，小學一年級的新生從九十學年度起已經全面使用九年一貫課程，國中亦將於下（九十一）學年跟進，本文兼採原級研究（primary research）和二次分析（secondary analysis），旨在建構此一課程改革政策落實到小學之後所產生的落差。本文所草繪的暫時性圖像分別是：

一、宿命的落差：宿命式的落差意指該項課程的落差是當前大環境下不可避免的，本文從改革的目的與手段之不合轍、改革的要求超越教師的能量等角度來進行鋪陳。二、能量的落差：能量因素所產生的落差與個別教師因應、面對教育改革的能量有關，能量愈高則產生落差的可能性較低；反之，能量愈低則產生落差的可能性較高。本文從實例建構了能量落差的三個面向，分別是：時間、體能、專業知能。三、結構性的落差：結構性的落差意味著落差的產生乃肇因於結構性的因素，例如，校內的課發會、教科書等等均是重要的結構。四、表象的落差vs.實質的落差：以現代性的角度來看，表象的落差指的是：從現象面來看九年一貫課程的政策在實施的過程中產生了落差的情形；相對而言，實質的落差則指的是不管從表象來看是否符應，從實質面、精神面來看則落差已經隱然可見。從後現代的視角觀望，則表象的落差與實質的落差構成一條連續線，二者的界線被模糊了。

文末以這四幅圖像為基礎，為九年一貫課程進行逆向的規劃。

關鍵詞：課程改革、九年一貫課程、結構性的落差、能量的落差、表象的落差、實質的落差、宿命的落差

楔子

我們沒有退路，只能學著與變革相處

——改寫自Fullan（2001：272）

台灣地區的中、小學課程正在經歷一次前所未有的大整容手術，小學一年級的新生從九十學年度起已經全面使用九年一貫課程，而國中階段也將於九十一學年度起與九年一貫課程相遇。九年一貫課程是中華民國台灣地區課程史上的一項重大革新，不但改革的幅度大，對於課程、教師、知識等等的意象也有根本性的變革。面對這一個巨大的課程變遷，不同的利益關係人（stakeholder）從不同的視角都展現了相當的關切。九十學年度起九年一貫課程已經在台灣地區的小學一年級正式粉墨登場，展演的情形不但在考驗一個新的課程政策，同時也以點滴工程的方式在形塑著我們的下一代，在建構台灣地區的未來。面對這一個巨大的變革，格外能夠體會M.Fullan（1993）的說辭「改革實在太重要了，我們不能置身事外，而不負責任地把它委託給專家」。此外，他又說：「我們不敢保証中央政府擁有足夠的智慧來做正確的決定」。如果你同意Fullan的論述，那麼不管你贊同或反對九年一貫課程的改革，持續的觀察與關心是不可少的。

我站在哪裡觀望這一場九年一貫課程的首演呢？我具有多元的身分，我是教育社群的一分子，一位師資培育者，我是一位母親，我也是這個文化脈絡下，直接或間接會受到九年一貫課程影響的公民。在這些不同的位置上我都需要觀照、瞭解九年一貫課程，這一個影響可能極其深遠的課程改革。瞭解與觀照的方式可以向前看，持續注視九年一貫課程未來與教育現場的互動；但是

向後看也是不能少的視域，因為有記憶才有力量，有歷史的縱深才會有豐富的未來。當我們向後看的時候，首先映入眼簾的就是九年一貫課程的彩排——從八十八學年度起的試辦工作。全台灣地區約有二百多所的國民小學在八十八及八十九學年度陸續加入試辦九年一貫課程的行列，這些試辦學校在這兩年間所經歷的挫折、困頓、喜悅與成長等等，當然是瞭解與借鏡的經驗，也是台灣本土的脈絡下進行教育改革所累積的珍貴經驗。針對這個部分個人曾經以「台灣地區九年一貫課程的彩排」（吳麗君，2001）乙文來回顧這一段來時路。本文則隨著時間的推移，把視框移至九十學年度的前半段（2001年8月至2002年3月），持續回顧與分析九年一貫課程正式上路的情形，衷心地希望這些經驗能滋養九年一貫課程的未來，繼而在小學現場有更精彩的展演，並進一步以台灣地區課程改革的經驗來鍛鍊教育改革的相關理論與智慧。

研究方法

一、二次分析的部分

（一）資料的建構

　　九十學年度上學期我在師範學院擔任課程設計乙科的教學，為了讓學生更清楚九年一貫課程在小學的執行情形，我請學生以小組的方式至小學進行訪談的工作，並針對訪談內容做成逐字稿，以便在課堂上與其她／他同學分享。我自己在批閱學生之逐字稿的同時感覺和小學現場更加接近了，也體會到了Sotto（1994）所謂「教學轉化成為學習」的樂趣與喜悅。這些學生所建構的資料是我分析與檢視的來源之一。這份訪談逐字稿的特色是：從權

力關係來看,大學生以學習、瞭解為主要動機去進行訪談,就身分以及知識、經驗來看,比較接近於權力關係中的弱勢去晤談強勢。因此,受訪教師的顧忌比較少。有一部分的受訪教師與進行訪談的同學本來就具有深厚的情誼,例如,過去是同一個社團的學長姊、學弟妹;甚或前往訪談小學時代的老師,因此,在逐字稿中可以讀到諸多掏心挖肺的真誠之情,我非常感謝他/她們慷慨地讓我分享這些對話。

就訪談的形式來看,這些訪談包括:一對一的晤談、多(位學生)對一(位教師)的晤談,以及多對多和一(位學生)對多(位教師)的訪談。至於訪談的結構均為半結構式的晤談,各組學生必須閱讀九年一貫課程相關文章,及教育部的網頁或相關學校的網頁資料之後,事先預擬晤談的大綱,而後才進行訪談。以紀錄的形式來看,絕大多數均錄音後做成逐字稿,只有少數因尊重受訪教師不願意被錄音,所以呈現重建稿。這37分訪談稿是個人分析、詮釋的一部分,也是建構本研究之三對落差的部分基礎。

(二)為什麼使用二次分析

幾番深夜批改學生的逐字稿,常擲筆深嘆:有些至情至性的語言,恐怕不是教育部相關委員在時間壓力與其固有的權力關係上容易聽見的聲音。例如,一位受訪教師說:「主管教育機關常常忽略事實和教育落實所面臨的問題,以＃＃國小為例,身為試辦學校,每年出走的老師超過一半,然而教育機關卻一廂情願的認為試辦成功,不敢面對問題,教育改革是針對教育問題而來,到最後改革單位竟成為問題本身,真是令人惋惜」(師資,91/008),小學老師從他/她們的工作現場提供多元的視角,有些聲音具有深刻的智慧與洞見,有的則讓我理解到九年一貫課程的精神仍被曲解,而這些對話則是觸動我進一步去整理、分析這些

訪談稿的重要因緣。

在閱讀這些逐字稿的過程中，除了學習的喜悅之外，偶爾也激發強烈的情緒，讓我有發聲的衝動。更有許許多多的對話，讓我深刻感受到這種方式所建構出來的資料，恐怕不是我以一位師院教師的角色所能做到的。換言之，我的學生幫助我看到許多我的角色限制所形成的盲點。以質性研究強調多重現實（multipl realities）的立場來觀照、檢視這些訪談稿，益發能感受其珍貴。

此外，從資源的角度切入，晤談逐字稿的完成是一件既費時又費力的工作，從聯絡教師、交通往返、實際晤談之雙造所投入的時間，再加入整理逐字稿這些都是非常勞力密集的。雖然在教學上它們已經充分發揮功能，而我仍然覺得應該讓更多的人聽到來自小學現場的聲音，從不同的位置共同來思索、關注九年一貫課程的推行。因此，我決定進一步萃取這些來自小學現場的智慧，針對訪談逐字稿做進一步的分析與詮釋。並且把這樣的研究過程與方法界定爲「二次分析」（secondary analysis）。雖然我使用的資料並非其他／她研究者曾經使用、分析過的資料，但是我並非資料的第一手蒐集者，我從後面這個角度來把本研究定位爲「二次分析」以別於研究者以自己爲工具進入現場蒐集資料所進行的研究。

（三）二次分析的特色與限制

簡單的說，二次分析意味著對於已經分析過的資料進行再次分析、研究的工作。Hakim（轉引自Dale, Arber & Procter, 1988:3）認爲：二次分析是對現存的資料做進一步的分析，並產出與先前之研究報告不同的詮釋、結論或知識，或比先前之報告更豐富的研究成果。Hyman（轉引自Dale, Arber & Procter, 1988:3）對二次分析的強調是：萃取出與先前之研究焦點不同的知識。Stewart and Kamins（1993:3）以為二次分析和一般研究（primary research）不同之處在於資料的蒐集並非二次資料分析者的責任。就本研究而言，資料的蒐集的確非由研究者親自執行，但研究者所分析的這些資料先前並未被用於撰寫其它的研究報告，而是用於教學的用途，因此與一般二次分析的界定並不完全相同，但符應了「對於使用過的資料進行再分析」這個很廣義的界定。誠如Bryman（2001:196）所說「就某個程度而言，初級分析與二次分析之起始與結束點很難清楚地釐清」。

二次分析的最大優點在於省時、省力，在資源有限的情況下，是一個擴大現存資料之影響力的選擇（Dale, Arber & Procter, 1988:xi）。研究者可以將有限的精力運用於資料的分析，而這種再分析往往可以產出新的詮釋。誠如Bryman（2001:200）所說：「研究的參與者往往在沒有報酬的情況下給予時間來參與研究工作，因此社會大眾期待這些資料能夠更完全地被分析使用可以說是很合理的」。換句話說，這是社會科學研究者的責任。Barley在其暢銷的人類學著作《天真的人類學家－小泥屋筆記》乙書中也提到：人類學不乏資料，少的是具體使用這些資料的智慧（何穎怡譯，2001：18）。但是，在另一方面Dale, Arber and Procter（1988:xi）也說，使用二次分析的研究者必須清楚資料的性質、資料蒐集的方式、以及上述二者對於結果的分析與詮釋所造成的限制。因此以下將針對這些限制進行簡短的剖析。

1.遺失的訊息

把活生生的訪談壓縮成平面的逐字稿，這過程中必然會遺失許多重要而珍貴的訊息，例如，氣氛、表情等等。因此，我很清楚自己透過逐字稿或重建稿所看到、聽到的只是訪談脈絡中的部分圖像。至於受訪教師所談的內容又必然與其教學實務有落差存

在，這當然也是本研究不可逃的限制。

2.學生的視框

本研究之二次分析的部分，其晤談分別由大學部、師資班修習課程設計的同學在修課期間進行。雖然在訪談進行之前已囑咐其閱讀和九年一貫課程有關的資料，並擬妥晤談大綱，但是學生對九年一貫課望的認知，以及對於小學實際脈絡的瞭解不足都必然影響訪談的品質與焦點。除此之外，學生進行晤談時的主要動機在於學習，因此當我以研究的心情與視框再次檢視這些晤談稿的時候，常常面對逐字稿很懊惱地想，為什麼不進一步探索原因呢？為什麼不問＊＊＊的問題呢？這些限制也是讀者在閱讀這篇報告的時候必須放在心上的。也因為這些限制，我以自己為研究工具，另外對焦一位小學一年級的老師，進行了一個個案研案，惟該個案的探索仍屬現在進行式。

二、個案研究——原級研究的部分

Stewart and Kamins（1993）將所有相對於二次分析者稱為原級研究（primary research），它可以是量化的調查，也可以採質化的研究取向進行。本報告在原級研究的部分則以一位任教於台北縣的教師做為原級研究的焦點，是一種質化取向的個案研究。而個案研究所獲得的資料則與上述二次分析的部分進行統合與分析。個案教師在研究歷程中曾憂心研究報告的撰寫如果太豐厚，可能會在不大的教育圈中現形而造成無謂的困擾，這是研究者必須面對的倫理課題。也是本報告採取這種混合的方式來進行呈現的原因之一。

她／他具有碩士學位，在小學的任教年資約十年（以下暫以邱老師稱之）。邱老師是我的學生。因此在研究的關係上雖然我儘

可能的平等以待，但我能理解自己終究處於某一種權力結構的強勢。在邱老師與九年一貫課程相遇的研究中我個人是主要的研究者，除了晤談與觀察之外，邱老師亦定期撰寫反省札記，所以文件分析亦是研究策略之一。針對邱老師這一個個案，我迄今（2002年3月）共計進行了六次的晤談（分別是：2001年的7月24日、8月1日、8月15日、10月5日、12月17日以及2002年的3月18日）與一次的觀察（2001年10月12日），另邱老師撰寫了21篇的反省札記。這些資料與前面所提之二次分析的逐字稿都是本研究觀照和對話的對象，個人以「政策及實務面的落差」來進行提問，易言之，去看到Argyris和Schon（轉引自Kember, 2000）所謂支持的理論（espoused theory）和在實務面真正展現的理論（theory-in-use）這兩者間的不同。在資料與問題的互動之間，針對每一個出現的事例進行概念化的努力。企圖讓本研究由描述、分析的層次走向較抽象的概念化層次，但並未企圖做紮根理論中理論的建構。這一部分的資料建構與前面的二次分析不同，其特點有二：

（一）長時間深入一位個案教師

相較於前述二次分析的資料而言，個人以一個學期多的時間深入瞭解這一位個案教師與九年一貫課程相遇的情形，而且同時並用訪談、觀察、文件分析等方式來建構資料。因此，在廣度上雖然有限，但以深度的挖掘補前述二次分析的資料之不足。

（二）由上而下的視框

權力的關係滲透在資料建構的脈絡中，繼而影響資料的產出。個人曾經是此一個案教師的老師，在華人尊師重道的文化氛圍下，我不能天真地無視於這種由上而下的視框，而這種視角也與前述二次分析之資料所採用的「由下而上」之視角不同。

粉墨登場——落差的浮現

來自實務面的抗拒是教育改革重要的學習來源

　　　　　　　　　　　　　——改寫自Fullan（2001:99）

　　本研究著眼於落差的勾勒乃得自於Schon的啓示，Schon（1983:50）在其著作《反思的實務工作者》（*the reflective practitioner*）乙書中說：「藉由意外的狀況，我們比較容易把思維帶回行動，並進一步去釐清潛藏於行動背後的知」。換言之，專業實務工作者的反思容易在面對落差的情況下被激發，因此面對落差可以促進專業實務工作者（含教師、教育行政人員等等）進行反思，期盼這樣的反思能夠幫助我們進一步去釐清九年一貫課程政策以及政策落實到學校層級之後行爲背後的假設是什麼，繼而以反思所得來改寫九年一貫課程的演出，而這正是Elmord（1989）所謂逆向規劃的精神。

　　以下所勾勒的落差，可以視爲是數幅的草圖，也可以說是數種不同的觀看方式，草圖之間也許可以進一步建立關聯，但本文一則囿於篇幅；二來思及九年一貫課程眞正上路迄筆者撰寫本文（2002年4月初）不過才一個學期多，因此僅以數幅隨時可以「擦掉重寫」（Freedman & Combs著，易之新譯，2000）的草圖來表徵個人目前對於九年一貫課程執行情形的暫時性詮釋。

一、宿命式的落差

　　宿命式的落差意謂著這些落差之不可逃，除非走出該政策既定的軸線。易言之，它多少含有負面的意象。造成宿命式落差的因素固然不止於一端，但是政策面向的缺失似乎是清楚而明白

的，改革的政策本身愈是周全，則宿命式的落差理應可以減少。

　　下面是宿命式落差的一個例子，邱老師任教的小學因爲老師授課鐘點的問題而造成行政人員與教師間的一些糾葛，那一陣子邱老師心情很不好，很多能量都耗散在這些過去已經成爲常規而現在卻陷入不確定的結構性因素之上，在90年10月31日的札記上他／她[1]寫著：

> 「我們學年還是將這個授課節數的問題丟回教務處。雖然在
> 情感上我同意這樣處理，但是在理智上，我覺得學校行政的
> 服務對象是教師的教學與學生的學習相關問題，再如何難解
> 的問題，身爲主體的教師應該有義務和責任去思考合理的對
> 策，除了保障教師自身的權益之外，不也擴大了教師參與學
> 校行政事務的能動力。而我們基層教師在面對這樣的情況
> 時，卻常常失卻了這樣寶貴的機會，繼續服從由上而下的指
> 令。是不是大家都只想享受權力，而不想背負責任？
> 有時候面對這樣的窘境，會讓我對教師這項專業失去信心，
> 更對九年一貫課程所揭櫫的「權力下放」的理想產生距離。
> 沒想到擁抱「權力」竟是這樣既期待又怕受傷害的心理過
> 程。」（札記，90/10/31）

　　鬆綁與權力下放是這一次九年一貫課程改革所標榜的重要精神之一，但是鬆綁也意味著教師或學校必須參與更多的決定，背負更多的責任，同時也可能更忙碌、更麻煩或者更耗費能量，老師在改革之初面臨舊有結構頓失的去技能感時（de-skill），一切日常實務之運行都比往常來得耗費能量。Wallace and McMahon（1994）很傳神的形容，教師面臨教育改革時，就猶如耍雜耍的戲子，一下子去搖動這個轉盤，旋即要照顧另一個快掉落的盤子，接著又要回去平衡另一個旋轉中的盤子。在混亂與忙碌中，我看

到了Apple所說的密集化（intensification）這個概念。從Apple（1993）所謂「密集化」的概念來看，在壓力下無法面面俱到是可以預期的。換言之，鬆綁在表面上似乎為老師贏取了較多專業自主的空間，但是在忙、茫、盲的改革初期，沒有能量去充分使用這些專業自主的空間又似乎是相當可以理解且值得同理的現象。更何況從心理學角度來看，逃避自由（Fromm, 1993）其來有自。因此在這一波九年一貫課程的改革裡，老師們有時候甚至期待或想念過去那種由上而下、清楚明白的處方式規範。在這個矛盾與兩難裡我勾勒出了「宿命式的落差」。這個宿命式的落差在新的課程改革上路比較順遂之後，會不會時來運轉繼而展現出九年一貫課程之不同流年的命運呢？仍待我們靜觀。

一位台北縣的老師談到評量這一個議題時說道：「其中一部分是能力指標的單項評量，另一部分是學生的努力程度，這是九年一貫實施以來的一項新的突破。只是我覺得現今的評量越來越複雜，有些老師也不見得真正瞭解。如果真的要每項都按照教育部規定的評量方式[2]來做每項的單元評量，老師可能只要做評量就好了，不用教書。更可能在學期末了時，讓老師休息一週做成績單，要不然照教育部規定的評量方式我們老師可能做不完這項工作。」（師資，91/001）。類似的抱怨在台北縣的教師群中並不鮮見（例如，師資，91/008），從教師能量的角度來看，如果政策的要求真的超越老師的能量，則課程的革新將成為不可能的任務，落差的出現亦是不可避免的結果。如果評量的相關要求果真超越教師所能運用的能量，那麼宿命式的落差已隱然成形。九十一學度第一學期一年級的評量所展現的是怎樣的故事呢？邱老師在九十一年三月分的訪談中說：「我們依據規定做了一些調整，雖然還是做得很累，但終於在期末把成績單完成……前陣子教育局來督導的人說我們的成績單太簡略，這學期得調整……」（訪，

91/03/18）。另一個宿命式的落差會不會在這學期的成績單上顯影呢？拭目靜觀吧！

　　宿命式的落差也發生在政策的要求與該政策所建構的工具不能合轍的時機。一位受訪教師提到：「有時學者、專家所制訂出的政策方針，並不是符合實際的教學情況。例如，注音符號的評量，以前是十節課，現在改成五節課。」接著他／她提到：「以今年而言，我覺得學生的能力是變差了。……最明顯的地方就是現在的小朋友注音符號的能力明顯的變差了許多，這或許是因為教學時數縮短所造成的。另外，現在的學生閱讀能力也降低了許多，不愛看書，整個拼音能力下降」（師資，91/001）。類似的抱怨不少（例如，師資，91/003；師資，91/010），九年一貫課程希望學生可以把能力帶走，可是當基本的工具能力（例如，語文）都不足的時候，能否進一步地將其它能力帶走，這確實是很多老師的疑慮，也是諸多家長的擔憂。如果我們同意這位老師的觀察「我覺得學生的能力是變差了」[3]，那麼無疑地九年一貫課程之宿命式的落差又添了一例，而這一個落差乃來自於國語課程教學時間的減少，因此學生的基本工具能力不夠精熟，造成學生其它的能力不但無法提昇反而有下降之虞。易言之，政策的標的和手段二者無法配合，因而催生了這一個宿命式的落差。

二、能量的落差

　　能量的落差是因為教師的能力不足而產生的，與個別教師因應、面對教育改革的能量有關，能量愈充沛則產生落差的可能性較低；反之，能量愈低則產生落差的可能性較高。

　　邱老師在90年9月4日的札記上寫道：「翻閱了新的課程，雖然覺得課程內容相當簡單，可是要教得順暢，教得統整，卻也得花時間備課，尤其是生活領域。有點心虛，明天要上課了，今天

才備課。開學這些天來，回家總是先睡一下再做事，累癱了，實在沒有心思備課。希望下一個星期可以改善。」（札記，90/09/04）邱老師是一位認真的好老師，對於九年一貫課程的改革也許不是百分之百的同意，但他／她的誠懇面對與投入是看得見的。從九十學年度第一學期開學以來，我可以感受到他／她的壓力相當大，從感冒、頭疼、無力接受研究生的觀察到期末大病了一場等等（90/09/04；90/09/25；札記，90/10/08；電訪，90/01/29），我深刻體認到要認真投入課程改革的工作是需要豐沛的能量來支持的。邱老師說他／她們的課發會經常從中午十二點多開到下午四、五點，還經常召開臨時會議，從時間與體力來看都是相當的挑戰。二次分析的逐字稿中也可以發現諸多類似的故事（師資，91/002；師資，91/005；師資，91/008等等）。一位任教於台北市的老師說：「現在的老師必須要很有活力才行」，他／她在同一次的晤談中也說：「每次做完活動之後，年紀大的就一副很累很累的樣子……」（師資，91/021）。這些例子幫助我建構了能量的兩個面向——體能和時間。

教師的能量不足則新的課程改革必然受挫，下面是另一個例子，一位學生走訪某國小的體育老師，當他／她談到九年一貫課程的體育與健康時，受訪教師很坦率地說：「我只管教我的體育，根本不管健康」，前往訪談的學生也很率直地再逼問：「那學生不就學不到和健康有關的知能？」受訪教師因為和前往訪問的學生本來就具有深厚的情誼，因此也不諱言地說：「我體育系出身的，老覺得把健康和體育放在一起教很奇怪，我也不會把它們放在一起教。」（體，91/001）。我對這一段對話的詮釋是：「專業知能是面對課程改革的薪火，專業知能不足則能量必然不夠」，這一個例子彰顯的重要意義之一是：專業知能豐富則因應課程改革的能量會比較豐沛。無怪乎Stenhouse（1975）說：「沒有教師

的專業成長就不會有課程的發展」。下面是另一個例子，一位方從師院畢業的老師敘述九年一貫課程在該校的執行情形時說：「太多的不確定……課程、課表、成績、個人檔案等等，一大堆都只有見到影子——不確定的影子，所以我們學校比較資深的老師都不知該不該去做，若不做，期末沒東西可以呈現；若做了，就擔心明天學校的法令如果又改了該怎麼辦？所以重擔就都落在我們這些實習的菜鳥身上啦」。在同一次的訪問中他／她又說到：「畢業前對我們這一屆來說，九年一貫的東西我們學校才慢慢教給我們，畢業後馬上就要應用，對我們來說無疑是一大挑戰」（自，91/003）。類似的情形見諸不少小學，在這樣的案例裏我看到了過去教改的歷史所沉澱下來的麻痺化經驗，這些經驗促使不少經驗豐富的教師選擇做壁上觀，而讓教育界的新兵在班級經營仍有困境、教材掌握仍須努力的窘境下來迎戰九年一貫課程，甚至擔任領域召集人，以小兵的身分要去帶動士官級、將官級的資深教師，無怪乎常見左支右黜、落差頻頻。因為從專業知能的角度來看，這些甫畢業的新手教師是能量不足的。綜觀這一小節論述，我為能量的落差找到了三個面向，它們分別是：體能、時間與專業知能，它們並未窮盡能量的落差這一個類目，有待有心人進一步深入去探索。

三、結構性的落差

結構性的落差意味著落差的產生乃肇因於結構性的因素，而所謂的結構從理論來看可以包含的面向很多，本研究則以實例來幫助我們看到某些面向。一位小一的受訪教師說：「其實現任老師普遍皆認同九年一貫的理念、精神，但是質疑九年一貫的做法。九年一貫的精神大家都覺得很好，但是落入實際時，許多的配套措施都沒出來，都是現任老師實行一陣子後，政府再丟東西

出來。往往老師有做白工的感覺」（師資，91/001）。在這一段的敘述中我個人看到了鉅觀層面的結構性因素之重要性，九年一貫課程的改革常遭批評的弱點之一就是：「理念很好呀！可惜配套措施不足」。換言之，結構性的落差是九年一貫課程首演的敗筆之一。再微調一下焦點，在課發會這個主題中可以清楚地看到結構性的落差，邱老師在90年11月13日的札記上寫著：「一直覺得學校的課發會應該要發揮集體智慧共謀學校的課程發展，可惜的是兩年多了（因該校是試辦學校），也許是因為委員一年一任，對於課發會的定位和功能性，對於委員自身的工作和責任尚未認識清楚，就已改朝換代，課發會只得年年在摸索中慢慢成長，使得學校整體的課程發展很難有一個合縱連橫的調和局面」（札記，90/11/13）。因為課發會的結構使得九年一貫課程的重要特色之一：學校本位的課程發展在該校遲遲未能發榮。其實就我個人有限的觀察，該校的課發會已經相當上軌道，下面這段從二次分析中擷取的對話，可以看到一個更讓人憂心的結構。

　　訪問者：貴校是否有課程發展委員會？如何運作？組成的成
　　　　　　員是什麼人？如何發展課程呢？
　　受訪教師：這是最大的笑話，課程發展委員都不在一年級，
　　　　　　　我還問他們：「請問一下你們如何來審理我們的
　　　　　　　教案」他們說：「不知道也」，他們都不知道如
　　　　　　　何來審我們教案，我們如何去執行呢？…（師
　　　　　　　資，91/008）

　　這些例子所釋放的訊息之一是：結構不健全則落差必然緊隨而至。
　　在課程的改革中，教科書是另一個影響深遠而值得矚目的結構，誠如邱老師所說：「雖然九年一貫課程鼓勵教師自編教材，

但對於多數的老師而言，教科書就是課程的全部」（札記，90/10/17）。在教科書仍然被高度倚重的情況下，從小學現場教師對於九年一貫課程上路後之教科書的批評，我看到了另一個結構性的落差。一位受訪教科師說：「我對＊＊版的教科書滿意度相當低，因為課本是一套、習作又是一套、練習本又一套，各領域課程的連貫性又太低……」（自，91/003）。從課程綱要轉化到教科書的短短旅程中就已經看到了統整精神的陷落。同樣對焦在教科書之上，下面的批評也是小學現場老師相當熟悉的聲音：

「即使相同的版本也會，他們為了要統整課程，所以可能健康要教洗手，生活要教洗手，綜合活動也要教洗手…，每一本都提到……」（師資，91/004）。另一位受訪教師也抱怨：「像一個打招呼來說，健體活動有打招呼，生活打招呼，綜合也有打招呼…」（師資，91/020）。統整課程的重要企圖之一在於：整併各學科中重複學習的教材，將教學時數的餅做大，以便因應社會上層出不窮的新興議題。遺憾的是，九年一貫課程上路後新的教科書不但沒有把餅給做大了，反而為了統整而製造了許多重複的教材，令人憂心教學不但無法深化反而有流於平庸、膚淺之疑慮，這是一個明顯而值得深思的結構性落差。當然課程設計能力強的老師可以轉化這項落差，但是這也必然耗費老師較多的能量，讀者應該不難想像一位能量不足的教師在結構不佳的脈絡下掙扎的慘烈。統整課程的設計固然不能完全依賴校外的專家，但是校外研發單位的長期實驗也是必須的（黃政傑，1997：37）。而教科書開放審定版之後，尤其面對九年一貫課程上路而匆忙編印的這些教科書在品質上能否禁得起考驗，是一個影響深遠的結構因素，不可小視。

回首結構性落差和能量的落差，我想到P. Easen所謂「英雄改革者」的迷思（The myth of the Hero－innovation ）。他生動地描

敍著：組織中的改革英雄就像是戴著甲冑、持著快劍的武士。他們鋒利的改革之劍鈍了，改革英雄的夢幻滅了，而旁觀的群眾也啞然，至於組織本身也不是勝利者。Georgiades 和Phillimore甚至說：所有的組織（例如，學校、班群）都像一條巨龍，這條巨龍會把改革英雄生吞活剝地當成早餐吃掉（Easen, 1985:6）。過去許多教育改革背後的假設是：組織由個人所組成，欲改變組織首需改變個人，當每一個體成功地被改變之後，組織革新的目標也就水到渠成。D. Katz and R. L. Kahn將上述假設稱之為心理學的謬誤（psychological fallacy）。因為教育改革，所欲落實的地點——學校——是一個組織而非個體。以革式塔心理學的角落來看，全體大於部分之和，故僅從個體著手是不足的。工業界的人才培訓研究指出：即使培訓單位已經給予一流的訓練及深厚的影響力，倘若新的工作技巧無法得到工作現場的上級肯定，不符合原有的工作型態，則受訓者很快便會恢復固有的工作方式（Easen, 1985: 162）。「英雄改革者」的迷思以及心理學的謬誤在在提醒我們：必須面對並處理結構性的落差。

但另一方面，巴西學者P. Freire（1973）也提到，為了讓人們從陷溺（immersion）中崛起（emerge）而在其身上所花的每一刻都是一種收穫；如果人的主體依然無力，儘管社會結構改變了，亮麗的外在固然讓人眩目，但仍然是一種時間的浪費。他並進一步指出：不能僅停留在說服的膚淺層次，而要在相互性的氛圍中進行對話（Freire, 1973:xiii）。因此，九年一貫課程僅止於宣傳是不夠的，誠如Henderson and Hawthorne（2000）所說，要學習走入群眾，參與支持性的對話，如此才能深培能量。換言之，改變其意識形態，讓老師心悅誠服地成為一名九年一貫課程的信徒才是根本之途，由此將衍生出另一個類目「意識型態的落差」，礙於篇幅無法詳述。

四、表象的落差VS.實質的落差

表象上的落差指的是：從現象面來判斷可以看見九年一貫課程的政策在實施的過程中產生了落差；相對而言，實質的落差則指的是不管從表象來看是否符應，從實質面、精神面來看落差已經隱然可見。衡諸兩者的關係，以現代性的角度來看可以建構成圖1，四個相象而實質上是三類的落差：

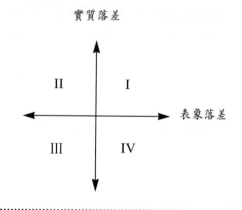

圖1 表象落差與實質落差之理想類型

第一類型的落差：指的是既有表象上的落差，也有實質上的落差。

第二類型的落差：指的是只有實質上有落差，而在表象上沒有偵測到落差。

第三類型的落差：指的是既沒有表象上有落差，也沒有實質上也有落差。

第四類型的落差：指的是只有表象上的落差，而卻沒有實質落差。

邱老師曾經提到：「過去我在準備考研究所時，曾經接觸到

九一貫課程的理念，當時非常的欣賞這種改革。現在自己馬上就要面對了，卻因為配套的不足以及政策的不確定，而減少了我對九年一貫課程的接納」（訪，90/08/01）。這一段話很清楚地展現了工具面向的重要性，此外也隱約可以看到工具回身來鬆動本質的畫面。從後現代的視角來看，工具與本質的二分是錯誤的、虛假的，工具會綿綿密密地形塑價值或意識形態等等。因此，本研究仍然是以一種頗為現代性的情懷來區分表象（或謂工具亦可）與實質的落差。如果換上另外一副後現代的眼鏡，則不但區隔模糊了，可能連畫下的界線都要擦掉而成為圖2的連續線。

表象的落差　　　　　　　　　　　　　實質的落差

< - >

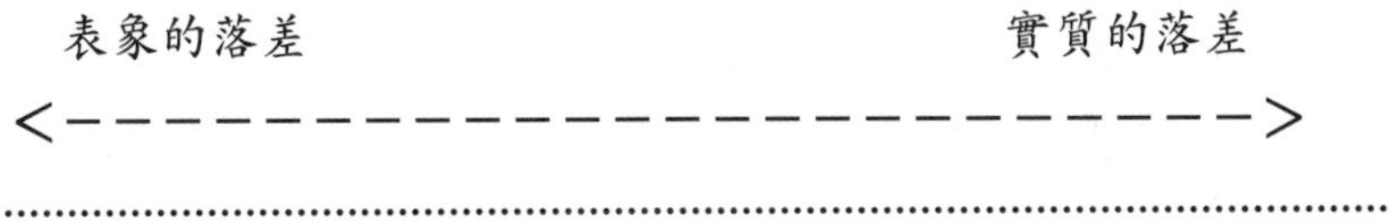

圖2　表象落差與實質落差之漸變連續線

解讀下面的這一段對話，在字裡行間我看到了一個實質落差的投影。

學　生：「行政人員的因應態度怎麼樣？」
受訪教師：「幾乎都會有三種歷程：抗拒、無奈、勉強去
　　　　　做。因為當初要實施這套課程的時候，多數是一
　　　　　些專家、學者參與討論，但是卻缺乏了在小學現
　　　　　場的老師」。（自，91/002）

暫且不論這位受訪老師之論述的正確性，也不管她／他的說辭是實際狀況抑或是一種自我態度的投射，但是從他／她敘述的脈絡裡可以清楚地嗅到他／她個人的價值、理念與九年一貫課程

背後的理念是有距離的，即便勉強去做，表象符應了。再進一步挖掘，實質的落差必定逃不了。

　　邱老師在2001年10月5日談到教師卷宗的議題，他／她說：「因為督學要抽查，所以下一週校內要先檢查老師的教學檔案……我們學校永遠希望擺出去的東西是漂漂亮亮的」（訪，90/10/05）。一週後我到邱老師的班級進行觀察，已經見到厚厚的一本卷宗，可是當我翻閱的時候，邱老師卻說：「這是應付用的」（觀察紀錄，90/10/12）。由於邱老師的能力相當強，所以只看教師卷宗，我會給予相當高的評價，因此在表象上是符應了政策的號召，唯他／她的內心並未被真正的說服。在訪談中她曾經抱怨：我的資料都在電腦裏，為什麼不能呈現電子檔等等，因此，我見到了一個表象上符應，惟實質上卻存在著落差的情形，也就是圖1中第二類型的落差。該類型的落差相當多，下面是又一例：

　　訪問者：「…針對剛才學長提出的一些……就是有點感覺會
　　　　　　不會就是現在不是美術和音樂把它改成藝術和人
　　　　　　文，……他／她教的東西和以前其實是沒有太大
　　　　　　的差別，會不會那種換湯不換藥的感覺？」
　　受訪者：「會啊！會啊，會這樣子啊……也不是那麼專業
　　　　　　的，那它往往是流於形式」（自，91/01）。

　　這段對話詮釋了書面課程（paper curriculum）與人們實際上執行的課程（people curriculum）之距離。

　　2002年的1月份的寒假期間我因為授課而與小學現場老師有許多對話的機會，一日談到九年一貫課程時，一位目前執教一年級的老師說：「我隔壁班的資深老師在課表上寫的是領域，可是她真正在教的時候還是有美術、自然、音樂，害得家長跑來問我，隔壁班有什麼什麼，為什麼我們這一班都沒有」（札記，

2002/01）。比較這一個案例和上面被疑為換湯不換藥只做表象統整的老師，再次看到所謂「表象」和「實質」是相對應的，很難清清楚楚地畫下界線。因此除了類別式的思維方式，似乎也可以把表象和實質視為兩個端點，在兩個端點間是一條漸變的連續線（continuum）（如圖2）。所有的落差都落在這條漸變的連續線上之不同位置。雖然這種思維依然在表象與實質之間做了區隔，但界線模糊了，因此也由現代性往後現代性推移了一小步。

謝幕

前進式的規劃是一個高貴的謊言

——Elmord（1989）

瞭解限制並不意謂著就與成功的教育改革無緣

——改寫自Fullan（2001:103）

　　Michael Fullan（1993）說：你無法以命令的方式來完成真正重要的改變（You can't mandate what matters）。政策研究的經驗也指出：前進式的規劃（forward mapping）是一個高貴的謊言，因為政策決定者無法完全掌握所有影響政策實施的組織、技能、政治等過程，因此逆向式的規劃（backward mapping）代之而起（Elmord, 1989）。而本文中諸多來自小學現場的聲音正是有心、有願者進行逆向規劃的基礎。面對九年一貫課程的改革，從本文概念化之後的各種落差能進行怎麼樣的逆向規劃呢？當然這是一個政治議題，涉及權力。我僅以疏離於政策決定核心的位置，用一個公民的角色做如下的思維。

從表象的落差與實質的落差這一組的對應中，我個人的體會是：導演宜掌握的是精神，而非細微末節的表象。而演員宜揣摩的是神韻，不要僅以表象的符應為足。否則將流於手段目的化的改革謬誤。但是，表象又不僅僅是表象而已，好的導演應預先思及結構性的問題，此次九年一貫課程的改革常遭批評的弱點之一就是：「理念很好呀！可惜配套措施不足」。換言之，結構性的落差是此次九年一貫課程改革之首演的一大敗筆。因此，在既定的課程改革下，如何調整好結構，不要讓「新語言、舊文法」（吳麗君，2001）的衝突與矛盾來浪費教師有限的能量是教育當局必須誠懇面對的議題。

在結構性的落差與能量的落差中，我個人的解讀是：能量愈是豐沛的老師愈有能力掌握教改之戲碼的精神，因此蓄積教師的能量也是必須面對的挑戰。至於結構性的落差則經常與導演的能力有關，結構性的安排與戲碼的精神愈合轍，則落差就會減少。當結構性的建置不妥則演員在教育的現場可能得耗散許多能量才能勉力而行。

至於宿命式的落差進一步說明的是：某些落差之現形並非演員不夠賣力，「非戰之罪，天亡我也」。面對宿命式的落差似乎只能仰仗修改戲碼一途了。唯演員也必須善盡發聲的責任與義務，戲碼才有可能愈修愈精彩，當然另一方面也必須導演虛心求教。

面對種種的落差，我想起郭為藩先生早在上一個世紀就已經洞識到的智慧「教育改革總需要一些客觀條件的配合，忽略了現實條件，尤其是疏忽執行能力與必須的資源條件，將如王安石的變法，未見其功而先蒙其害」（郭為藩，1995：155）。有了這樣的認識，再以Fullan的樂觀為薪火——瞭解限制並不意謂著就與成功的教育改革無緣，並使用Elmore 的逆向規劃為工具，期待九年一貫課程的戲碼愈演愈精彩。

註釋

1.爲了提高匿名性,因此本研究中的所有第三人稱均以他／她來呈現。
2.這位老師誤把台北縣教育局的評量規定視爲教育部的規定。
3.這項觀察依然見仁見智,詳參(吳麗君,2001)《九年一貫課程的彩排》。也就是說同意學生能力下降才會同意這是一個宿命式的落差,否則該項落差將會被重新定義爲「偶發式的落差」,由是看到了多重現實,也進一步見證了擦掉重寫之可能。

參考書目

中文部分

吳麗君(2001)。台灣地區九年一貫課程的彩排。九十學年度師範學院教育學術論文發表會。台中師範學院。

吳麗君(1991)。教育改革的省思。台灣第二屆教育學術論文發表會。新竹師院。

黃政傑(1997)。課程改革的理思與實踐。台北:漢文

郭爲藩(1995)。教育改革的省思。台北:天下文化。

英文部分

Apple, M. (1993). *Official knowledge*. New York: Routledge.

Barley, N.著,何穎怡譯(2001)天眞的人類學家一小泥屋筆記。台北:商周。

Berlak (1992). *Toward a new science of educational testing & assessment*. New York: State University of New York Press.

Blakely, C. H., & Fairweather, J. S. (1986). Disseminating educational innovations: implications for a workable process, In S. Packard (Ed.), *The leading edge. American Association of Collees for Teacher Education*, (pp. 123-141).

Bryman, A. (2001). *Social research methods*. Oxford: Oxford University Press.

Dalton, T. H. (1988). *Education policy perexspectives- the challenge of curriculum innovation* (A study of ideology and practice). London: The Falmer Press.

Dale, A., Arber S., & Procter M. (1988). *Doing secondary analysis*. London: Unwin Hyman.

Deal, T. E. (1990). Reframing reform. *Educational leadership*: May. pp. 6-12.

Eason, P. (1985). *Marking school-Centred INSET work*. London: The Open University.

Elmore, R. F. (1989). Backward mapping: implementation research and policy decisions. In B. Moon (Ed.), *Policies for the curriculum*. London: Hodder and Stoughton.

Freire, P. (1998). *Education for critical consciousness*. New York: Continuum.

Freedman, Jill, & Combs, Gene著，易之新譯（2000）。敘事治療—解構並重寫生命的故事。台北：張老師。

Fromm, E. (1993). *The art of being*. London :Constable.

Fullan, M. (1993). *Change forces*. London:The Falmer Press.

Fullan, M. (1982). *The meaning of educational change*. Ontario: OISE.

Fullan, M. G. (1986). Redefining the professional development of teachers. In S. Packard (Ed.), *The leading edge.* (pp.165-170.) US: American Association of Colleges for Teachers Education.

James G. Henderson & Richard D. Hawthorne (2000)，單文經 （譯）。革新的課程領導。台北：學富。

Kember, D. (2000). *Action learning and action research-improving the quality of teaching & learning.* London: Kogan Page Limited.

Sotto, E. (1994). *When teaching becomes learning-A theory and practice of teaching.* London: Cassell.

Stacey, R. D. (1992). Managing the unknowable. San Francisco: Josset-Bass Publishers.

Stenhouse, L. (1975). *An introduction to curriculum research and development.* London: Heinemann.

Stewart, D. W., & Kamins M. A.(1993). *Secondary research.* London: SAGE publications.

Schon, D. (1991). *The reflective practitioner-How professionals think in action.* Aldershot: Arena.

Wallace, M., & Mcmahon, A. (1994). *Planning for change in turbulent times-The case of multiracial primary schools.* London: Cassell.

致謝

　　感謝現場教師在九年一貫課程的壓力下仍然撥空接受訪談， 不但豐富了學生的學習經驗，也深化了學界對於改革的理解。

　　感謝我的學生們認眞、努力的進行這項訪談的作業。

感謝邱老師（匿名）在壓力下仍然熱情地參與本研究，又因倫理考量未能現身，因此除了誠摯的感謝也特別致上深深的歉意。

跨越學校本位課程發展的鴻溝——一個教育現場的反思

李順詮
台北縣竹圍國小教務主任

王月美
桃園縣文山國小教師

摘要

　　九年一貫課程賦予教師課程教學的專業自主，使他們得以用協商的立場解讀教科書，賦予教師以前沒有的課程與教學設計空間，但是教師真的有足夠的信心與能力突破文本權威，用批判的立場去分析文本嗎？因此，本文試著從Goodlad的課程層級談起，接著敘說課程領導的相關議題，希望能和教師們一起跨越課程發展的鴻溝──「文本權威」（text authority）的依賴心態。

　　透過教育現場的反思，希望找尋出跨越課程發展鴻溝的途徑，讓教師感受到課程發展的興趣，進而培養個人的專業素養，也提供行政人員或從事課程領導者不同角度的省思。觀察中發現老師嘗試從學校願景發展教學策略、課程設計、教材編選、課程實施、課程評鑑……的同時，「教師的課程專業素養」與「願意和他人分享」的能力是關鍵，教師除了具有專業能力外，重要的是要影響他人，讓組織成員願意投入課程改革的行列。

關鍵詞：課程領導、文本權威、學校本位課程

九年一貫課程歷經二年的試辦後，在九十學年度正式實施，但是多數的老師仍停留在「文本權威」的宰制，對於課程設計、課程發展等議題大都圍繞在主題式的教學設計或教材結構重新洗牌的統整，鮮少人願意去思考課程發展對個人專業的意義，更少見校園內有課程領導的行為。因此，本文試著從Goodlad（1979）的課程組織層級談起，接著敘說課程領導的相關議題，希望透過課程領導作為和教師們一起跨越課程發展的鴻溝——「文本權威」的依賴心態。

跨越課程發展的鴻溝——文本權威的依賴

　　王師問林師：實施九年一貫課程後，你覺得你的教學和以前
　　　　　　　　有什麼不同？
　　林師：我覺得沒什麼不同，因為有教科書，只是活動變得比
　　　　　較多了。

　　九年一貫課程之精神與特色主要在於學校本位、課程統整、基本能力、教學自主，因此強調學校本位的課程發展，希望由各校發展學校總體課程計畫，發揮教師專業能力，展現學校各自的特色。但九年一貫課程自九十學年度一年級開始實施，訪談教師所得回答，多數如上述，仍停在文本權威的依賴（周珮儀，2001），因此吾人不免要深思，九年一貫課程實施之癥結問題到底在哪？

一、從Goodlad的五類課程組織層面談起
　　若從Goodlad（1979）五類課程組織層面運作的層級來看，過去的模式乃循理想課程、正式課程、知覺課程、運作課程、經驗

課程等層級循序發展，而且教師依賴專家、學者編訂的正式課程，層層轉化的結果，可能與一開始的課程目標越行越遠。

　　而今九年一貫課程之實施，目的應是希望透過教師的專業素養發展符合在地及學生生活經驗的課程，以達課程之目標。因此，課程發展的模式必須突破以往循序式的層級，減少轉化的遺漏，由教師知覺課程內涵之需要性後以專業自主能力發展學校本位課程，而後再與學生共同運作課程，完成學生的經驗課程（如圖1）。

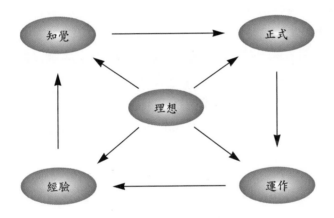

　　從圖1可以看出教師在課程發展過程中的重要地位，他不再只是知識或某些意識型態的傳遞者，進而他必須是知識的生產者、分享者，文本的創造者。這樣的轉變對教師而言是極大的挑戰，因為他必須承擔「作課程決定」的責任。

二、學校本位課程發展的鴻溝

　　反思九年一貫課程自試辦以來，原本希望透過課程綱要的訂定，鼓勵教師編選符應學校情境的課程，恢復教師發展課程的能

力。但是長期以來教師依賴「教科書」的習慣，卻使得九年一貫課程實施後，教師在課程設計能力的培養上卻圍繞在「技術」層次的部分，認為教材結構重組的主題式課程統整就等同於學校本位課程，對於個人課程哲學、相關課程理論鮮少加以辯證。

再者，各出版社為了市場佔有率因素，無不卯足全力替老師發展課程，甚至編寫學校總體課程及教學計畫，許多老師及行政人員仍舊等待「教科書趕快產生」的配套措施，好讓教師有所依循，久而久之學校又是恢復「照書教書」的熟悉情境，究其原因乃校園中缺少「課程領導行為」，缺少課程領導者帶領老師發展個人的願景及課程地圖。

因此，對「教科書」的過度依賴乃是學校本位課程發展之一大鴻溝（gap）。積極的課程領導是帶領教師跨越此鴻溝途徑之一，當我們去探討教師抗拒課程改革的同時，我們是不是想過為什麼老師們感受不到課程發展對其個人的意義？編寫學校本位課程及教學計畫對其產生何種影響呢？這些對現場教師而言，除了專家學者疾呼「專業成長」的口實以外，她有多少「相對利益」可以激發個人投入課程改革的意願呢？

學校本位課程發展存在許多複雜中介因素，絕對不像規劃、宣導、實施、成果…等線性步驟那麼簡單，其中牽涉校長、行政人員、社區家長、學生、組織結構、組織文化…等相互糾結的因素。因此，我們從教育現場的觀察與蒐集資料，嘗試去瞭解存在教育現場中學校本位課程發展的困境，並探討教師編寫課程與教學計畫時的心態，試圖找尋跨越課程發展鴻溝之途徑。

以課程領導創造共享文化經驗

教師要達致發展學校本位課程的專業自主能力，有賴強勢的

課程領導，彼此創造共享的校園文化，以規劃適合的學校總體課程計畫，並在層層的轉化課程之後，協助學生達成九年一貫課程目標。在學校系統中，究竟是誰該擔當起課程領導的責任與角色？課程領導者又必須具備哪些條件呢？

一、校長的課程領導角色

校長乃學校之首席領導，有其權責必須擔任學校之課程領導任務，課程領導之內涵包括：理念、歷程、角色三部分。校長應充實課程觀點、課程哲學、課程知識等與課程相關之理論基礎，以具備課程之理念；而在引領全校全體成員發展學校課程之歷程中，歷經組織、規劃、實施、回饋等階段歷程，發展適於學生學習之學校課程與教學計畫，以提供學生適切的學習經驗，獲得十大基本能力，達成教育目標，適應實際的生活世界；同時在歷程中，扮演適當的課程領導角色。校長課程領導之角色可分為課程發展層面角色與領導行為層面角色二種，校長必須兼顧引導教師發展學校課程，亦必須具有領導能力，增進教師進行學校課程發展之意願與態度，以促進學校課程目標之達成（王月美，2001）。

而在課程領導之過程中，由校長帶領的課程領導較易達到成效，所以身為校長者，亦應掌握課程領導之影響因素──包括：課程、校長、教師、組織、社區、教育政策等，增加教師對九年一貫課程的瞭解，關心教師心理的感受，予以引導協助，穩定組織、凝聚力量，尋求校外資源協助，結合社區家長資源，建立學校專業學習社群，帶動學校革新（王月美，2001）。如此，彼此創造共享的文化經驗，成為有利於學校課程發展之環境。

準此，校長在課程發展層面所扮演之角色，個人認為是課程專家的角色，校長必須對相關課程發展史，以及課程理論背景、課程研究方法論、當代課程與教學議題等有相當清晰的理解，引

導學校成員探討政治、經濟、文化、社會等議題對學校課程的影響；而在領導行為層面角色，個人則認為校長是教師潛能的激發者，透過領導行為及個人特質，領導教師投入課程改革，建立專業社群及對話空間，參與學校課程發展。

二、校長對課程領導的態度

從制度面而言，校長是當然的課程領導人選。但是從實質面而言，進行轉型課程領導的校長所冒的「風險與衝擊」卻遠遠大於進行行政管理的校長，這也使得有心進行課程領導的校長「卻步」。不由得思考校長對課程領導的態度到底是不為？不願？還是能力不足呢？

從實務觀察發現校長進行課程領導所遇衝擊之大，並非是身處校園科層體制頂端的校長所能承受，若非其有「分享」及「自我批判」的人格特質，是不容易落實課程領導之理想境界。

首先，校長必須與人共同分享「作決定」的權力，甚至接受教師、家長、社區的權力挑戰，這對習慣享受權力運作的部分校長而言是需要時間去調適；其次，校長本身的教育理念、教育專業、課程相關理論背景知識、課程發展能力、課程設計的能力…等，都被攤在陽光下接受檢驗，對於習慣「行政作為」及「下達命令」的部分校長，實際上是非常大的挑戰；最後，課程領導強調領導者必須「參與課程發展過程」而非「參加」或「指導」，強調一起和成員創造共同的語言及文化經驗，對行政事務繁忙或特別注重「公共關係」培養的部分校長而言，是有其困難之處。

> 你們課程發展委員會去討論，討論後向我報告，我來決定！
> 怎麼做？我校長有行政裁量權，而且我要負全責，所以由我
> 來決定（參加城南國小課發會筆記，90/03/07）。

我經常思索這一段話背後的意義：校長在學校課程發展過程中到底扮演什麼樣的角色？用何種態度來領導學校的課程與教學？對於學校的課程發展他所要作的決定難道不能和別人共同討論與分享嗎？

　　從學校文化而言，學校系統是一種科層體制的結構，它所要求的是「順從、尊重、服從」的文化，凡事以「法令」為前提，行政人員比較關注的是經費、人事、設備、課外活動方案（體育或音樂等比賽），很少討論到課程發展、教學實際等問題。換言之，在學校系統中行政人員比較關注的是保證學生的安全，以及人與人之間的問題。

> 其實很多校長會考慮較立竿見影的部分，他可能會專注學校某些部分如樂隊、體育團隊或興建校舍，這些是馬上被看得到的績效，至於課程與教學他會認為是老師在課堂上的事情，比較少去碰觸（薰校長訪談，90/11/26）。

　　然而，在九年一貫課程中所賦予課程領導是「倡議、創新、團隊合作、分享」的文化，對行政人員無疑是相當大的轉變，它所需要的是角色「再概念化」（Reconceptualization）。相對地，進行課程領導作為的校長，對整個學校教師的文化亦會產生不同的衝擊與抗拒，校長本身是否具有相對「抗壓性」及「理想熱忱」等個人人格特質來影響教師一同進行課程都在在考驗著校長的領導能力。

　　綜而言之，校長成為課程領導者有其必要之責，卻也有「不可承受之重」的壓力，校長本身領導的人格特質也是影響成員是否願意投入的重要因素，有時候老師在乎的是「彼此相處的感覺」。

我們也知道要做些什麼？就是不願意替那種人做事，討厭他那種調調，所以我們就偷偷的做自己想做的事，他要的東西我們就隨便給，反正他就是每次拿我們的東西去成就自己，一點也不尊重我們，還說要我們做好給他改，誰幫誰改？也不自己想一想（小林老師訪談，91/01/16）。

所以，校長除本身投入課程改革之列進行課程領導外，有時候要關切教師的「感覺」，和教師發展出「同一國」的情感，更重要的是培養教師的課程領導能力，發揮領導精義——「培養其他人的領導能力」。

三、培養教師課程領導能力建立專業社群

「教師」是每次課程改革經常被提及的對象，也是大家最寄予厚望——「課程改革成敗關鍵角色」，這對每天孜孜矻矻教學實際的教師又是何等的壓力？在過去教師並界定為知識的傳遞者以及課程的詮釋者，在專業分工的社會中，教師角色慢慢被窄化在課堂上的課程忠實實施者。但是邁進以來，批判教育學的論述者Giroux（1999）則將教師界定為「轉型公共知識份子」（teacher as public intellectuals），這使得教師必須思考在這一波波的教育改革中，究竟要扮演何種角色？

「老師！你對教育感動了嗎？」當教師對自己的教學現場發生感動了，她會開始思索究竟要如何做？會開始思考有些課程對自己的孩子最好？要有哪些課程及教學活動才會培養出自己心目中理想的兒童圖像？這些都需要以老師的「感動」為出發點。但是九年一貫課程的實施真的會讓老師感動嗎？受到「文本權威」及「學校平凡文化」宰制的教師都需要徹底地改變自己的心智模式，甚至挑戰自己原本的思維，重新解構與建構。

對教師而言，「壓力」是一項專業成長的動力，但是「抗壓力」及「使命感」卻是教師永續成長的根源，以及對於教育熱忱的堅持與教學品質的要求是教師專業的表現。傳統上教師習慣在教室內進行教學專業的表現，對於其他學校公共事務則比較少接觸，尤其是和行政有關的事務。或許學校系統中將「行政與教學」二分法，使得身處同一系統的成員各自有不同「立場」，也各自有不同的事務要處理。

比較不習慣和你們這些主任校長走得太近，因為我們本身有許多事情要忙，太熟很多事也不好意思拒絕，而且別人會有異樣眼光，所以還是默默做自己想做的事，免得被貼上標籤（阿明老師訪談，90/11/30）。

在教育現場中，「行政」重視的是「績效」與「管理」，「教學」重視的是「創新」，這二個系統彼此有關注焦點的不同。在九年一貫課程實施報告成果中，大部分看到成效卓著積極向上一面，但是實地走訪基層學校卻是聽到另外不同的聲音，有人質疑這樣的報告真的反映出學校現況嗎？

其實不能怪行政人員呈現好的一面，因為他的報告是長官在看以及評選，有時候會跟他個人前途有一些關聯，他有不能說真話的「無奈」，如果把衝突的一面或其他…呈現出來，會讓人質疑他的能力。對教師而言，它需要的是問題的解決，所以他會說出自己遇到困難的部分，況且她沒有被「評選」的壓力（讀書會記錄，91/03/16）。

不同的立場衍生出不同的思維及作法，但是二者有沒有「平等的對話平台」則是學校課程發展的重要課題。在教育現場我們

一直有一種思維就是教師要專注在課程設計與教學實施；校長及教務主任、教學組長則專注在課程領導層面。但是在我們研究訪談中發現老師對於只是被指派任務繳交作業，還是被邀請共同論述學校課程，變成是學校發展課程時必須嚴肅面對的議題。

在學校本位課程發展過程中，教師不一定是被領導者，培養教師課程發展能力及擔任課程領導的角色，個人認為是改善目前課程實施困境及跨越課程發展鴻溝的一大契機。個人認為培養教師課程領導的能力更能貼近教育現場的課程發展，更能符應學生生活經驗，也更能激發教師同儕之間的影響力，進而建立專業的教育社群。

四、改善研習方式及內涵發展教師課程領導

週三的教師進修及不同時段的九年一貫課程研習，對教師而言又代表什麼意義？今年度因為擔任教務主任的緣故，我有許多機會來看教師的研習場景，當然講師的授課功力能否引起參加研習教師興趣是一大主因，但是參加研習的老師們是否準備好來研習也是互動的一項因素。

> 我很討厭這種研習，老師平常就已經很忙了，還要被指派來參加研習，而且做的東西還是上級交辦的事項，這會有意義嗎？（研習教師反映意見，90/12/19）。

這給我很大的震撼：「研習」對部分教師而言是一項被「指派」的工作，而不是自我成長的時間，或者是他本身專業發展的機會。在研習場合總見部分教師姍姍來遲，在會場交頭接耳、批改作業……等，「研習」對其而言有代表何種意義呢？九年一貫課程的研習在現階段辦得有些浮濫，基礎性相同的東西一再重複，加上以學校為本位的教師進修研習機會太多，又不用付費，

大家變得不是那麼珍惜，也使得研習資源一再浪費。

從另一個角度思維，教師不願參加研習，除了需要課務自理外，更重要的事是研習的內容是否吸引教師前往參加，甚至激起參與之心。有時候發現某些整體規劃完整之研習，雖然需要收費但仍是相當熱門，這也提醒我們研習內容的整體規劃及區域的策略聯盟是可以參考的方向。各校針對專長的主題設計專門的工作坊，讓有興趣的教師透過比較長期的參與，有實際的作品呈現。

> 拜託以後那種大拜拜式的研習可以免了，倒是各領域小組的
> 聚會研討，開始動手去做，才是具體作法（小真老師訪談，
> 91/02/27）。

透過校際間工作坊的方式讓教師學習自己規劃課程，學習和同儕對話（dialogue）倒是一個可以思考的方式。但其組織發展的關鍵點來看，一個課程工作坊的良性發展，則是有沒有一位同儕的課程領導者。在歷次的教育改革中發現教師是教育改革成敗的關鍵，但是如何讓教師感受到改革的必要性及使命感卻是值得商榷的。

在學校現場中每歷經一次變革讓老師感受最深的卻是有開不完的會議，以九年一貫課程的推動而言，學校課程發展委員會及各領域的小組會議瓜分教師許多零碎時間，加上會議效率不彰時，大家疲於奔命，也引不起教師參與課程發展的樂趣。

> 說到開會時間，真的是很麻煩，下班時間以後，當然大夥都
> 不愛開會，而且也有這個權利拒絕與會吧？以目前而言，學
> 校理想中具有教學經驗又有熱忱來發展課程的老師，他們本
> 身都是屬於年輕家庭的成員，一下班就得忙著回家照顧小孩
> 子……等，真的有多餘時間嗎？上次聽到有位校長說她們學

校教師開會都留到七、八點很感動，我覺得那位校長不盡職，只為自己而沒有照顧員工及員工家屬，這樣做出來的東西真的是大家「心甘情願」的嗎？還是人在屋簷下不得不低頭？（阿麗教師訪談，91/02/24）。

如何透過有效率的討論過程讓教師在課程發展中感受到成就感？培養教師的課程領導能力及同儕教練（peer coaching）的能力是跨越課程發展鴻溝的一項契機。除了培養行政人員、教師的課程領導能力外，適度的人力支援是行政單位可以給予的支持，因為課程發展是個「論述」（discourse）的過程，是論述就必須花時間，在學校層級該安排哪些時段來進行課程發展的論述呢？寒暑假是個不錯的時段，除此之外平常時間該用哪些時間呢？

所以，開會時間到底應該排在什麼時間咧？導師時間？還是午休時間？那學生怎麼辦？事先指派功課？考試？還是叫他們自習？可是，萬一有孩子藉故開溜，四處閒晃，怎麼辦？萬一有壞人入侵，怎麼辦？萬一...責任誰擔？既成的傷害又如何彌補與挽回？況且這樣的安排又和「以學生為主體」的理念相違背，時間是個問題，光靠「熱忱及理想」是不夠的（小玲老師訪談，91/01/08）。

對於有熱忱參與課程改革的教師而言，專業能力的培養及時間的規劃上都需要整體的考量，況且在「平凡文化」的學校場域中，透過激勵政策讓有心參與的老師不致受到排擠與打壓，不會有「為誰辛苦？為誰忙？」的感觸，這些都需要從學校文化、行政文化作徹底的改變與再生，進行典範的轉移。

撰寫課程與教學計畫提昇教師參與層次

在一次的能力指標轉化的研習場合，遇到一種場景或許可以反映一些現象值得探討，那就是國家所公布的課程綱要對教師產生什麼意義呢？當老師在行政單位的要求下（非志願性）進行能力指標解讀，課程設計、實施、評鑑…等，行政單位與學校教師彼此又再想些什麼？

> 我不想寫這些東西，也不想知道這些東西（指能力指標）代表什麼意義？而且我對這些根本沒有興趣，老師平常都已經很忙了！而且當老師只要把書教好就可以了！今天老師在家長的要求下都非常優秀，就算不寫教學計畫，不做能力指標的轉化，不做課程設計，在家長眼中他還是一位優秀教師（研習札記，91/03/13）。

出乎意料之外的事是他這次沒有得到如雷的掌聲，得到的是一片笑聲，這或許呈現另外一種意義也說不定。對某些學校而言，有些時候發現「對人的時間比對事的時間多」，大家真的是就事論事嗎？還只是「因人而異」呢？是彼此針對「立場」來要求對方聽從自己的意見，還是針對「事件本身」來「理性思辨」呢？

在政府及民間單位辦那麼多研習，要求各校提交課程與教學計畫的同時，像這種想法的老師究竟佔有多少比例呢？而教師在撰寫教學計畫的同時，這份課程與教學設計對他而言又代表何種意義？老師們又用何種態度來撰寫自己的教學計畫呢？

一、以課程作品形成專業對話

　　依據九年一貫課程綱要規定學校必須在開學前提出各校的總體課程計畫，學校老師也在寒暑假利用時間回到學校來討論課程撰寫教學計畫。當然這樣的措施也呈現二種不同的聲音，贊成者認為老師可以利用這段時間來討論學年內的一些「夢想」；反對者則認為剝奪個人時間，行政單位有何權力要求教師返校？於是大家忙著找一些法源依據來說明。

　　從教育現場實務而言，我們比較有興趣的是老師們用什麼態度去撰寫「課程與教學計畫」？在參與一些教師撰寫教學計畫經驗中發現有部分學校是委託出版社「捉刀」，有些老師則是「有交代」即可，甚至不予理會，為了提出計畫大部分工作就落在少數人的身上。但是，比較可喜的是大部分學校教師是「鴨子划水」慢慢在學習。屆此，我喜歡用「作品與作業」的概念來探討此議題，這份課程與教學計畫對教師而言是一份屬於自己課程發展的「作品」？還是被指派的「作業」呢？

> 教師甲：我覺得教育局給的格式會限制我們的思維，我們是
> 　　　　不是可以修改？
> 主任：很好啊！本來教育局給的就是一個參考，我們可以針
> 　　　對學校現況修改
> 教師乙：你管他那麼多！反正你怎麼寫她也沒有那麼時間來
> 　　　　仔細看，誰在乎？（課程設計會議，90/1/17）。

　　當教師主動去修改他人給的文件時，基本上他已經開始把它當作自己的作品來思考，如果把它當成是一份作品來「書寫」自己的課程發展故事（Giroux, 1997），那教師就會賦予作品生命力，透過成員的討論、對話與思辨的過程，設計出屬於師生共同

的文化經驗，我們更希望那是一份「集體作品」。當然也有不少的老師把它當作一份作業「有交就好」的應付方式來處理，只是把選用的教材重點抄寫到空格內，未能轉化成自己教學現場的需求。簡而言之，撰寫教學計畫是一件事，實際教學又是另外一件事情，觀察到這種現象有時不禁會心一笑，就學生某些行為表現，其實是「再製」教師的「潛在課程」。當教師用「作品」的標準來要求學生的所作所為時，卻忽略了自己用「作業」的態度潛移默化地影響學生一舉一動。

因此，個人認為鼓勵教師在撰寫課程與教學計畫的同時，透過討論，把它當成是自己的課程發展作品，進行嚴謹的專業對話與辨正，而不只是應付上級單位交差了事的作業，如此才能提昇教師參與課程發展的層次，更進一步培養教師課程領導的能力。

二、強化學校成員課程理論背景

以目前觀察現場而言，大部分教師仍是以選用教材為主，自編教材為輔。這種現象和原本想要改善課程發展模式的理想有一些背道而馳，編輯教材的重心從國立編譯館轉移到各出版社，教師本身課程設計及教材編輯的能力是否提昇呢？是值得探討的議題，但是在大部分教師欠缺課程發展相關理論背景時，往往會將課程發展的議題侷限在教材的編選或結構的重組。但在此情境下，苛責教師發展課程品質，是有一些不忍，如何強化學校成員相關的課程理論背景成為當務之急。

從實務面來探討教師在繁雜的教學事務中是否有充足的時間，以及「慎思的思維」（deliberation）來進行課程設計與教材編輯呢？學校少數被委派的種子教師是否發揮種子教師的使命，也是相當重要的課題。

有些學校太過以個人私利為考量，找了一些和自己有關係的人來減課，結果做出來的東西又很普通，甚至抄襲別的學校，同樣的當她們要要求校內老師編輯教材時，校內老師難免會有所不平（阿美老師訪談，91/02/28）。

事實上，教師對「課程」的相關概念及理論背景，並不是很清楚時很難會激盪出火花，且大部分時間仍停留在技術層次討論，或者是教材之間的強拉關係，使得教師們認為課程統整就是學科之間的統整。在發展學校本位課程時，校內成員對課程相關理論的知識背景，有時是影響組織發展課程的重要因素。

難怪很多老師會質疑明明不相關的學科學校硬是要求要統整在一起，這就是課程統整嗎？那些行政人員真的懂課程嗎？若是學校行政人員具有課程與教學相關理論背景，對於教師教材的編選或許可以用不同角度來激盪彼此的思維（阿美老師訪談，91/02/28）。

職是之故，教師在發展課程的同時，他真正在乎的是什麼？教師希望獲得專業的成長，希望行政人員可以給予明確的課程發展思維。當我們疾呼學校成員必須扮演課程領導角色，對於成員相關理論背景的訓練是否充足？是否激發成員自我批判，並透過教學經驗的累積以及同儕之間的互動，慢慢發展自己的課程設計，加上專業的協助，透過校內長期產出型工作坊的方式或許可以改善一些目前所遇到的困境。

昨天下午在○○學校參加「課程與教學計畫分享」，說實在的沒有多大意義，當時好多人都在打瞌睡，希望長官能瞭解老師的感受，被指定上台報告的學校也沒有準備，讓人覺得

為應付報告而報告呢！結果內容幾乎大同小異，浪費大家寶貴時間，對實質毫無幫助（阿立老師訪談，91/01/24）。

透過經驗的分享本是一件立意良好的事情，但是參與的人員若沒有認真去互動，相對的會產生負面的效果。當老師嘗試從學校願景發展教學策略、課程設計、教材編選、課程實施、課程評鑑…的同時，我們發現一件重要的事情就是「學校成員的課程專業素養」與「願意和他人分享」的特質是成敗關鍵，教師除了具有專業能力外，重要的是要影響他人，讓大家願意投入課程改革的行列。

三、以個人領導特質促進參與品質

學校發生的事情有時候是個別學校的事情，很難用以偏概全的方式來推論。從九年一貫課程實施至今，的確為學校文化帶來不少衝擊，也發生不少抗拒的現象。但是，有時候發現許多學校的衝突是「因人而反對」，只因為成員不喜歡這位領導者的某些特質，並不是不贊同九年一貫課程所主張的理念，主要對「個人作法」的不認同。

提到「作法」，就牽涉到人的問題，有時候會發現同樣一件事情由甲來倡導，大家就非常反對；但是由乙來倡導，大家就非常支持。這牽扯到個人的領導特質，以及彼此的觀念是否「相同一致」的問題。

我們很喜歡○○學校主任的做法，先擴大參與層面，培養大家的基本能力，親自帶著大家做，也不急著要求成果出來，上頭有壓力就會幫忙擋著，其實大家肚子沒有墨水時你叫她能做出什麼？到最後又是敷衍了事（小莉老師訪談，91/01/06）。

同樣的，具有官方身分（例如，教育部、教育局人員、督學、校長、主任）在推動學校本位課程發展時，其所表述的意見是具有官方色彩，更需要以「愼思」的歷程來思考，在「鼓勵」或「要求」教師從事某項議題的同時，重要的是讓教師感受到這是「我的」作品或是專業成長，而不是用一種相當無形的壓力，讓學校成員感覺這是「長官的作業」。

　　要改善此種現象更需要行政人員想法的徹底改變，就如前所述行政人員要減少「順從的文化」思維，鼓勵「創新的思辨」；從重視「成果呈報」轉變成重視「過程參與」，和老師一同創造相同的文化經驗。尤其是當把老師的作品拿出來發表時，更要尊重教師的感受，尊重教師的智慧結晶，鼓勵教師從參與課程發展的過程中，慢慢提昇層次培養課程領導的能力，眞正進行草根模式的課程發展，進而減少對「教科書」及「權威」的依賴，眞正發展屬於自己的作品，而不再只是交作業，跨越學校本位課程發展的困境。

跳脫舊思維迎向新角色

　　綜上所述，個人覺得所謂「課程領導」就是以「課程與教學」爲中心進行「相互尊重」的領導。在一波波的教育改革中，教師被期待是專業的角色，此次課程改革更期待教師是課程發展者、行動研究者。但是Goodson（1998）從後福特主義（post-Fordism）來觀察所謂的教師專業，卻發現一件弔詭的事情，教師的專業被侷限在某一領域的專業或某一小部分的專業，教師就像技術工人一般在某個項目非常專業，卻缺乏對整體教育本質的思辨，慢慢發展下去會產生「水仙花式的自戀情結」（narcissism）（引自

Kincheloe, 1998），這樣的專業和批判教育學者所期待「轉型知識份子」的角色就會有所不同。

在一波波的教育改革浪潮中，教師成為被改革的對象，如何化解專業所帶來的自我設限，個人認為透過「作品書寫」來生成專業社群是個途徑。當我們花許多時間在撰寫學校總體計畫時，我們就可以透過討論與對話，真正書寫屬於自己學校情境的課程計畫，用作品的心態來跨越學校本位課程發展的鴻溝。在此課程改革之際，學校教師藉由課程的設計與實施來落實「學校本位課程」，並且透過社群的對話、論述讓自己所發展的課程變成是「自己的作品」，而不再是「長官交代的作業」。

九年一貫課程賦予教師課程教學相當大的專業自主空間，但是教師真的有足夠的信心與能力突破文本權威，用批判的立場去分析文本嗎？個人認為在此之際學校課程領導者必須適時發揮其角色，鼓勵教師去分析自己教學的困境，建立學校專業對話平台，透過對話讓學校成為語言豐富的地方。進而論述學校的課程與教學，減輕教師對文本權威的依賴，更願意投入學校本位課程的發展，讓學校的組織文化徹底再生。

非常可喜的現象，有些教師已經察覺到教科書的侷限，勇於突破與創新，勇於突破現有結構制度的限制，進行一些多元的、動態的教學活動與評量。對行政單位而言，需要的是給予支持與鼓勵，讓老師有改變的原動力。當老師從內心想改變的時候，就是落實課程改革的契機，更能激發教師同儕的力量。換言之，當我們殷切期望校長扮演課程領導角色時，若能培養主任或教師課程領導能力，也會有不同的角色與功能。

準此，學校成員的校長、主任、教師都必須跳脫原有的舊思維及角色，每個人都可以扮演課程領導者，和成員透過課程作品的書寫，激發課程改革的意願及發展課程的興趣，減少對文本的

依賴，進而跨越課程發展的鴻溝，改變學校的價值體系。

　　九年一貫課程並非課程改革的萬靈丹，但它提供一個機會，讓教師透過在地發聲的陳顯，進行課程改革與教學創新。然而，這樣的機會需要教師的珍惜及行政的支持，希望九年一貫課程帶來的不只是「課程表」的改變，而是真正帶來學校文化的再生。

參考書目

中文部分

王月美（2001）。國小校長課程領導之個案研究—以九年一貫課程試辦國小為例。國立台北師院課程與教學研究所碩士論文，未出版，台北。

周珮儀（2001）。教學創新了嗎？文本權威的省思。論文發表於國立高雄師範大學主辦之「九年一貫課程改革下的創新教學」研討會，高雄。

英文部分

Giroux, H. A. (1997). Disturbing the peace: Writing in the cultural studies classroom. In H. Giroux, *Pedagogy and the politics of hope* (pp. 164-179). Boulder: Westview Press.

Giroux, H. A. (1999). Teacher, Public Life, and Curriculum Reform, In Ornstein A. C., & Behar-Horenstein L. S. (Eds.), Contemporary Issues in Curriculum (pp. 36-44). Boston: Allyn & Bacon.

Goodlad, J. I. (1979). The Scope of Curriculum Field. In Goodlad, J. I. et al., *Curriculum Inquiry: The Study of Curriculum Practice.*

New York: McGraw-Hill.

Goodson I. F. (1998). Storying the Self: Life Politics and the Study of the Teacher's Life and Work. In Pinar, W. F. (Ed), *Curriculum Toward New Identities*. New York: Garland publishing, Inc.

Kincheloe, J. L. (1998). Pinar's Currere and Identity in Hyperreality: Grounding the Post-formal Notion of Intrapersonal Intelligence. In Pinar, W. F. (Ed), *Curriculum Toward New Identities*. New York: Garland publishing, Inc.

中小學學習領域課程決定之困境

——以兩所九年一貫試辦學校爲例

簡良平
國立台灣師範大學教育學博士

摘要

　　本文從學習領域／知識形式的分析觀點，觀察九年一貫試辦學校有關學習領域的課程發展及其所面臨的困境。就學習領域的課程統整言，課程設計不免要架構知識的核心概念與概念網絡，連結各科之間相關的概念形成課程內容。再者，學習領域的課程決定包含決定者的價值觀以及「誰」最能影響決定的問題，課程決定者之間的團體互動乃涉及知識、課程與課程決定間權力關係，此為批判課程決定是否合理的辯護之處。

　　本研究發現，學校課程決定包含了全校性主題課程、學習領域課程、年級活動課程，學校學習領域的課程設計非單一層面，與整個學校課程設計都相關。國中與國小的組織結構、學校生態、教師受訓背景、課程結構不同的情況之下，課程決定的困境也不同。就學習領域的課程統整言，教師們多在決定教科書之後重新架構各科之間的連結性，以主題活動的方式聯結，較少知識結構與概念網絡的討論。就課程與教學實踐的現場言，教師們偏向學科內容的教導、教學活動的設計、教學環境的搭配、學生興趣等等因素的慎思，較少有關知識課程如何組織與架構的慎思。

　　由於國中與國小學生的性質不同、分科教學的習慣有異，因此國中與國小教師在處理學習領域問題時有不同的態度。就課程統整而言，國中教師所面臨的問題較多，從各科間的教師對話開始，進而活潑教學活動設計，面臨時間不足、各科藩籬難以打破與融合的困境。國小因合科教學的基礎，學年教師團隊的形成，教師間的合作默契已經建立，多以學年主題活動為主，課程決定所面臨的問題是各年級之間課程如何連貫以及知識課程如何深化的問題。不論國中或國小，學校課程決定、「誰」影響決定、知識課程的內容之間的關係都值得再進一步追蹤與觀察，以批判學校課程決定的合理性。

前言

　　以課程改革為核心之九年一貫課程政策公布以來，標榜以學校為本的課程發展，以提昇學校的教學品質，故學校必須組織課程發展小組著手發展各學習領域的課程計畫。對學校成員而言，課程發展是學習課程與教學設計的過程，同時必須解決教育實踐現場的各種問題。以課程設計言，教師們所做的課程決定包括學習領域的課程內容、課程組織原則、教學活動設計，以及課程政策內涵轉化的問題。然而，因各個學校生態各具特質，成員互動各有差異，組織結構運作不一，實際課程決定的結果也不同。直言之，學校課程決定包含「誰」在作決定及以何種方式作決定，最後作成何種課程決定，值得探討的是學校課程發展是否達到課程政策的理想。

　　從課程設計的學理觀點言，九年一貫課程綱要中所標示的學習領域課程發展的意圖是從認識論開始，學校成員決定什麼教材應納入、那些內容組織成知識形式以及如何讓認知更為流暢的課程慎思。知識形式的分析與課程組織的方式、課程決定與知識的傳遞與分配，都是課程發展關注的焦點。本文試圖從認識論的觀點分析學校課程發展的軌跡，並以兩所試辦九年一貫課程之學校為觀察對象，採取質性研究方法，描述與分析中小學學校實際發生課程決定的狀況，目的在凸顯理想之學習領域課程發展與課程實踐之間連結與轉化的困境。

　　綜言之，本研究之目的有：

一、探討知識形式發展的概念與課程決定的關係，以作為觀察與分析學校課程決定動態過程的基礎。

二、觀察與分析學校課程發展的各個層面、學校教師如何發

展課程與教學活動、課程決定結果及其意義。

三、以知識形式概念發展與學校實務經驗對照分析，歸納學校發展學習領域課程的困境。

知識形式／學習領域的再概念化

一、學習領域／知識形式的再概念化

　　九年一貫課程所揭示七大學習領域，乃企圖以科際整合的方式重組各學科的教材內容，使學習經驗更能整合。「學習領域」的課程組織意義在於內容的統整，其哲學分析的理論基礎可以「知識形式」（forms of knowledge）說明之。誠如Hirst（1974）所言，人類以溝通的共通語言為基礎，運用符號系統描述經驗，並由語言的規準來測試這些經驗的客觀性，以建立經驗的知識，各項研究的結果可以視為各種語言遊戲型態。我們在這些語詞當中發展「理解」乃因學會如何「玩」特殊語詞之複雜的語言遊戲法則。不同語言的表徵包含著不同的論證或研究問題、獨有的法則與概念，以形成不同的論術與陳述，這些法則與不同的真理宣稱或有效性相關聯，這些特質所形成的語言遊戲可稱之為知識的形式。以此歸納各學科領域的研究成果，約可提出七種具不同邏輯特質的知識形式：純數學與邏輯、經驗科學、歷史、宗教、道德暨人際關係、文學與藝術、哲學等七種（簡良平，1992）。知識的發展日新月異，這七種知識形式是否能窮盡所有知識類型仍為人所詬病，然而就課程規劃基礎而言，其重點在於強調課程組織當建立在認識論的思考之上，深思知識建構多能依循合理的邏輯結構與某些中心概念、概念間特有的邏輯關係或系統來建構各種「意義」，使各種學習達成教育目標。換言之，知識形式的學習也

是心靈理解不同經驗的過程，是整全建構的形式、掌握各種語言遊戲規則的過程，也是學習者獲得應用該語言能力的過程。

以此言之，課程組織的基本假設在於合理建構「理解」的形式，涉略學科與生活適應的知識理解。基於知識是生活的產物，雖然不同學術團體之間對事務的看法具有可變性，這種變化可以由該社群掌握，其中也不乏社會大眾可掌握的溝通概念，使我們瞭解知識的基本範疇實質上包含許多普遍性概念。由於認知的基礎所使用的是日常所用的共通語言，爾後才逐漸發展出專業學科的特殊概念，因而理解的產生當由知識形式的共通概念開始，尤其是中小學課程的發展。就學校的課程而言，這種知識發展的可變性與普遍性顯示課程內容與結構應隨社會生活而改變，課程目標要使學生的能力發展與環境相關，是在社會脈絡中發展的（簡良平，1992）。統觀新知識的產生可以追溯自何種知識形式分化而來，也可發現新知識的產生乃基於學科間的溝通，它的功能本身就是整合的，而這些探索與歸納皆有助於闡明原有知識形式的發展，及課程統整的規劃。

決定何種知識應納入課程，所依據的「納入或排除」原則與計畫者本身對課程的認知有關，同時決定的基礎也奠立在我們對人類知識的認知與概念化的基礎上（Kelly, 1999）。因而探討知識的本質及基本假設，瞭解知識結構的基礎有助於我們決定課程組織的方式。追溯知識本質的探討歷史可以發現，1970年代以後，逐漸從哲學分析的方法分析知識形式的概念，擴展到產生知識之社會脈絡的批判。這種演變乃強調僅以哲學方法分析知識既有的概念結構仍不足以澄清知識各個層面與特質，認識論的問題不僅限於哲學的，或完全客觀無關於人性化的（dehumanized），實際上知識具社會建構的本質（Young, 1971），以社會學觀點研究知識發展的脈絡與社會條件仍有其必要性。

正如批判學者所言，語言習慣本身即帶有許多牢不可破的意識型態，各種不同認知的發展就是在這些基礎上，課程決定必須面對決定者不同的「課程」概念及知識本身的意識型態問題，而非真理的澄清而已。再者，知識具有核心概念及概念網絡，其背後的基本假設包含特定的價值與意識型態，知識產出與應用過程不可避免地涉及人與人之間互動狀況與權力的行使，知識的社會學探究乃關注動態過程中的政治議題。直言之，知識的建構是在一個互為主體協商的動態過程，知識的分配與傳遞過程之相關因素值得持續關注與批判，舉凡知識形式的語言脈絡、認知者與授與者的社會關係、認知者的主動參予或被動接受的學習結果，是否因不當意識型態或權力因素扭曲教育的本質，都是知識社會學探討的核心。

　　近年來後現代論者與批判學者更重視權力行使者本身意識的覺知與反省，對於知識本質的探究乃明白檢試知識與權力的連結關係，以透視權力運作如何透過知識的分配及操縱對話（discourse），形成知識的表徵（representation）及官僚體系如何強加於下位者來傳遞官方價值傳遞及所產生的結果如何（Kelly, 1999; Turner, 1990）。此觀點的基本假設認為，權力本身就是動態過程，我們置身於權力運作的對話之中，及對話產出的意識型態之中。然而，不可忽略的是主體在過程中深具主動建構知識與批判意識的能力，如何「增權增能」（empower）促使個體拓展主體意識，勇於批判與反省知識與權力不當糾結的現象以伸張社會正義，實為民主社會之教育志業重要任務之一。

　　對教育而言，知識與課程的關係由哲學分析到關注社會學的探究，課程決定逐漸跳脫工學模式課程計畫觀點，不僅強調「知識—學科」的概念分析與範疇重組，更進一步關注「課程即過程」與「課程即產出」（curriculum as product）的動態發展過程。因而

課程發展除探討知識、學科與課程內容的價值之外，更著重認知者如何認知的問題，進而強化教師與學生建構知識的主動性及在課程發生過程的創發性。另一方面，承認知識是社會建構的，課程研究著重觀察與描述課程決定過程的權力行使，探討課程決定者的價值觀、決定者彼此社會互動關係，以及課程計畫內容等等，課程計畫知社會脈絡分析之各因素間環環相扣的關係，反省之際期使課程計畫更具發展性、更符合時代與學生的需求。

二、學習領域／知識形式的建構與組織

課程內容以學生的「理解」為初始點，不論單元主題為何，教材選擇多半屬於某一學科、或多學科連結的內容。課程決定的原則多依據概念之間的邏輯關係而定，而各單元之間仍需考量是否具有連續性及一貫性，以形成連續學習的知識體系。顯然，課程內容的選擇仍以「學科知識」為材料，援用於主題的統整或研究問題之解決，以此言之學習領域之課程組織的目的在於改善不同學科各自為體系、凌散而切割學習的缺點。各學科知識過於抽象，致使分科的課程表受到抨擊，究其原因在於分科課程避開了「理解」應當從知識形式之基礎概念發展為學科專業概念的事實。其次，學科知識的課程表也有過於保守、不關心即時性的實務問題或道德問題探討的缺點。第三個問題是，分科過細的課程表有礙於心靈與知覺的統一，阻礙理解的流暢，導致學生無法掌握生活事務的要點及解決問題的能力（Hirst, 1974）。

質言之，學習領域的規劃關切知識形式以及課程計畫是否更具發展性，因而關心課程單元的內容落入哪些不同知識形式之中、或屬於知識形式的從屬部分，使學生能有系統地習得某一概念結構，並考慮到知識形式之間的交互關係，以產生某一知識形式或跨知識形式的課程統整為主。九年一貫課程中所規劃的七大

學習領域發展亦然，各領域如同知識形式，具有核心概念發展課程單元，課程單元之間也應具有連貫性與一致性。而課程單元的設計是否令人滿意，在於課程決定者對知識形式／學習領域之整體結構的瞭解與掌握，就學習領域的課程設計言，不僅必須掌握領域的核心概念的發展（例如，數學領域的規劃），愼選教材之際還須轉化學習能力指標。以教學實踐場域言，課程統整是課程組織的方法，在應用各種知識著眼於一整合型教育活動，甚至超越學科知識的界線，使學科知識成爲某一主題、問題或單元設計的多重來源（Beane, 1997）。整體而言，學習領域的課程設計已脫離原有單一學科結構之設計架構，不是以學科專家的方便設計爲核心，而是轉移至引發學習興趣、有意義的學習爲核心的結構。

從統整的角度言，學科本身已建立相當多的核心概念者及概念網絡，因而知識形式／學習領域的課程組織在跨學科的整合。然而，課程組織的困難之處也出現於跨學科連結之處，課程決定者不僅要於概念延伸的過程回溯學科概念的特殊意義，同時也必須在跨學科之際產生概念的共通意義，從學科之間關連性做爲領域知識的起點，而愼思一個合理的語言脈絡以處理知識形式的整合問題（簡良平，1992；Hirst, 1974）。

在學習領域中建構學習單元，常用的方式是先分以主題或問題所包含的核心概念，再由這些核心概念發展出相關概念，成爲一個往外擴張的概念網（Beane, 1997:58）。然而，這些放射狀的概念構圖（conceptual scheme）若未深思概念之間彼此的網絡關係，易讓此概念構圖流於鬆散，缺乏合乎概念邏輯思考的學理基礎。因而有必要分析概念的基礎，找出概念的核心狀況（central cases）及周邊狀況（peripheral cases），對於知識形式建構還需探究本質概念與範疇概念的內容，來釐清概念網絡的關係（林逢祺，1987；簡良平，1992；Hirst & Peters, 1970）。某一概念之中

心狀況是指該概念足以與其他概念區隔的所有條件，本身的特質具有語言溝通的社會功能，人們可以由理解這些條件獲得此概念；周邊狀況是指由此概念衍生出來的相關概念。以社會領域的知識形式為例，其本質概念是社會階級、社會正義、不平等…，其範疇概念是某些事件、因果、行動…；仔細分析每個本質概念的中心狀況與周邊狀況，可以發現本質概念與範疇概念之間的關係，如何連結為一基礎結構在於合理的語言脈絡之中。

規劃九年一貫課程學習領域或知識形式的統整學習，除了整合學科知識之外，實際上還包括了培養學習者基本能力的目的。因而，學習領域的課程設計包含了如何引發學習者動機及積極參與的考量，即著重教學與學習的活動設計。然而，不可輕忽的是，知識最後仍必須以抽象的語言系統表述與傳輸，學習領域課程規劃勢必走向知識體系的再建構，如何發展為合理的知識系統課程仍是課程慎思的目標。無論是課程內容的選擇、單元順序的組織、學習者條件的考量，國定課程中已提供課程綱要及各學習領域能力指標作為課程決定者依據，即便如此，課程發展的動態特質仍多仰賴學校教師們對知識與學科內容的瞭解與分析、轉化學習能力指標，來做成適當的課程決定。

學校建構學習領域的動態分析

概括言之，學校課程決定的層面涉及「決定者」以及「決定內容為何」的問題，前者包括誰來作決定？以及作決定的形式為何？決定者本身的知能與決定者之間的社會互動關係影響課程研發展小組作決定的行為；後者則是指選擇課程內容選擇與重組，乃涉及知識形式的規劃。這些層面交錯發生於實際課程決定過程中，而此過程乃屬動態過程，因學校生態脈絡而變動，簡言之，

課程決定過程不免涉及權力的行使，其關鍵因素為「知識、課程與權力」之間的連動關係（1997）。中小學依據九年一貫課程政策，轉化與落實學校本位課程的發展，準備條件除重整學校權力結構，調整領導模式、透析教師文化及影響教師課程決定之相關因素以掌握學校改革契機之外（簡良平，2001；甄曉蘭、簡良平，2002），最後乃為學習領域如何統整的問題。學習領域的規劃乃以知識形式的組成為基礎，本文以知識形式的再概念化為始點，討論課程組織的問題，進而衍生課程決定所需處理的知識、權力與課程的關係。

一、知識、權力與課程決定

　　什麼可以算是知識？即使在不同學科之中，學科專家也會面臨這樣的問題。不同研究社群團體成員因所受的規訓不同，參與社群運作的程度、社群所秉持的真理與規範不同，彼此的認知差異而對知識內容的認定產生不同解釋。學科專家認定透過學校課程實施可以某種「煉金術」來培養學生成為學科發展人才，而課程計畫人員也會因教育觀念的改變而有不同的課程決定（Popkewitz, 1998）。例如，強調瞭解學科概念為主、著重測驗的成績者，易於採用精熟學習的方式，側重記憶與重複演練研究方法；著重學生瞭解生活事務並具備解決問題之技能者，乃強調重新審視日常生活的複雜性與持續性，及掌握事務變化之連續性結構的學習。

　　除了因課程目標不同而有不同的課程設計之外，課程決定過程也常因決定者的意圖不一或利益衝突，使得課程決定常顯得偏重於課程計畫之技術性與程序的探討，反而忽略教育本質相關議題的探究（Beyer & Apple, 1998）。例如，學科專家們關心自己專業學科是否列入課程、佔有比例多少、是否影響學科在教育現場

的重要性及教師的授教權；教師們關心課程內容是否符合自己的專長，課程組織的方式是否「方便」教學，而非考量是否符合學生的學習。課程決定者若著眼於教學的立場而非學習的立場而遷就教學環境的方便、教材取得容易、討論時間可以儉省、避免價值觀的辯論影響同事情誼等等考量，課程決定難免變成課程計畫形式的填充而隱藏教育本質的探究。實際上，課程內容所選擇的是誰主張的知識？知識內容隱含哪些意識型態？教育的目的為何？教學設計是否符合大多數學生的能力與需求？是否提供了大多數學生平等的教育機會？社會正義是否得以彰顯？等等，攸關教育本質的問題經常是被忽略的。

　　簡言之，課程內容的組織有三個座標軸，其一是知識的概念結構，其二為學習者認知的準備度與心理發展條件，其三為符合教育本質的反思，多面向慎思為合理的課程計畫。此乃在知識與學科選擇之外，著重學習者主動建構知識的事實。同時基於教育本質的慎思，批判學者分析教學情境中知識傳播與分配的權力關係，鼓勵教師釋放「威權」，以創發的互動過程替代文化再製的過程、以教學者現場的課程創造代替實踐場域之外的課程規約、鼓勵教師發展實踐理性與反省個人立論、啟發學習者多元智慧與提昇學習績效等等，作為課程決定著重的方針。倡導提昇教師與學生的「反省意識」，目的在反省與批判知識傳遞過程中，伴隨著「權力」因素實施壓迫性的學校教育過程，達到階級再製目的的不當（Cole, 1988）。在民主社會中，彰顯社會正義、力行教育機會均等的理念不斷被提及，目的在於批判伴隨知識出現之各種意識型態與權力行使的不當壓迫。

二、學校課程決定與課程慎思

　　無論是知識形式的哲學分析、課程決定的社會學分析，在在

顯示課程決定需要慎思。學習領域的規劃涉及不同學科知識及分科教師的教學實務，因而需要團體的課程慎思。課程慎思（curriculum deliberation）是一連串謹慎思考問題及問題解決的方法，思考在環境中怎麼樣才是正確的行動。課程慎思在於發揮實踐理性的智慧，深刻體認實務現場的各種差異性，且決定過程尊重每位參與者的權利，因而慎思者具有知識與道德上的義務（Schwab, 1978a）。課程慎思考量課程實踐的相關問題，同時整合課程實踐的條件，慎思的議題不外乎學科內容、教師的能力、學生的特質，以及教學環境的資源，包括課程計畫與課程實施之動態過程的各項層面，它需要課程決定者用轉化課程理論、學科知識到課程實踐之中，發揮折衷的藝術，使課程發展更具發展性（Schwab, 1978b；簡良平，2001）。

團體課程慎思乃以參與者的對話開始，討論課程計畫的相關問題，慎思課程實施的可行性。課程慎思本身就是社會問題，教師們必須從彼此對話中瞭解彼此的價值觀及專長能力，還要瞭解彼此的角色與任務，進而澄清課程問題來討論。學校中的成員帶著不同的意識與目的形成團體的社會脈絡，這個小型社會是個政治的、文化的、經濟的實踐機構，包括遵從上級教育單位的要求、以教師文化為基礎的思考模式、學校資源有限下的決定。此外，慎思的內容也不能避談課程內容的道德責任，而不去關心社會實在，故必須考量民主社會公民的培養（政治的）、工人的競爭力（經濟的）、而有未來學（文化的）思考，以協助學生適切社會化（Beyer & Apple, 1988）。

課程組織與決定亟需花費時間，包括：成員在想什麼、能做什麼、對改變的接受度，是否期待教師產生新的知識、技能、態度與價值等等，這是一個緩慢而逐漸形成的過程。舉凡課程目標、主題、材料、活動、評量等等，都是課程規劃的內容，教師

們於討論學科內容、學習者、環境、課程發展等議題中發展課程。一般而言，教師們開始發展對話不免從自身的能力或專才出發，而侷限於既有的經驗，然而透過團體的對話，教師們會因彼此的瞭解帶入教學實務的問題的對話以尋求解決問題，不僅產生合作的型態，也在此過程中學習到課程知能，且進步速度驚人（Atkins, 1986; Hawthorne, 1990）。更由於學校是課程實踐的現場，課程決定立即影響到學校教師，可以檢驗轉化成教學行動的結果，再反省與修正原有的決定，整個課程慎思是一個「慎思─作決定─行動─出現問題─慎思─作決定…」的循環形式，具有行動研究解決實踐問題的意義（Dillon, 1994）。

誠如Goodlad（1991）所言，課程決定是個政治社會的過程，課程發展者不僅依據自己的知識論來思考，同時以權力運作為工具來達成課程實踐。誰的主張最有影響力、誰的意圖較為合理、共識的形成是否經過辯論、領導者是否施壓、決定的方式…等等這些問題是否經過慎思與批判，都是建構合理課程計畫應該思考的問題，以求得更為合理的教育實踐。因而，團體課程慎思也是透過辯論澄清誤解與不解，激發反省與批判某些不當的意識形態，課程發展端賴個人如何看待自己的角色，以及如何以課程慎思的批判精神來檢核課程發展。

學校學習領域課程決定之實務分析

本研究以個案研究的方法深入一所國中、一所國小學，收集學校發展學習領域課程決定的實務經驗，並以觀察與訪談、收集相關檔案與課程發展資料等方式進行分析，以凸顯個案學校所面臨的問題與困境。

個案學校（分別化名元智國中、德德國小）發展學習領域課

程可以分成兩個層面加以討論，其一為學校課程決定的層面，其二為課程慎思的議題。

一、學校課程決定的層面

不論是國中或國小發展學校課程，多半依據九年一貫課程綱要的精神，著力於學校本位課程的發展，本研究之個案學校基於此立場而發展全校性主題課程、各學習領域課程及各學年發展課程等層面的課程。兩所學校的發展概括如**表1**：

處理層面	元智國中	德德國小
全校性主題活動課程	生命教育主題的課程統整計畫	全校性活動配合「家長參觀教學日」
各學習領域課程發展	各學習領域配合生命教育主題整合教學計畫	不明顯 科任教師搭配學年主題活動
各學年主題活動課程發展	無	學年教師團隊設計各學年每週的主題教學活動

表1 二所學校學校課程決定的層面

（一）元智國中學校課程發展與困境

就元智國中而言，原有的課程是以各科為單位各自處理教學進度，教師之間的聯繫是各科教學研究會，討論教學進度、評量與教學觀摩事宜。基於試辦九年一貫課程的要求，元智國中校長在第一年乃延續多元智慧方案已凝聚之教師小組的對話機會，而

辦理各領域工作坊、規劃成立課程發展委員會,其目的在積極形成教師之間的教育改革共識。以學校的長期發展與趕上這一波課程改革方面言,校長顯得比其他同仁積極,也應用個人輔導的特質與專長極力開發教師潛能。對教師而言,現階段校長所施予的行政壓力增加了許多教學之外的負擔,在寧靜的校園中引起一波波連漪。在制度面上,校長與教務處規劃課程發展委員會的討論議題與進度,各領域教師代表、導師代表、行政人員代表、家長代表齊聚一堂,討論學校教育的理念、如何發展學校特色,最後乃實際規劃生命教育的主題統整課程。

課程發展的對話起點由校長引發,依據每二個星期的進度推展。發展課程的實際狀況是由教師代表依據生命教育主題的需求提出計畫,首先就各領域內各科進度之中與生命教育相關者提列出來,然後在會議場上討論各領域提列計畫與主題的相關性。然而,限於現有的教科書進度,各科在維持教科書進度之際,努力地配合主題來凸顯相關的教材內容。主題與各科教材連結為一網狀圖,課程的發展從「主題」呈現放射狀到各領域發展相關主題或次主題的課程活動。然而,光就主題與教材之間的關聯性,即網狀圖的結構是否合理,教師們就要花費許多時間思考其「合理性」。而這樣的對話起點在於各科教師代表先提出自己的觀點,再由其他教師給予意見,共同思考連結的合理性。由於教師少有對其他科教師發表教材教法的機會,因而這樣的對話也是新的經驗,教師們逐漸從各自表述到理解他科的做法,而有新的連結思考。此外,課程發展的意圖雖是讓教師們練習課程發展的過程,也不免發現對話中處處可見校長的領導意識與主導意向。

由於生命教育可延伸的議題多,各科教師詮釋的角度也廣泛,但多半是在教科書的內容中思考,少有附加額外教材,原因在於升學的問題。正如校長所言:「家長的第一個問題還是問

你，這跟升學有沒有關係？老師會馬上問你，我的進度怎麼辦
（Ja890918，訪P：6）？」即使在基本學測之後，教師們還是認為
紙筆測驗的形式沒變，仍要顧及教科書的基本教材，反而教師們
為因應學生進入好學校的實力訓練而消耗更多的人力。此外，元
智國中屬小型學校，教師兼任行政工作者佔三分之一以上，願意
積極投入的教師多是行政人員，人員不足、時間不夠一直是難以
克服的問題。課程發展需要時間，正如一位教師言：

> 很多老師跟我一樣太忙了，以前我沒辦法體會，現在事情一
> 多我才感覺到太忙了。你要教書準備課程來不及，又要辦一
> 些行政，突然又有一些學生的事情來，很多老師真的蠻想去
> 做好的，時間上有點不夠，忙到最後很多東西就忘了
> （Ja900515，訪T社：10）。

即使一般教師課務負擔與班級經營的問題也花去大半的時
間，現在課程統整要與他人聯繫，這些時間怎麼轉的出來就是很
大的問題（Ja900102，訪M：4）。其次，學校的人力編制沒有法
源依據可以改變，課表基本節數固定，都影響元智國中的人力調
配。有時為了空出共同時間來研討與對話，都會因為教師配課其
他科目或代理代課而無法執行；學科教師流動率高，限於教師的
教學經驗，代理教師課多溝通機會不多，而漏失掉領域學科整合
的機會。這些都可以看出元智國中各項資源不足或無權力難以適
當調配的窘境。

元智國中除了現有的人力資源、課務負擔、時間結構、升學
壓力對教師發展課程造成影響之外，教師本身的認知與教師文化
也是課程改革必須面對的問題。有些教師習慣學科的知識體系，
並不認為有必要各科加以統整，一位自然科教師直言「國中自然
科編得不差，有必要做統整嗎（Ja890930，檔1T1：1）？」自然

科教師認爲維持現有的學科教學還可以接續高中及大學的分科教學。即便在九年一貫課程政策明白宣示課程統整在培養學生基本能力、解決問題的能力，對學校而言是丟一個大問題給教師，如何將學科知識生活化呢？有些學科更因爲程度的問題，有時還眞難以搭配主題統整課程，例如，英文。英文老師說：「國中開始學英文好像小學生要認字一樣，我們每一課的主題都是爲了要教幾個字、教文法句型，然後帶出幾個沒有劇情的課文，課文眞的很難找到跟生命教育有關的（Ja900330，察：10）。」林林種種的問題可以歸結爲教師質疑課程統整的必要性、習慣學科知識結構的教學、缺乏跨科統整與教學的信心等問題。

　　課程發展的問題在元智國中發展生命教育時交錯出現，尤其是在各領域發展課程計畫時更爲凸顯。「主題」如何發展顯示各科先行發展，數學科研討環保的問題，帶入數學演算；人類生活的依存關係，帶入失業率的計算；配合生活教育計算出生率及死亡率等等，這些都是數學應用到主題的探究。然而，主題的最終意義與課程選材之間應建立連結關係，卻因限於即有教材而未進一步開發。在會場上，指導教授曾質疑：「生命教育跟環境教育有重疊的部分，如果我們以生命教育爲主軸再帶入環境教育，會不會模糊了生命教育的眞諦（Ja900413，察：5）。」但是這個話題並未發酵，引導教師回溯思考課程目標與課程組織之間的深度思考，再加上校長也不認爲有此必要，教師們仍維持原案未再討論。

　　各學習領域的教師們除了要考量自身學科進度外，還要通盤思考該領域各科連結的可能性，因而碰到更多問題。此時，學科連結的問題與教師之間互動、如何愼思課程議題等層面糾結一起，課程發展也碰觸到教師文化的問題。歸納領域課程發展的困境如下：

1.領域教師欠缺對話的默契，對教材的詮釋不一、難有共識

以國科為例，國文科代表說：「每個老師都有自己的看法，在討論的時候，我認為這是生命教育，有的認為不是，我們沒辦法統整意見。我們最後整理出來示生命的態度，抓了三課，第二個是跟歷史結合，二年級三年級是民族生命（Ja900330，察：12）。」因意見多元難以一致，最後只好請三個年級各一位國文老師提出該年級的課程計畫供其他老師參考，三個年級之間沒有連貫性的討論，最後也無硬性規定實施此計畫的規定。國文科教師代表認為課程難以理想發展真正問題在於自己「人微言輕」，他說：「以國文老師來講，我到這裡是最晚的（12年），他們都是學長姊，也都有自己的一套教法，有時候很難開口叫他們去做什麼（Ja900516，訪T國：12）。」這也顯示課程發展能夠擴展到領域教師，還必須正視教師之間倫理的問題。

2.各科分散於各年級，學科屬性差異大，進度不一、概念難
  以連結

例如，生物在一年級、物理化學在二、三年級，學科屬性差異大、內容難以連接。藝術與人文領域的教師認為音樂與美術科學科特質明確，學生沒有具備兩科的基本能力無法進入統整課程（Ja900516，訪T藝：7）。社會領域的教師代表也一直表示，學科的基本結構難以整合，他說：「地理主要概念是空間，歷史是時間，公民強調價值觀，整合上很困難（Ja900413，察：13）。」該領域三個教師對話頻率是所有領域中最密集的，但是每次都無法取得共識，在地理與歷史老師互不相讓的情況下，最後是由公民老師分別搭配這兩科的教學。歷史與地理維持原有教材上課，在課堂上強調教材與生命教育相關之處，反而是公民調動單元來搭配這兩科教學。該領域教師討論的心得多半認為，如果要打破學

科界線重新整合，必須建構新的主題概念，諸如「旅遊」或時事探討，而這牽涉三個年級三個科目的課程內容，工程浩大難以實現，只好維持現有狀態各自發揮。

3.任課教師對自己學科的定位不一，難以深入思考彼此連結的關鍵與團隊合作的益處

例如，生活科技教師將工藝科定位為技能科，因此教師本身不參與課程內容有關概念的討論，課程維持原單元進度，未納入生命教育課程探討。無法帶領其他教師參與對話與討論課程發展的相關議題，幾乎是每個領域教師代表的心聲。他們多半年輕有勁，但是「自己年紀輕、經驗不夠、資歷淺，要行政還要教學，資深老師在教學、行政、處事、管理學生方面都比我強，所以在溝通課程設計時，顯得我比較理想化，他們就比較現實，背景差距多，難以苟同，默契基數還很低，所以還沒有團結起來（Ja900516，訪T自：2）。」教師代表領導教師討論的功能是零，現階段僅能分配課程設計的工作，還難以協商合作。這不僅凸顯領域代表缺乏領導的權威，反而是教師文化左右教師的思考與行為。

4.課程活動設計的觀念不一，主題活動課程難以施展

即便像綜合領域較無進度壓力的學科，教師們也不放棄教科書自行設計教材，歸咎其原因在於學生活動多花費時間長，教師的負擔也加重。怎麼說呢？「活動多老師當然負擔重，準備時間多，跟學生相處時間多，要督促他作準備，後面要做綜合，時間就多。如果我們要去找資料，要利用晚上或週末時間，就變很累啊（Ja900516，訪T國：13）。」簡言之，課程裡設計學生學習的活動，課堂管理的時間變多，教師們可預見的是學生難以控制

（Ja900516，訪T自：4）。對很多教師而言，主題活動課程傾向設計太多活動，卻未考量青少年容易浮躁的特質，自己的課務負擔又加重，還不如維持寧靜的校園來得好。

5.受限於教師專業訓練背景反而對統整課程欠缺信心；教師文化保守，難以敞開心胸專業對話

例如健教體育領域的教師雖然由一位教師教授課程，卻因缺乏討論的同儕無法肯定自己的思考而感到心虛。除了學科本身的特質之外，教師對自己跨學科教學或課程統整沒有信心也是問題。一位擔任健教與體育的教師言：「這個領域應該是體育與健教老師互相協調溝通的課程，而非由一位老師教兩科（Ja890930，檔1：1）。」校長也認為「我們玩了很多課程統整之後，大家都覺得學科的知識架構非常嚴謹，有他的系統在，是很多專家發展出來的…我們的能力不足以去做這一部分，…我們順著（教科書）去做，絕對沒有錯（Ja890918，訪P：8）。」依照這些思考推論下來，課程革新與學校課程發展不過是等待新的教科書出現，教師的工作是設計新的活動課程，克服教師間協同合作的困境。然而，值得關注的是元智國中文化生態特質是促成教師是否開放心胸專業對話，能否走向協同教學的關鍵。該校的同仁關係溫馨，教師普遍認為做好班級事務最重要，對於教改願意配合研習，其餘的部分不主動參與。年輕教師難以影響資深教師，但是「資深教師之間沒有一個主導，大家都是一個山頭，每個人講話都很有份量，要非常瞭解我們學校背景的人才有辦法領導他們（Ja900516，訪T自：4）。」而且，即將退休的老師多，願意「發出聲音」的人少。所幸，該校校長也頗能掌握教師們「可以配合」的心態，在有限的時間內領導課程委員會教師練習發展出全校性的「生命教育」課程，如附表1。

（二）德德國小學校課程發展狀況與困境

　　元智國中的狀況凸顯了國中發展學校課程的問題多，歸納言之乃因國中尚屬於發展學校課程的初步階段，發現課程發展的問題多於體驗教師發展課程提昇教學品質的益處。相較而言，具備與大學合作教學專案研究的經驗、受過開放教育洗禮、辦理多元智慧方案的德德國小，較能體會教師團隊發展課程的益處，及教師提昇教學活動對學生的影響。

　　德德國小每個年級約5～6班，教務處全力協助年級教師形成教師團隊，學校課程發展以每個學年的活動課程為主角。由於試辦九年一貫課程，學校順理成章規劃每個年級一個下午三節課的主題活動課程，也要求每個學年教師規劃學年活動，教師們有立即解決課務的壓迫感，因此發揮團隊的智慧分工合作設計課程，並發揮協同教學的模式。相對而言，領域教師的主題發展就不明顯，專任教師以配合學年主題活動為主，或接受學年教師的邀請或工作分配。全校性的課程活動配合「家長參觀教學日」，準備向家長說明學年課程計畫。另外，當天也設計一主題課程，多以親子互動為主，形式上也是各學年發展相關主題課程。

　　簡言之，德德國小的課程發展已經制度化，學年教師負責規劃。追蹤學校具有這種教師專業發展的文化乃起源自創校以來歷任校長多重視教師的專業發展，並鼓勵教師專業分享；再者，學校資深教師不多，但是每一位卻都很積極發展自己的教學，更可喜的是都很「雞婆地」主動分享、教導年輕教師，這些領導型教師不斷透過對話發揮影響力，因而逐漸形成德德國小獨特的文化生態。個別教師受到專業要求與激勵，各學年團隊走向團體課程慎思的就有了基礎。雖然，每個學年每週為了設計主題教學有時間上的壓力，教師們不僅事先利用寒暑假規劃整個學期的主題，日常時間則共同準備教材、設計教法，也可以協同教學，但是工

作壓力並未產生大衝突，主要原因在於團體的感情基礎不錯。愼思的開始難免依照彼此的專長提出設計，若發現彼此的觀念差距大就相互說理，各自表達看法後大家作個決定，有的人會妥協，努力把課程設計想出來，安排主題活動的優先順序、教學活動的內容與步驟。爲了尊重教師個人的專長與看法，學年主題活動之外也允許教師在班級內適度補充與調整。

　　課程計畫的開始於各教科書的所有單元，將整學期的單元攤開，把各科相關主題的勾畫出來，標出適當的主題，然後排列優先順序。主題出現之後，仍上教科書內容，再搭配主題設計學年綜合活動。主題綜合活動有時課本內容的延伸，有時回顧進度班級補救教學，有時是總結性評量的活動設計。此外，綜合活動也搭配學校行事曆，督促學生準備的練習活動，例如，學校運動會、體育表演會、畢業典禮等等。這些主題可說是依照「時間」考量的，有以整個學期都在進行的主題活動，也有一個月的活動，也有每週的主題活動。主題之間也有主要主題與次主題之關係。以三年級的主題課程爲例，「光陰」的主題課程乃將各科相關內容串聯起來，各科可以在四週之內接著上課來強調主題的整合性。如果學年決定某些主題活動可以整合各科的內容，但不屬於哪一科，這個主題就會獨立出來，然而基於時間有限，這類的主題並不多見。

　　實際上，在各科間愼思教材內容的相關性就是一個大學問。德德國小的教師們都認爲，這不僅要熟悉各科教材，還要有靈感才能做適當的主題歸納，有時不免某些科目的內容無法被歸納或整合就必須單獨教授。二年級的老師說：「我們二年級走得都是從課本裡、教材裡面可以延伸、可以生動的、怎麼樣趣味化、是有所本，…時間的大餅就是這麼多，你加了一個活動時間就被你淹沒了。所以我們選好教科書之後，我們很信任那些專家，我們

把他重新作一個相關資源的編排，然後增加什麼活動、增加什麼故事，提供什麼影片…（Ea900221，察：33）。」教師在主題編排之後，安排教學活動時間，接著是活動課程設計。

　　以二年級的統整教學活動為例，主題活動的實施乃因教學活動的串聯讓課程活潑了起來。教師們認為，思考好的活動讓學生喜歡學習是教師的本質，活動的安排是為了「讓整個教學活動活潑一點，有的時候是引起動機，有的時候是用在最後呈現結果（Ea900323，訪T1：10）。」例如，兒童節活動，教師們規劃一個學習城堡，上數學課時教導學生畫圖，美術課時教導學生製作城堡，語文課教導童詩，兒童節當天在城堡之外設立迷宮，學生闖關回答問題到達城堡。活動結束後城堡仍可讓學生繼續學習數學體積、面積等乘法問題。以一年級為例，「多多上學去」的偶劇表演教導新生如何適應新環境；四年級的戲劇表演，就讓各班各組同學改編課文搬演舞台劇、相聲，自己製作道具上台表演；六年級配合畢業旅行學習天燈製作，並於旅行時舉辦祈福築夢晚會。

　　教學的主體仍以教科書的內容為主，課程活動設計不過是讓學習更深刻、更有趣。課程組織的原則不外乎「課程活動化，活動學習化」，教學活動在教師講述之外，透過活動讓學生主動學習與表現學習成果。由於學校規模不大，在校園內走著走著就會看到學生的作品、活動設計的點子，無形之中教師們也會督促學年有新的活動點子出現，各學年相互模仿活動的進行，也具有相互較勁的氣氛。學生之間也因為相互觀摩，刺激與感動就越大。學校的理念一直希望讓每個學生都有舞台，因此活動多以每個學生多能表現為主。教師們可以在學生的表現中發現學生喜不喜歡，以及學習的情形如何。為了讓學生更喜歡學習，教師在設計活動時也多投其所好來二年引發學生興趣而以「吃喝玩樂」為基礎，

植樹節不僅種小樹還學生種植草莓，學生寫觀察日記還可以收成；母親節製作「百寶盒」，收集母親的故事、給母親的詩歌、卡片放進去送給母親。這些活動設計都在學年教師「飆」點子的狀況下一個個跑出來，讓學生儘量動起來。

德德國小教師在學習領域的課程決定方面的問題在於選擇教科書、重新組織課程單元變成主題課程、設計學年活動與班級教學活動。而且，解決這些問題以促使較學順暢乃靠學年教師團隊的討論、協商與作成課程決定。選擇教科書的方式是由書商介紹、教師們討論表決。課程發展的定位在專家編輯教科書之後，教師加以轉化成主題統整課程實施教學。教師們要熟悉教材內容，設計主題統整課程的教學活動花費教師最多時間與精力。團體課程慎思的問題在於建立教師間的對話的形式，達成分工合作的模式，以設計每週接踵而來的主題課程。較為費心的是科任教師必須跨年級參與學年教師團隊的課程決定，另外，也會發現單元調動會有某些前置概念尚未教導的問題，因而必須回到學科本身的順序教導再進入主題，時間尚不免延宕的困擾。至於教師團隊間的協商反而少有紛爭，乃由於學校經常透過各種會議溝通教育目標、課表的安排、經費的使用等等，因此教師們可以習慣學年團體課程慎思，課程的決定多在大家彼此的協商下順利推展。

以課程發展來說，德德國小的教師們認為學校本位課程發展對他們來說相當困難，原因在於精通一個年段的課程並不表示可以建議其他學年的課程意見；各個學年都教過的老師也不見得可以處理一到六年級的整個課程，畢竟每個學年學生的特質不同、教師特質也不同；幾乎每個老師都是包班制，時間也不夠用於全校課程設計；如果要處理一年級到六年級的課程，也必須克服各年級教科書版本不同、內容如何連貫的問題，這也需要人力與時間。因而，課程發展委員會的功能在於溝通各年級主題活動不多

加重複，而不在審核各年級課程計畫；在彼此觀摩課程設計的優劣點，發揚學生的作品與教師團隊的成就，而不是批評與評鑑。

二、學校教師團隊課程慎思的議題

這兩所個案學校，不論國中或國小，教師們在做課程決定時課程慎思的議題歸結有：教科書課程結構的思考、課程統整的形式、課程組織連貫性的問題、課程共通之處的課程慎思、教學活動的課程慎思。

(一) 課程統整形式的問題，學習領域統整的困難度國中高於國小

以國中而言，學科屬性特殊較難打破學科界線發展爲知識主題課程。這不僅是因學科知識結構高度抽象化的結果，部分原因來自於學科間的對話少，連結的問題還在發展當中，另一部分的原因在於教師們對跨科統整沒有信心。前者主要是限於現有學科內容，因此彼此之間難以找到課程組織的核心，這一部分尙未發展出合理的課程組織架構；後者則因教師認知與心態開放與否的問題，如果大家都還強調分科教學，課程統整的可能性就會降低。最後，課程統整的形式就是活動課程，各科在主題中找關係，放射狀結構互不相干的架構。國小教師能夠很快掌握課程統整的意義，原因在於國小本身學科分科還未太多、班級包班教學的模式存在、教師之間彼此經常討論以致彼此瞭解的程度較夠，因此可以接納統整的模式。因此，協同教學的部分也比國中教師發展成熟，國中教師仍在試探階段。

(二) 國中與國小皆面臨各年級學習領域課程如何縱向連貫的問題

國中、國小教師多限於學習領域橫向問題思考，缺乏時間與

人力慎思國中三年與國小六年的思考，能思考九年如何一貫之問題的人更少。國小教師們在活動進行多之後，會思索活動重複性的問題，而努力與其他學年教師溝通以區隔活動間的差異，此外也會參考之前課程計畫的紀錄予以銜接，但仍無力於國小階段或國中階段的連貫性課程計畫。

（三）主題活動課程設計多以課程實踐需求為主，處處慎思課程共通之處

國中與國小教師在課程設計的慎思多會以學科（教科書）、學生、教師、環境等因素。教科書的思考仍以學科知識為主要架構，尋求可能的統整關係；學生的特質與興趣是課程設計的依據；教師轉化課程的能力、教師的專長與經驗、教師班級經營的能力；最後是課程活動的可行性，如果發現活動實施有問題則返回修改活動設計，課程活動深具發展性。活動的時間性、變通性與可行性的參酌都是課程慎思的議題。正如德德國小的教師言：「每一個老師會考量他班上學生的特質怎麼樣啊，或者是我們跟學校之間聯繫啊，比如說這項這活動需要什麼樣的教材，學校方面有沒有辦法支援，或者是家長有沒有辦法支援（Ea900416，訪T6：3）。」總結言之，教師們關切課程實踐的問題，相關議題多會出現於課程組織之際，依其教學經驗判斷及做成課程決定。從各項觀察顯示，國中與國小教師大多有依賴教科書的習慣，一時之間也還沒有批評教科書適切性的思考。即便發現教科書有不合理之處，也多會在教學時加以轉化。因此，教師們頂多再做一次課程重組，很少批判教科書的意識型態、教育意義、價值觀等等，大多以「詮釋」的角色自居。至於教科書之外的教材也多因時間不足，較少補充。

（四）課程政策內涵的慎思與落實也是教師們課程設計的依據

事實上，國中小教師多能體認本身具有實施課程政策的使命，因此課程討論之際也多會詮釋九年一貫政策的精神，教師們多掌握政策的內容在課程統整，與日常教學相關者一定優先考量。至於學校本位課程的發展，兩所學校都在建構當中，元智國中是以溫馨的師生關係、多元智慧教學為基礎，期望發展學校課程特色。校長引領同仁往生命教育發展，也參考其他學校的做法，有意以後建立藝術與人文領域的課程特色，以與其他學校區隔，且最主要的原因是美術與音樂老師非常優秀也願意配合。德德國小則認為，讓每個學生都快樂學習且有自己的舞台，每個老師認真教學就是學校特色，不必為了建構特色而特色。

整體言之，學校教師多以教學需求為主要的考量，因此，發展課程的各項慎思都以課程共通之處為基礎，無論是學科知識、教師能力、學生興趣與特質、環境資源的配合等等，都不斷出現於課程統整的形式、課程組織的連貫性、課程政策內涵的轉化等等課程慎思當中。較為缺乏的是，學校課程計畫的實施與評鑑仍有待加強。由於現階段仍有各科教學進度實施中，課程計畫不具有強制性，教師可以選擇不實踐，仍有待學校教師建立共識，課程發展委員會發揮領導權威。此外，坊間缺乏課程評鑑的規準，教師們以學生的表現為評鑑規準，至於全校的課程評鑑仍待發展。

結論

從個案學校的發展也不難發現，知識形式／學習領域的課程發展並非獨立發展，而是學校課程發展的各個層面之一，必須在

學校發展課程的架構下觀察之。就學校課程實踐現場的觀察可以發現，學校課程設計的問題在立即解決課程與教學的實施問題，而非課程理論取向的課程設計。學校教師大多以教學經驗為基礎，設計學年與班級學生所需的課程活動，至於教育規準、課程理論、架構知識形式的嚴謹度，都因時間不足、課務負擔重、教師未具備課程設計的經驗而缺乏深度討論。再者，學習領域課程的發展關鍵在於課程決定者的課程認知、課程慎思與討論所作成的課程決定。以現階段而言，教科書已經提供了主要的知識形式結構，國小教師們以重新組織主題活動課程為主要方向，設計的目標在提供教學活動的點子與提昇學生學習興趣；國中教師在課程決定方面所受到的箝制因素較多，包括：升學壓力大、專科教學的背景與分科教學習慣較難打破、班級經營的需求、教師間欠缺對話與合作習慣等等，目前正處於學習與演練課程設計的過程。

　　直言之，課程發展者決定了學習領域的教材「應該納入」與「如何組成」的原則與方法，而課程計畫正是學校教師團體互動的結果，因此，課程知識的產生有其社會本質。學校成員中，校長、主任與教師間的互動都是促成課程決定的關鍵人物。課程發展的取向可能是校長、教務主任的意見，因為他們掌控課程發展的運作機制及資源分配；學年主任的領導、領導型教師的意見、資深教師的看法，在學校稍具地位的老師儼然具有知識的權威，影響重大的課程決定。另一方面，學校教師課程決定時，能夠反省自己是否過於重視學科知識者少；能轉移到培養學生主動學習之課程設計者，即適當釋放知識權威到學生身上者，國小教師顯然多於國中教師。國中學校性質與國小學校性質的有異、學生成長階段不同、學校文化生態的不同，都是兩者課程計畫不同的原因。

就課程發展知識形式或學習領域知識的過程言，教師們很少就知識概念結構加以分析與架構概念網絡，尤其是當教師們發現設計工作工程浩大、非一般教師得以勝任時，很自然以教科書內容為主軸，免去編寫單元與章節的麻煩。更何況跨科統整不僅要瞭解各科教學內容，還得因應課程設計需要與教師協商，這部分又常因個人知識論觀點不同而有爭論卻沒結果，最後仍要訴諸領導者仲裁或專家權威，而以教科書內容為依據最具體且簡單。以知識論的哲學發展言，學校乃屬課程實踐的現場，較難完整嚴謹地設計學習領域的統整課程，反而能就課程實踐所需慎思的課程共通之處加以研討，以順利推展活動課程與教學。就知識的社會學發展言，學校課程決定確實值得進一步反省課程決定過程所展現的價值觀與課程決定方式的適切性，知識、權力、課程之間的關係不僅出現在課程政策轉化與落實之際，看出國家教育政策的貫徹威權，學校中也出現「誰」的聲音大、最能影響課程決定的現象。因而，不論是學校層級的、學年課程、學習領域的課程發展，皆顯現出知識形式統整與團體課程慎思的困境，仍有待進一步的觀察與困境突破。

參考書目

中文部分

林逢祺（1987）。*皮德思道德教育思想研究*。國立台灣師範大學教育研究所碩士論文，未出版，台北。

黃政傑（1992）。*課程設計*。台北：東華。

簡良平（1992）。*赫思特課程理論研究*。國立台灣師範大學教育研究所碩士論文，未出版，台北。

簡良平（2001）。中小學學校課程決定之個案研究。國立台灣師範
　　大學教育研究所博士論文，未出版，台北。

英文部分

Atkins, E. (1986). The deliberative process : An analysis from three perspectives. *Journal of Curriculum and Supervision, 1* (4), 265-293.

Beane, J. A. (1997). *Curriculum integration- Desinging the core of democratic education.* N.Y.: Teachers College.

Beyer, L. E., & Apple, M. (Eds.). (1988). *The curriculum: problems, politics, and possibilities.* Albany: State University of New York.

Beyer, L. E. & Apple, M. (1998). Values and politics in the curriculum. In Beyer, L. E. & Apple, M (Eds.), *The curriculum: problems, politics, and possibilities.*(2nd), (pp.3-20). Albany: State University of New York.

Cole, M. (ed) (1988). *Bowles and Gintis revisited-Correspondence and contradiction in educational.* London: The Falmer Press.

Dillon, J. T .(1994). The questions of deliberation. In Dillon, J. T. (Ed), *Deliberation in education and society*, (pp. 3-24). Norwood: Ablex.

Hawthorne, R. D. (1990). Analyzing school-based curriculum decision-making. *Journal of Curriculum and Supervision,*5(3), 279-286.

Hirst, P. H. (1974). *Knowledge and the curriculum.* London: R.K.P.

Hirst, P. H. & Peters, R. S. (1970). *The logic of education.* London: R.K.P.

Kelly, A. V. (1999). *The Curriculum-Theory and Practice* (4th ed). London: SAGE.

Popketwitz, T. S. (1998). *Struggling for the soul- the politics of schooling the construction of the teacher.* N.Y.: Teachers College.

Schwab, Joseph J. (1978). The practical : A language for curriculum. In Westbury, D & Neil J. Wilkof (Eds.), *Science, curriculum, and liberal education,* (pp.365-383). Chicago: The University of Chicago Press.

Tuner, B.(Ed.). (1990). *Theories of modernity and postmodernity.* London：Sage.

Young, M. F. D. (Ed.). (1971). K*nowledge and control.* London：Collier-Macmillan.

統整課程及其課程發展模式之再認識

黃譯瑩
國立政治大學教育學程中心副教授

摘要

　　做為台、港、中、日等地近年來課程革新的共同理想，課程統整研究的蓬勃發展令人欣喜；而本文跳動至系統典範觀點探究「統整課程及其課程發展模式」，旨在為人類對統整課程的「認識」再尋找一條「出路」；多一條出路就多一個選擇，人類可以在不同時機、從不同的選擇中決定自己應該怎樣地參與課程系統的演化、或可以怎樣地讓課程系統參與自己的演化。本文有七部分：一、歸納系統典範主要思維；二、分析從以人類為中心與以系統為中心的觀點出發所產生的認識；三、以系統思維來認識「課程」、「統整課程」與「課程發展」等存有；四、探究並建構系統觀點中的「統整課程之課程發展模式」；五、用分形理論辯證統整課程的分形特質、以及統整課程之「系統分形模式」的演化與形成；六、討論人類應用「系統分形模式」的原則；七、提出本文對於「尋找另一條認識的出路」的認識。

關鍵詞：分形理論、系統分形模式、系統典範、統整課程、課程發展

課程統整是台灣「九年一貫課程」、香港與中國大陸「校本課程」、日本「綜合學習」等不同名稱的教改浪潮中被彰顯的共同教育理念與實務標的，近年來，課程統整的研究蓬勃發展因此蓬勃發展，尤其對Bean（1997）、Fogarty（1991）、Jacobs（1989）、Miller、Cassie and Drake（1990）等以英文語系學者的研究無不熟悉，相關的應用成果報告大量地加增與流通。而這裡本文跳動至系統典範觀點探究「統整課程及其課程發展模式」的過程，是一種從人類以自己為課程存有的中心之注意力的躍遷，把視野放在人類系統與課程系統參與彼此發展、相互依存與創生的關係，觀照與察覺課程系統本身的結構、目的、功能與運作。然誠如同典範躍遷的精神所揭示（黃譯瑩，2002），本文跳動至系統典範觀點探究「統整課程及其課程發展模式」的目的，並非在「置換或否定」任何現有典範所產生的解釋，也不在與現有典範所反映的認識產生「對立或衝突」，而是讓系統典範思維作為另一種探究存有的旨趣，開展自己存在的價值與引發啓蒙的可能性。

一種思維與觀點：系統典範

　　過去自然科學與數學領域將存有簡化為「實物」以利進行探究，一方面凸顯了以人類視存有為簡單、線性發展、可預測、可掌控的理想，一方面也反映了人類以自己為萬事萬物之尺度的態度。比起這種「人類以自己為『實物』之中心」的觀點，系統典範並非新興思維，然相對於凸顯系統整體的古代整體論其以直覺、感受、想像與思辯方式對整體運行的瞭解，以及後來機械典範中還原論對整體進行組成成分的分解、尋求部分之間線性因果關係與精確的掌控，這裡所指的（或現代）系統典範更藉著系統理論（systems theory）中對系統的探究，更獲得了來自自然科學

與數學領域研究成果之實證與辯證基礎。系統理論強調的是對系統的部分與整體進行嚴謹的考察與探索、再從整體的觀點來認識系統的結構、行為、組成之間的交互作用關係、特殊與普遍運作規律，在自然科學與數學領域中均有對系統結構、行為與運作規律的研究成果。

　　系統理論所研究的「系統」指的是複雜系統，例如，經濟系統、某一物種系統、整個地球生態系統、大氣系統、河川中的紊流，嚴格地說，系統理論並非「一個」理論，約從1920年代開始，自然科學與數學領域逐漸察覺人類從以「系統」的觀點來探究存有之運作與演化的重要性（顏澤賢，1993），自此自然科學如生物、物理、化學與數學領域前後興起許多探索「系統」的研究：控制論、信息論（information theory）、一般系統論、耗散結構論、協同學、突變理論、超循環理論、渾沌理論、分形理論（fractal theory）、複雜理論等等均是自不同面向對系統運作規律的研究成果，這些對系統的認識彼此之間能相互驗證與解釋，共同形成了「系統理論」的研究領域。系統理論成形時，原意不在作為一個所謂哲學或主義，但系統理論的確為「系統典範」之思維方式與信念提供了來自自然科學與數學研究結果的基礎，兩者所不同的是：系統理論處理的是複雜系統的問題，而系統典範作為一種思維或觀點，所探究的對象是包含所有簡單系統與複雜系統的一切存有。

　　系統典範觀點視所認識的存有為一「有機系統」，認識重點是此一系統的整體屬性、結構、功能、運作與目的（王海山，1998；顏澤賢，1993；Briggs & Peat, 1984, 1989; Gleick, 1987; Jantsch, 1980; Pagels, 1982; Prigogine & Stengers, 1984; Wilson, 1998）。系統典範以系統理論為立論的重要基礎、其主要思維如下，這些也是以系統典範作為一種研究方法時的主要原則：

一、從「有機」的觀點視認識對象爲一系統。「有機」並非指其組成是含碳或碳氫根的有機物質，而是指認識對象自身與其包含自身的更大整體、自身與其內在局部有著「相互作用、不可分離」之關係。而「系統」是指相互作用、相互聯繫的若干組成（諸元素與子系統）結合爲「具有獨特整體性的整體」。系統可依複雜度呈現簡單系統與複雜系統的分類：簡單系統的子系統個數較少或其間的交互作用較簡單（例如，鹽晶體、電腦，或牛頓力學、統計力學、分子物理、化學反應中處理的對象），複雜系統其子系統數目多、交互作用複雜或出現多層次交互作用，以動態有序性的程度而言，又可分爲自組織（self-organizing）的複雜系統（例如，人體、生物、物種、經濟系統、社會系統、生態系統），或無組織的複雜系統（例如，紊流、渾沌），動態的自組織結構與無組織結構相互嵌含與生成。

二、從「整體」的觀點研究此系統的結構、功能、運作、目的與非加和性。這是指對系統的研究是在認識其主要內涵與組成的基礎上來探索系統整體之結構、功能、運作與目的；亦即將系統組成放在其相互作用的關係，以及系統與更大整體的關係中考察，把對「關係」進行分析的結果加以統整。非加和性則是基於對複雜系統其「整體不等同於部分之和」的瞭解，認爲連結系統其元素的結構，以及元素之間與結構之間的交互作用將使系統具有「異於個別元素所屬性質之加總」的特質。系統的整體性表現在空間上，是指系統具有區別於外部其它事物與內部個別組成成分的整體型態、整體特徵與整體邊界；表現在時間上，是指系統具有獨特的整體存續與演化過程。

三、從「動態」的觀點考察認識對象與環境之間其物質、能量與信息交換與轉化的活動，然後以建構「模式」（或模型）的方式來模擬此系統的結構、功能、運作、目的與非加和性，再進一

步地探究系統的孕育、產生、發展、衰退、消亡的演化條件與機制。

　　四、人類以系統典範作為研究立場來探究認識對象時，是以此「系統」自己作為自身演化與運作的中心，而非以人類作為系統之尺度，必須能察覺與提醒自己作為一位「系統參與者」、「與系統共同演化者」，以前述三項原則作為認識存有的立場時，在認識與省思的過程中仍將有人類不可避免的限制與黑箱區域，也因此以系統典範作為研究立場，其研究目的在於對所欲認識的萬事萬物得到「足夠」的認識與「更新」的啟蒙、不在「精確」的掌握。

以人類為中心VS.以系統為中心

　　人類是存有的參與者也是共同演化者，然而在許多時候，人類所進行各種思考、規劃、擴充與改造是以自己為存有之中心、視存有為一「實物」、以人類的利益得失善惡美醜作為萬事萬物的尺度。舉例來說，人類多視「課程」存有為一實物、亦常以人類為課程存有之中心，面對課程的改變，人類通常思考的是：What do we want from the curriculum？鮮少察覺的是：What does this curriculum system wants for itself？近年來台灣課程系統對「學校本位課程」與「統整課程」發出需求的訊息，是希望提高系統內部的異質性與整合性的動態聯繫、帶來更蓬勃的非線性作用、使系統生命的繼續演化有更多機會。而系統中的人類傾向於讓「學校本位課程」與「統整課程」的「結果」具體可見（例如，企劃書、教案、研習、成果發表會），並且能在人類預定的期限前立竿見影。台灣課程系統中「學校本位課程」與「統整課程」機制的運作目前似乎朝著「人類績效本位」的方向發展，可以快速複製

與流通的單調、可供傳播與比較的績效比系統之於促進多元與統整的需求吸引人類更多的注意力，這些過程中產出的媒介似乎被等同為課程「革新」的成效，實際上「學校本位課程」與「統整課程」的運作卻未能發揮「促進多元」的原意、恐也失去了不少原可以帶給台灣課程系統有所突破的契機。

系統典範「以系統為中心」的思維「視存有為一有機系統，以存有自己為中心，認識重點在此一有機體的整體屬性以及其中結構、聯繫、行為與目的」，而典範改變三相之一的「躍遷」於「探求系統整體的演化型態與運作規律的過程中，再覺察與再認識存有自己與其他存有、於包含彼此的更大系統整體中的存在意義與關係之時」發生，很明顯地，系統思維的運作呼應著產生典範躍遷的機制，提供了引發典範躍遷的最大契機。人類若可以從「以人類為存有之中心」、「視存有為一實物」的思維中躍遷，察覺到存有在更大系統整體演化過程中自身存在的目的與需求，或許，有助彼此以及嵌含著彼此的整體之永續發展。

再認識：課程、統整課程、課程發展

要從系統典範觀點認識「統整課程」存有，需要先探究「統整課程」中的「課程」，以及進一步地討論統整課程其「課程發展」之運作。

一、「課程」的意義與圖像

國外課程學家提出的「課程」定義一般約可分為七大類（黃光雄，1996；黃炳煌，1997；黃政傑，1994；黃譯瑩，1998；陳伯璋，1987）：（一）一系列的學科；（二）有組織的學習單元與目標；（三）一種包含著目的陳述、具體作法與學習成果評量

方式的教育計畫；（四）教師計畫教導學生的各種經驗；（五）學習者在學校中所有可以學習的機會；（六）一種批判性實踐（praxis）；（七）聯繫著許多大構想（big ideas）、待探索的多面矩陣（multifaceted matrix to be explored）。

　　從這七類定義中可以發現：將「課程」視為一系列或經由組織的「學科」、「目標」、「計畫」、或「經驗」的前四類定義反映了實證分析的意識型態：課程是被決定的，是直線進行的，是秩序的，是可預測的。其次，「學習者在學校所有可以學習之機會」的定義將參與課程發展的主體由前四類定義中所強調的教師、學校、教育政策制訂者與學科專家，焦點轉移至學生、詮釋課程為一種發生在學習者身上且伴隨著機會出現的現象，雖然跳開了上述實證分析觀的某些限制，但從定義中以「學校」為課程現象的活動範疇這點來看，此一定義也顯示人類對於「課程的範疇」企圖有所掌控之期望。再者，「課程是一種批判性實踐」定義中對霸權、公正、平等、自由與否的判斷，是以人類社會、人類文化與人類發展的價值為依據。近來，視「課程為聯繫著許多大構想、待探索的多面矩陣」的定義，雖已變化了人類原有對課程直線進行、秩序、被決定、可預測、可掌控的預期心態，然其「多面矩陣」的指涉卻暗示課程為一簡單系統或他力系統：亦即，雖其結構擁有許多子系統與元素、子系統之間的作用也使整體出現某些新特質，然而卻不具自身演化的目的與規律，無法如自組織系統一般可以自我維生、新陳代謝或複製相似自我。這七類課程定義在不同層面反映著「視課程為一實物」、「以人類為課程存有之中心」的思維。

二、「課程系統」的意義與圖像

　　若從「視課程為一實物」、「以人類為課程存有之中心」的思

維躍出，從系統典範「以存有爲存有自身之中心」觀點來認識「課程」，則「課程」存有即爲一連（connections）與結（nodes）組成的自組織複雜系統（黃譯瑩，1998，2001a）：「連」是已知的或正在形成的關係、聯繫、意義或交互作用，「結」是關係兩端已知的或正在形成的知識體、重要觀念、或（在指涉語言出現之前的）存有。課程系統的性質與運作可以更具體地以下列三點說明（圖1）：

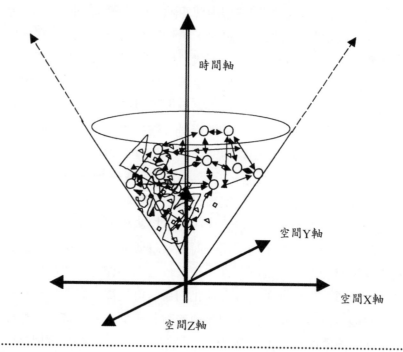

圖1 課程系統的發展

（一）課程系統乃一複雜系統，是由許多子系統相互作用而形成的具有時間（於存續、發展）與空間（於形態、邊界）

上獨特性的有機整體，此系統與其他系統相互作用著、同時自己也參與許多更大型複雜系統的演化。

(二) 課程這個複雜系統又具有自組織特質：同時開放與封閉地運作，亦即能開放地與環境交換物質、信息與能量，又同時能於自身內部封閉地、獨立地選擇、處理與轉化物質、信息與能量，有著自我維生、新陳代謝或複製相似自我的功能、以及自己的發展目的與演化時機。

(三) 與其他複雜自組織系統一樣，課程系統必須經由非線性作用使內部各元素不存在著絕對獨立、均勻與對稱的關係，才可能維持系統整體的動態有序並使演化繼續。如前所述，課程系統展現了「生命系統」的特質，生命會視自身當時最適切的需求、為自己找尋可能的出路，也因此當系統從多元異質趨向單調同質時（例如，英美課程系統近年來希冀朝向國家本位發展），其創化的契機降低，複製功能使系統在穩定狀態中運作，顯示系統當時對穩定的需求；而當系統從單調同質趨向多元異質時（例如，台灣、香港、中國大陸的課程系統近年來企圖朝向學校本位發展），非線性運作功能蓬勃，則顯示系統整體對儲存更多蛻變能量、以提高自己創化之契機的需求。

三、「課程系統的『發展』」、「課程系統的『統整』」與「統整課程『系統』」

「課程統整」常被認為是教育工作者「賦予」課程的一種理想或理念，然而，「統整」實為課程系統中實際存在著、或明顯或潛在運作的主要機制之一，另一相對的主要運作機制是「分化」，統整與分化機制的運作均是課程系統的發展過程中其「連」與

「結」在數量上之所以可以不斷豐富、使自組織複雜系統繼續生存之重要因素，然而相較於「分化」同時帶來各元素與各子系統之間疏離，以及彼此之間交互作用的減弱，「統整」的運作機制對分化結果之間的建立連結與加強系統內部的交互作用、將可促使課程系統發展過程中其子系統與系統整體在本質出現突破性「更新」的契機：一個個體以細胞的分裂、器官的分化、子系統的分立使這個生命具備必要的組成，而卻是以統整機制使具獨特功能的各細胞、各器官與各子系統之間進行動態地聯繫來啓動這個生命的運作，爲生命自己營造有所突破的可能性。生理生命如此，心靈生命如此，複雜自組織系統如社會系統、經濟系統、課程系統等等亦復如此。以知識論、心理學、教育學、社會學領域有關課程系統運作統整機制的研究爲基礎（黃譯瑩，1998），再從系統典範觀點出發，可以逐漸歸納出一個「統整課程系統」的主要結構、功能、目的以及系統非加和性：

（一）一個課程系統運作「統整」的普遍運作規律即「不斷地、蓬勃地在各種尺度的連結中建立連結與意義」。

（二）而具體地來看，一個課程系統對「統整」的運作就是在其中的人類對萬事萬物的認識之間、萬事萬物與人類之間、人類與其內在自我之間、人類自我與萬事萬物運行之道之間建立連結（圖2）。

也可以說，一個朝「統整」方向蓬勃運作的課程系統將使自己出現「統整課程系統」的體質、亦即朝著形成知識統整（knowledge-with-knowledge integration）、己知統整（self-with-knowledge integration）、己我統整（self-with-self integration）、己世統整（self-with-world integration）相互嵌含的結構來繼續發展（黃譯瑩，2001b，2002）：

1.KKI：藉由探索人類已知或分類知識之間的關聯，在知識之間建立連結，進而拓展人類對萬事萬物的認識。

2.SKI：透過對自己「所知」的實踐、體驗與省思，在自己與知識之間建立連結，建構自己對所探索的關連、對所認識的萬事萬物之內在意義。

3.SSI：把注意力或意識放在自己意識的運作上，或也可以說個人在認識萬事萬物並建構認識萬事萬物的意義之同時，當下再次認識「這個正在建構意義的主體」、也就是「自我」，在自己與內在自我之間的統整。

4.SWI：自我對更大系統及其歷史脈絡、乃至宇宙萬事萬物運作之道的一種不斷的、持續的領悟與參與，在內在自我與包含自己的這些更大系統整體之道間建立連結。

需要注意的是：以上「知（識）」、「己」、「我」、「世」等字代表的是某種尺度的知識系統或人類系統，指涉的是所有從小尺度的單位個體、到不同尺度的「知（識）」、「己」、「我」、「世」整體[1]。

（三）一個課程系統運作「統整」的目的在促使系統自身的「存在與更新」：一個「不斷地在各種尺度的連結中建立連結與意義」、朝著「存在與更新」目的而發展的「課程系統」，可以說就是一個「統整課程系統」；或者說，一個「統整課程系統」，就是一個「不斷地、蓬勃地在各種尺度的連結中建立連結與意義」、並朝「存在與更新」目的而發展著的「課程系統」。

（四）對於包含統整課程系統的更大系統整體而言，統整課程系統的功能是以自身獨有的系統整體性（作為更大系統多元組成中的其中「一」元）來參與系統整體的演化。

（五）「彰顯統整的意義其存在的意義」即是統整課程系統一

個重要的系統整體非加和性。知識統整所強調的知識發展、或探索分化知識之間的統整，需進一步地連結在己知統整的結構中，使「知識統整的意義其存在的意義」得以彰顯；己知統整所強調的實踐、體驗、省思與所知之間的統整，需進一步地連結在己我統整的結構中，使「己知統整的意義其存在的意義」得以彰顯；己我統整課程所強調的個體存在、或自我的統整，需進一步地連結在己世統整的結構中，使「己我統整的意義其存在的意義」得以彰顯；而統整自我與系統整體的己世統整，又需進一步地再連結在探索萬事萬物豐富關聯之間的轉化與發現、即知識統整的結構中，己世統整中「系統整體運作規律與演化型態」以及自我對「萬事萬物運作之道」的領悟與參與才可能有不斷得以突破的契機，而使「己世統整的意義其存在的意義」得以彰顯。這四大子系統相互嵌含著地延續發展，其交互作用中所產生的「統整的意義其『存在的意義』」，並不等同於個別子系統的性質、或這些子系統的功能之簡單相加。

再認識：統整課程之課程發展模式

前面已從系統典範觀點認識了「統整課程系統」之主要結構、功能、目的與系統非加和性，並依此建構了圖2的統整課程之課程發展「系統分形模式」；為了要進一步認識系統分形模式的原理、演化與形成，以便能說明並模擬統整課程系統的課程發展，以下以「分形理論」、統整課程系統之分形特質、分形與系統之間關係，以及模式之建構原則等四部分的探討（黃譯瑩，2001b），先理解系統分形模式的原理，然後再以這些理解為基礎，論述系統分形模式的演化與形成。

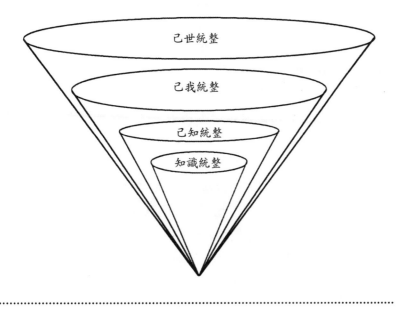

己世統整

己我統整

己知統整

知識統整

圖2 統整課程的課程發展「系統分形模式」

一、分形理論

　　分形理論中的研究對象「分形」（fractal）、又稱為「碎形」，分形在自然領域與社會領域處處存在，舉凡紊流、浮雲或山脈的形狀、星雲、河川水系或血管的分佈、海浪的碎波、心臟跳動的頻率、歷史的演化、教育系統結構、股票價格的變動、決策的經過、學習的歷程、思維的運作等等均是分形的例子；古今哲人常揭示有關分形其局部與整體彼此相似、相互嵌含的思想，例如，「人法地、地法天、天法道、道法自然」，「萬物負陰抱陽，負陽抱陰」，「一沙一世界、一花一天國」。Mandelbrot（1982）定義「分形」為一「其組成部分與整體以某種方式彼此自我相似（self-similarity）」的結構或形態。分數維數（或簡稱「分維」，fractal dimension）是用來描述分形存有其「形態或結構之複雜度」的特徵量，不過描述此客體存在的空間時還是使用經典維數（王東生、曹磊，1995），以英國海岸線爲例，分維爲1.2618…、而描述海岸線的經典維度則是1。分形的特質可歸納爲三點：

（一）分形的特徵量是分數維數，擁有某種範圍內難以計數的、精細的局部。

（二）分形在其整體與局部、局部與局部之間具有自相似性，這種自相似性可以指其形態、功能或信息等方面或某一方面的相似。因此，分形可以以實際形態、或是功能、信息爲架構來建構其模型。

（三）視所選取的尺度或觀點而定，自相似性可以是完全相同、也可以是統計意義上的相似；因此，自相似性可以有程度上或層次上的差異。

二、「統整課程系統」之分形特質

很明顯地，從分形其「組成部分與整體以某種方式彼此相似」之定義來看，統整課程系統可以說是一種自相似性隨機分佈、自相似層次有限的無規分形。本文以下解析統整課程課程發展「系統分形模式」之分形的特質：

（一）統整課程系統之結構與內涵包含知識統整、己知統整、己我統整與己世統整四大子系統，然從統整課程系統「不斷地在各種尺度的連結中建立連結與意義」之系統普遍運作規律來看，整個統整課程系統內部結構、或上述四大子系統其各自內部結構必然蘊含著或不時產生豐富的、各種不同尺度的「連與結」次系統，展現統整課程系統「擁有某種範圍內難以計數、精細的局部」

之分形特質。

這些尺度不同的系統環環相扣地互動著、也都參與著包含本身的更大系統之演化，但卻具有各自的獨特性，從複雜自組織系統開始其有機生命之後，系統能夠新陳代謝、其中所有子系統與元素具有各自成長、臨界點變化、衰老與死亡之運作機制與時機的特質來看，可以說對系統中各種尺度的子系統或次系統而言，「時間」是相對而非絕對的，或可以說各有各自的時間刻度，也因此，描述統整課程系統其形態或結構之複雜度特徵量的分數維度應是介於3與4之間，而描述統整課程系統之客體存在空間的經典維度則是3。

（二）統整課程系統整體與其任一子系統之間、或是知識統整、己知統整、己我統整與己世統整子系統彼此之間皆具有在形態上（皆具動態發展著的「連結」組織與結構）、功能上（普遍運作規律均是「不斷地在各種尺度的連結中建立連結與意義」）與信息上（系統演化共同目的都在「存在與更新」）等方面的自相似性。

（三）之前提到統整課程系統整體與其任一子系統之間、或是知識統整、己知統整、己我統整與己世統整子系統彼此之間，在形態、功能與信息方面的自相似性具有程度與層次上的差異，這差異端視人類所選取的尺度與觀點而定。人類面對統整課程系統這樣自相似層次有限的無規分形、尋求整體與局部之間「異中有同」的特質時，必須尊重各種存在本身的特質以及其間原有之差異，而非以「求同」作為「目標」、視「差異與多元」而不見；「對差異與多元存在價值的認同與尊重」是分形理論得以揭示自然世界各種存有其形態、複雜度與其間自相似性之奧秘的基本依據。

（四）將先前統整課程系統其「彰顯統整的意義其存在的意義」

之非加和性，與上述「分形蘊含並形成不同尺度豐富的局部」、「局部與其整體或其它局部之間具有不同程度與層次上的自相似性」、「描述統整課程系統其形態、複雜度與自相似性的分維特徵量介於3與4之間」等三項特質加以統整，又可以衍生以下三點認識：

1. 統整課程系統本身與其四大子系統之普遍運作規律、目的與內涵具有自相似性，然而，彼此之間其形態、信息與功能具有不同程度與層次上之自相似性，例如，「以己世統整爲基礎的己我統整」使己我統整意義「存在的意義」得以彰顯，要比只有「己我統整」的結構、運作與功能來的更複雜；又如，「以己世統整爲基礎的己我統整」與「以己知統整爲基礎的知識統整」在其信息上或系統演化目的上雖具自相似性，然於程度上與層次上卻各有其獨特性。

2. 一方面，己世統整中所聯繫的「系統整體運作規律與演化型態」是人類現階段統整各種研究領域的發現，另一方面，己世統整的意義是指「自我對萬事萬物運作之道一種不斷的、持續的領悟與參與」，己世統整的運作是在自我與系統整體運作規律與演化型態之間建立連結，而己世統整的連結本身也是人類對萬事萬物的研究與瞭解的一部分；這也就是說，若無知識統整進一步地作爲己世統整的基礎，或者說己世統整若不植基於建立萬事萬物之間豐富關聯的知識統整結構中，己世統整中「系統整體運作規律與演化型態」以及「自我對萬事萬物運作之道的持續領悟與參與」將減少不斷得以更新的契機。是故，從「知識統整又可以作爲己世統整的基礎，而使『己世統整的意義其存在的意義』得以彰顯」這樣的認識，來看統整課程系統其

「局部與整體或與其它局部之間具有自相似性」的特質，可以得知：統整課程系統中的知識統整、己知統整、己我統整、己世統整、知識統整、己知統整、己我統整、己世統整…等是相互嵌含、延續發展的子系統，同時這樣相互嵌含、延續發展的系統結構也蘊含在各子系統中的任何局部，以及局部的局部之中。

3.描述統整課程系統其形態或結構複雜度特徵量的分數維度是介於3與4之間，因為對系統其中各種尺度的子系統或次系統而言，時間是相對而非絕對的，可以預見，統整課程系統中大量不同尺度的子系統（局部）其各別行動與個別目的之存有與交互作用，將形成了一種乍看之下毫無秩序可言的渾沌狀態，然而從分形的觀點來看，統整課程系統中的渾沌則浮現出自相似性的普遍運作規律與演化型態。

三、「分形」與「系統」之關係

「系統」與「分形」兩者論點看似不同，實則彼此相互補充：一者「分形」強調的是局部與自相似性，一者「系統」強調的是整體與普遍運作規律（顏澤賢，1993）。為了對「系統分形模式」的認識更加地有機融通，以下說明分形與系統之間的關係：

（一）非封閉或非孤立系統的內部運作與結構不易以一般科學理論精確掌握或描述，常是複雜地交互作用、不規則、不均勻的存在，分形的自相似性質提供了系統從看似不規則的現象中顯示「系統內部存在相似性規律」之重要依據。

（二）分形理論說明不同尺度下的局部與局部、局部與整體在其形態、功能、信息、時間、空間方面具有統計意義上

的相似性，因此整體可以反映局部的性質，同樣地，從局部亦可以找到整體所具有的特徵，整體與局部之間的關係可謂「信息同構」。

（三）分形並非對系統組成元素進行還原分析、或簡化系統其中不規則存在的複雜現象，而是在認同的基礎上研究系統存在的「粗糙、破碎與複雜」，以「分維」作爲特徵量是使研究與描述系統的工具及方式更加眞實。

（四）分維是一種標示存有存在方式的特徵量，因此系統演化也將產生其分數維數的變化，系統在演化過程中發生相變時會出現「趨向分維」的臨界現象，亦即出現多層次、自相似的鑲嵌結構，探索「系統通往分形的因素」是研究系統其空間序列如何演化的重要問題。

對於整體與局部之關係，系統典範是從鉅觀到微觀、以整體來說明各局部的性質，分形理論則是從微觀到鉅觀、以局部來找出整體的性質；分形與系統的思維可以說相互補充、豐富了人類對存有的瞭解。本文一開始探討的系統典範提供了人類探究「課程」、「統整課程」與「課程發展」一種「以系統爲中心」的思維，這裡討論的分形理論則進一步地從系統思維中延伸，說明前述統整課程系統其形態與結構之複雜度，以及整體與局部之間的關係。

四、「模式」的建構原則

系統思維的重點之一是以模型（或稱模式）的方式來模擬系統其整體的發展或行爲，而非僅對系統內部進行組成元素或子系統的還原分析。在繼續探究系統分形模式的形成與演化之前，還需加以認識的是「模式」的建構原則與類別。

人類建構模式的主要目的是希望瞭解與揭示眞實系統的運作

規律與特徵，若依據「模式即模擬『原型』」的觀點來看，模式的建構均應掌握「相似性」與「簡要性」兩項普遍原則：（一）從外部型態、物理過程、功能行為、數量關係、內在需求、目的、到結構，事物之間或多或少存在著相似性的事實，是模式得以建立的重要基礎，使用比較或類比的方法使原型與模式其「異中之同」處得以呈現，如此建立的模式才能反映真實系統的某些屬性、特徵與運作規律，發揮模式存在的主要價值。（二）如前所述，模式希望反映真實系統的重要屬性、特徵與運作規律，然人類之所以建構模式其目的不在「等同」於真實系統，而應是原型的「簡要」，簡要的性質是指呈現真實系統中主要彰顯的、對系統主要運作具有決定作用的要素，這也就是說，模式要在力求相似性的原則下建構、但也需具備簡要的特質。

在兩大建構原則之下所建構的模式可分為「具體（或實體）模式」與「抽象（或符號）模式」（王前等，1996）：具體模式是指以某種程度上形式相似的實體去再現原型，例如，動植物標本、飛機模型、樣本等；符號模式是指以抽象符號及圖像來反映真實系統的某些特徵與關係，例如，四維空間的表示、工作流程圖等。本文希望所建構的統整課程之課程發展模式能指出「統整課程系統其形態與結構的複雜度，以及系統結構的相互關係與發展狀態」，因此，此模式將同時具備具體模式與抽象模式的特徵與目的。圖2的「系統分形模式」即是以系統思維、分形理論、模式建構原則為基礎，同時依據這些觀點與原理對於「統整課程之課程發展」其結構、內涵與運作的認識而建構的模式。

「系統分形模式」之演化與形成

圖2「系統分形模式」是本文以符號模式的方式試圖呈現統整

課程系統其形態與結構的複雜度，以及系統結構的相互關係與發展狀態。以圖2作爲一個統整課程系統之發展模式，是一種基於來自心理、教育、社會、知識、哲學領域（黃譯瑩，1998）對眞實課程系統的研究與認識、再透過相似與簡要原則來建構模式的結果：信息統整、知己統整、己我統整與我世統整是構成統整課程系統的主要子系統。圖2至圖8則以系統分形模式「演化」的過程、試著還原統整課程系統課程發展的圖像；也因此，再由圖8回溯至圖2可以說是一種由動態發展的統整課程系統、運作著相似與簡要原則而「形成」系統分形模式的歷程。需要特別指出的是：一、從圖2到圖8、再從圖8至圖2所呈現的系統分形模式之演化與形成，目的在表徵統整課程系統之存有向度、存有狀態，以及整體與局部其結構之間的關係；沒有在這些圖中呈現的是統整課程系統其動態運作規律「不斷地在各種尺度的連結中建立連結與意義」、以及其「存在與更新」的共同運作目的，這是因爲：二、統整課程系統的分數維度介於3與4之間，難以平面圖像完整地表達，以線條於平面上的刻畫來呈現統整課程系統其結構與形態的複雜度，存在著一定程度的失眞。因此，本文對於統整課程系統的呈現是以表達其存在空間爲前提，儘可能地描繪其結構與形態的複雜度。

一、系統分形模式的演化

所謂「系統分形模式的演化」是指經由相似與簡要原則而建構的模式往眞實複雜系統趨近的還原歷程，從圖2到圖8的刻畫企圖模擬統整課程系統課程發展的圖像。

（一）圖3呈現圖2的存有向度。首先，延續圖2「系統分形」的主要概念，圖3中統整課程之系統整體結構由知識統整、己知統整、己我統整、己世統整等子系統相互嵌含，呼應了前述從系統

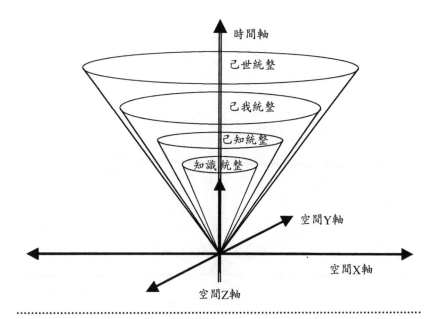

圖3 統整課程系統課程發展之存有向度

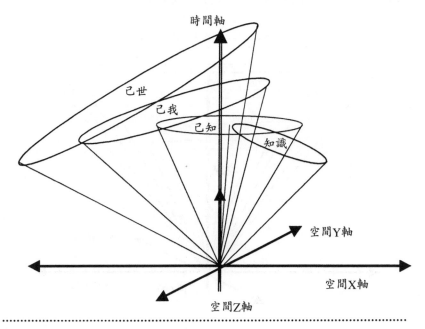

圖4 統整課程系統其局部的系統獨特性

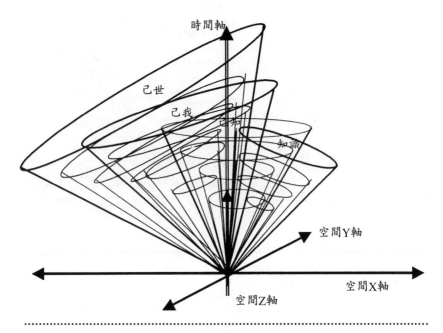

圖5 統整課程系統（整體與局部）結構的自相似性

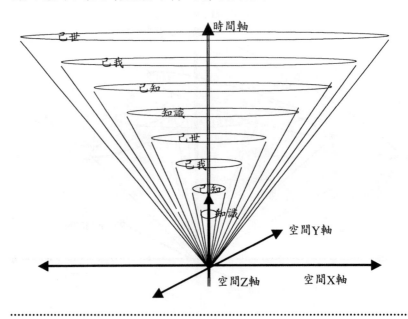

圖6 統整課程系統（整體與局部）結構之相互嵌含與延續發展

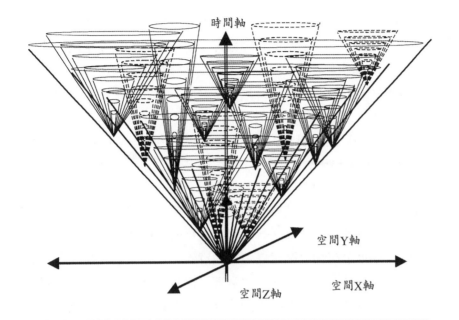

圖7 統整課程系統（整體與局部）蘊含不同尺度的自相似局部

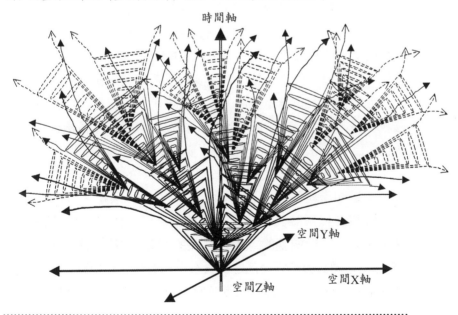

圖8 統整課程系統（整體與局部）的結構及存有狀態

典範的觀點對統整課程系統課程發展之結構、內涵與運作的研究結果；再者，空間三軸與時間軸等架構的出現，表達了統整課程系統是一種四度空間中的存有；統整課程系統整體與其子系統以圓錐體呈現，說明了此系統具有「發展」的性質，圓錐體頂點始於座標軸中一點是表示系統其生命的開端。

（二）圖4開展圖3中統整課程系統整體的主要結構（或子系統）。這樣的運作傳達了「具有獨特非加和性質的系統整體其中各個子系統也均是具有獨特性質的複雜自組織系統」的信息，子系統參與著統整課程系統整體的運作，卻也同時擁有作為一個系統自己所具有的獨特結構、行為與存在目的；例如，知識統整的運作就是在萬事萬物之間建立連結與意義，己知統整的運作是在萬事萬物與個體之間建立連結與意義，己我統整的運作是在個體與自身潛在意識與思考典範之間建立連結與意義，而己世統整的運作則是在個體與萬事萬物運行之道之間建立連結與意義。

（三）圖5初步發展了圖4統整課程系統中各子系統的內部結構。依據分形理論的觀點，系統的局部與其整體具有自相似性，再從前文對統整課程系統之分形特質的探討來看，除了普遍運作規律與共同運作目的之外，統整課程子系統與系統整體之間還具有在主要結構上的自相似性；以此觀之，知識統整、己知統整、己我統整、己世統整子系統也仍由相互嵌含著的知識統整、己知統整、己我統整、己世統整四個主要次系統建構而成。

（四）圖6繼續發展圖5中統整課程系統的任一局部的內部構造。若以知識統整子系統為例，從統整課程系統之分形特質來看，統整課程系統其：1.「知識統整又可以作為己世統整的基礎，而使『己世統整的意義其存在的意義』得以彰顯」，以及2.「局部與整體或與其它局部之間具有自相似性」等特質，使得統整課程系統之任一局部具有知識統整、己知統整、己我統整、己世

統整、知識統整、己知統整、己我統整、己世統整、知識統整…等相互嵌含並延續發展著的結構。

（五）圖7再進一步地發展圖6中統整課程系統任一局部的內部構造。圖6中統整課程系統的某一局部其內部結構是相互嵌含並延續發展的，而這樣相互嵌含、延續發展的結構也蘊含在其中的任一局部，加上複雜自組織系統具有「擁有某種範圍內難以計數、精細的局部」之特質，這使系統中任一局部其內部結構蘊含著、或不時產生豐富的、各種不同尺度的自相似局部。

（六）圖8是統整課程系統其任一局部的圖像，統整課程系統任一局部的存有狀態以射線作延伸，傳達了系統整體、子系統、次系統等不同尺度的局部可以不斷變動地發展（成長、臨界點變化、衰老或死亡）的信息。至此，可以從圖8窺見統整課程系統之課程發展的圖像。

二、系統分形模式的形成

所謂「系統分形模式的形成」是指動態發展的統整課程系統以相似與簡要為原則而浮現系統分形模式，是故從上述圖8回溯到圖2可以說是統整課程系統其課程發展模式的形成歷程，此處不再重述。從圖8回溯到圖3的歷程中要特別加以補充的是：從前述統整課程系統之分形特質的探究可知，系統中任一局部其內部結構蘊含著或不時產生豐富的、各種不同尺度的自相似局部，這些尺度不同的局部環環相扣地互動著、參與著包含本身的更大系統之演化，但卻具有各自的獨特性與時間刻度，亦即具有各自成長、臨界點變化、衰老與死亡之運作機制與時機，其時間刻度是相對而非絕對的，這也就是說，圖8裡統整課程系統任一局部中各種尺度的局部實際上均具有其各自的時間軸。然而本文在回溯至圖3的模式建構歷程中，圖中均以一個時間軸來刻劃系統的發展圖像，

這是因為系統中大量不同尺度子系統（局部）其個別意志與行動交互作用下所形成的一種乍看之下毫無秩序可言的渾沌狀態，將如同看起來像是沒有意識的自然系統一般，其中的特性殊相彼此沖銷，終將浮現出有助於系統整體發展的普遍運作規律來為自身開闢道路，在統整課程系統裡所有相對的時間刻度中也將浮現出系統整體用以發展自己的一個普適性時間規律。

「系統分形模式」之應用

　　人類探究事物現象所得的合理認識，經常在下一步會被用來促使「實務」目的的有效達成，或謂之「應用」；與應用任何模式一樣，人類應用統整課程之「系統分形模式」於實務運作時，需掌握「客觀性」與「創造性」兩大原則：一、模式是一種對真實系統某些方面的模仿，真實系統的運作也存在著某種程度的隨機性與模糊性，因此，應用系統分形模式時必須以原型作為檢驗模型真實性與實用性的客觀依據。二、模式的建立是一種啟發性的創造行為，須運用想像、發揮形象思維的功能去構思或多元化簡而近真的圖像，因此，應用系統分形模式，是以此模式激發自己參與真實系統運作的更多創意與自由度。

　　具體地說，在客觀性與創造性兩大原則下，「應用」系統分形模式是指人類以系統分形模式作為一種自己「認識存有與參與存有演化」的參考架構：對萬事萬物之間明顯或潛在關連之尋求、對認識本身意義之探究、對「意義建構主體」自我之察覺、對萬事萬物普遍運行之道的領會。也能進一步地在這樣的認識與參與過程中，不時擴展並更新自己對存有的認識。

認識「再認識」

　　人類藉著各種探究方式讓自己對萬事萬物的認識不斷加增[2]，而「對認識的再認識」是人類個體或整體其認知發展的重要關鍵。對統整課程及其發展模式之「再認識」帶來的是一種對參與課程系統發展之可能方式的「考慮」，能夠藉由對不同認識的「再認識」、而促使「考慮」的出現，可以說已經發揮了「再認識」的重要目的。這樣的「考慮」不一定能即時地促成可以與「認識」相互呼應的「行動」，不同尺度的人類系統有參與課程系統整體發展的義務、同時也有滿足當時自身運作目的的需求，這種對統整課程及其發展模式之再認識、為不同尺度的人類系統所提供的這種「考慮」，無論是否成為最有利於自己當時運作的選擇，卻至少「讓自己未來的發展多了『另一條出路』」。

　　如所有複雜自組織系統一般，人類會對「出路」產生內在需求有三種可能：一是因為現況已出現了困頓，一是對未來有所期待與憧憬，一是先儲備自己未來面對困頓的能量。三種可以獨立成因、也可以同時發生。「出路」帶來的不是必然的或可預測的結果，然而總是多一條出路就多一個選擇，人類就可以在自己發展過程中的不同時機、從不同選擇中決定：自己應該怎樣地參與各個有機系統及系統整體的演化、或可以怎樣地讓各個有機系統及系統整體參與自己的演化。任一種對於統整課程的「認識」都是人類與課程系統繼續發展的一條「出路」，本文自系統典範的思維，以及以系統理論中的分形理論觀點對統整課程系統及其發展模式——系統分形模式——所提出的上述認識與辯證，也是選擇之一。

註釋

1. 作者試圖辨識目前課程統整研究中「『經驗』統整」對「經驗」的說明，為了更清楚地解釋與擴展所謂「經驗」，作者提出「己知」統整與「己我」統整，說明「經驗」涵括：自己對萬事萬物的個人經驗，以及自己對種種個人經驗的經驗（對反映著個人經驗的潛在意識、核心信念、思考典範等後設體驗）。己「世」統整的「世」是廣義的指包含自己的所有環環相扣的更大系統，範疇涵括了一般課程統整研究中所說的自我與社群、社會、文化等系統的統整。
2. 人類「認識」萬事萬物的方法與旨趣並非本文研究重點，相關探討請參考黃譯瑩（2002）系統典範作為引發典範躍遷的一種可能。

參考書目

中文部分

王東生、曹磊（1995）。混沌、分形及其應用。中國：中國科學技術大學。

王前、張卓民、康榮平、陳昌曙（1996）。假說、理論、系統方法：科學方法論談。台北：復漢。

王海山、王續琨（主編）（1998）。科學方法百科。台北：恩楷。

黃炳煌（1997）。課程理論之基礎。台北：文景。

黃光雄（1996）。課程與教學。台北：師大書苑。

黃政傑（1994）。課程設計。台北：東華。

黃譯瑩（1998）。課程統整之意義探究與模式建構。國家科學委員

會研究彙刊之三：人文及社會科學，**8**（4），616-633。

黃譯瑩（2001a）。從系統理論觀點探究活動課程與九年一貫綜合
活動課程：本質、原理與展望。**應用心理研究，9**，215-
251。

黃譯瑩（2001b）。建構與辯證統整課程課程發展之「系統分形模
式」：系統典範與分形理論觀點。**國立政治大學學報，83**，
91-123。

黃譯瑩（2002）。系統典範作為引發典範躍遷的一種可能：以系統
典範觀點探究「統整課程之課程發展」為例。**科學教育學
刊，10**（1），1-21。

歐用生（1994）。**課程發展的基本原理**。高雄：復文。

陳伯璋（1987）。**課程研究與教育革新**。台北：師大書苑。

顏澤賢（1993）。**現代系統理論**。台北：遠流。

英文部分

Bean, J. A. (1997). *Curriculum integration: designing the core of democratic education.* New York, NY: Teachers College.

Briggs, J., & Peat, F. D. (1984). *Looking glass universe: The emerging science of wholeness.* New York, NY: Simon and Schuster.

Briggs, J., & Peat, F. D. (1989). *Turbulent mirror: An illustrated guide to chaos theory and the science of wholeness.* New York, NY: Harper Collins.

Fogarty, R. (1991). *The mindful school: How to integrate the curricula.* Palatine, IL: Skylight.

Gleick, J. (1987). *Chaos: Making a new science.* New York, NY: Penguin.

Jacobs, H. H. (1989). *Interdisciplinary curriculum: Design and implementation.* Alexandria, VA: ASCD.

Jantsch, E. (1980). *The self-organizing universe: Scientific and human implications of the emerging paradigm of evolution.* New York, NY: Pergamon.

Mandelbrot, B. (1982). *The fractal geometry of nature.* San Francisco, CA: W. H. Freeman.

Miller, J. P., Cassie, J. R. B., & Drake, S. M. (1990). *Holistic learning: A teacher's guide to integrated studies.* Ontario: The Ontario Institute for Studies in Education.

Pagels, H. R. (1982). *The cosmic code: Quantum physics as the language of nature.* New York, NY: Simon and Schuster.

Prigogine, I., & Stengers, I. (1984). *Order out of chaos: Man's new dialogue with nature.* New York, NY: Bantam.

Wilson, E. O. (1998). *Consilience: The unity of knowledge.* New York, NY: Alfred A. Knopf.

學校教師文化的「再造」與課程改革的「績效」

——對教師協同合作現象的分析

周淑卿

國立台北師範學院課程與教學研究所副教授

摘要

　　教師的個人主義文化被認為是阻礙專業成長及學校革新的重要因素，所以「拆解個人主義的藩籬」、建立教師協同合作文化成為課程改革的重要訴求。然而，「協同合作」卻常被管理主義者視為達成改革績效的工具，而強制教師以一種制度化的形式，共同完成工作。在此種合作型態中，教師的個體性被集體目標壓抑；教師耗費大量時間與精神於正式會議上，造成更大的工作壓力；對齊一步調的要求甚於智慧分享。真正的協同合作文化裡，教師是高度自主的；他們是在自主的前提下，決定與同事分享概念、共同工作。其合作的方式是彈性的，而非制式的；既追求共同職志，也保有個體的自由。如此的合作才真的能增進教師的專業發展，促成學校革新。而此種文化的改變，本身即是改革的目的，而不是工具。

　　在教師協同合作文化的發展過程中，學校應開啟自由發聲的空間、鼓勵非正式的專業對話、容許個體性的自主展現、抗拒過度的外來要求，並耐心等候教師文化的緩慢改變。

關鍵詞：教師文化、課程改革、協同合作

前言

　　學校是一個複雜的社會體系，不能被視為不同零件組合成的大機器。它有自己的情境限制、有成員的情感價值，這些都是比改革方案本身的特點更需要被重視的事情（Stoll, 1999:41）。在課程改革過程中，瞭解學校文化，比教導教師熟悉新的教學策略、課程設計方法更重要。如果我們關心課程改革，自然必須關心學校文化，尤其是教師文化。

　　過去許多對教師文化的研究（例如，Hargreaves, 1972; Hargreaves, 1994; Lortie, 1975; Ronsenholtz, 1989; Waller, 1932）指出：教師由於學校情境的限制或教學工作本身的自主性，習於孤立，形成個人主義的的文化。由於教育改革方案最終須落實於學校，而教師正是學校中實際從事改革措施的關鍵者，教師若對於學校教育目標及工作組織有共識，能共享意義，方可促成真正的改進。於是「拆解個人主義的藩籬」（Fullan, 2001）被視為學校改善的重要條件，教師間「協同合作文化」（collaborative culture）的生成，成為九〇年代教育改革中的重要議題。台灣的九年一貫課程政策也要求學校應以統整課程、協同教學為原則，試圖藉此促成教師間的對話與合作，一方面增進教師專業自主，一方面落實學校本位的發展。

　　看待「協同合作」一事可以有兩個角度：若將之視為一種工作型態，教師主要是一起討論並分工，那麼此種合作雖然不是學校的常態，至少教師也偶因共同的任務而合作（例如，校內活動的策劃與執行、校外教學的實施）。若將之視為一種文化，教師就不是因暫時性的任務目的結合，而是因共同的職志、信念，以彼此分享價值、溝通意見為日常行事風格。後者才是一般論述學校的「文化再生」（reculturing）時強調協同合作的真義。然而，在

實際推動時，行政人員往往為符合政策上對教師合作以產出一定成果的要求，達成政策上所設定的績效，而以管理主義的思維，要求教師一起工作，但是教師們卻可能不是真的共同工作（joint work）。以管理主義的方式欲求「塑造」[1]協同合作文化，直是低估了學校文化的複雜性，也輕視教師的專業自主性。此外，當我們以這樣的觀點看待合作一事，也只是將教師文化的再造當作獲致改革績效的手段，亦即，教師間的合作只是為了達成改革的預設目標，有朝一日，當其他的改革目標出現，又有其他被認為更合宜的手段，合作的訴求就可能被拋棄。然而，學校文化的改變即涉及教師關係、工作價值與規範、行事方式與規則的改變，這段改變歷程與學校課程發展密不可分。因為學校的課程來自教師對學生發展的期望，以及對教育經驗的設想與安排；這些內涵與教師的價值、規範有深刻的互動關係。是以，教師文化的改變本身即應被視為課程改革的目的。若我們視學校文化為工具，又何能侈言學校本位課程發展或教師專業自主？

在九年一貫課程實施過程中，許多學校為因應政策的要求，組成各種委員會、教學研究會、班群；為了讓教師們有共同討論的機會，則安排校內研習、技術性排課，或全校安排統一的時間進行討論（錢清泓，2001）。這樣的安排，立意良好，也是行政人員促成教師討論的初步。然而，值得觀察的是，行政人員究竟是願意耐心地支持、等待教師文化的改變，或是急功近利地要求教師共同生產行政體制所要求的課程文件，以滿足績效的要求？而這樣的合作方式，究竟是為了激盪專業智慧、溝通思考內容，或只是為了一個外來的要求而分配工作、齊一步調？當一本又一本厚重的學校成果報告令人目不暇給時，我們可以猜想：當中隱藏著多少教師的案牘勞形、焚膏繼晷，而為了這些書面工作（paperwork）又佔用了多少原本應該用在學生身上的時間、精

神。但這些教師合作所生產的成品並不代表眞正的課程改革績效，因爲它們不是課程的目的，而是工具。

　　課程改革既不是單以學生的發展爲目標，更不應狹義地以提高學習成就水準爲訴求，而應該更廣泛地以課程攸關者的發展爲目的（Stoll, 1999:33）。如果要論「績效」，不是單以學生的成就來考量，而應更寬廣地考慮整個課程改革過程中學校課程發展的改善、教師的發展、學校中社會關係的改變。所以，教師協同合作文化的生成有益於課程改革績效，但是其本身亦應被視爲改革成果中極重要的一部分。以此而言，「透過學校文化的塑造以獲致績效」這樣的思考本身是狹隘的、有問題的。此種工具理性式的思維讓教師文化內涵被視爲可操縱、可管理、可塑造的對象。最後，表面上很多學校的組織和教師的工作型態都改變了，好像改革的績效顯著可見，但我們期待的文化再生卻仍是海市蜃樓。

　　本文將由教師文化概念的探討著手，討論協同合作文化中的迷思問題，批判管理主義與工具理性對文化再生的斲傷，並提出教師協同合作應有的行動。

教師協同合作文化的內涵

　　Schein（1985:6）認爲，一個組織文化的更深層面是一些根本的假設與信念，這是由成員所共有的、無意識地運作著，以一種視爲當然的姿態界定著組織的自我觀點及其環境。這正是學校文化的核心，也是最難捉摸與改變的部分。要討論教師的文化，自然必須確認教師的信念、規範爲何；同理，當我們要確認一個學校的教師文化是否由「個人主義」轉變爲「協同合作」，也必須由教師的信念與規範層面來探查。

　　研究顯示，教師個人主義文化的形成原因是：教室內工作的

私密性、教學空間的阻隔，以及教師多專注於班級事務（周淑卿，2000）。問題是，教師如果不相信各自行事的益處，也不致於一直維持著孤立文化。Hargreaves（1994）認為，教師的個人主義除了來自學校情境的限制，可能是教師為了可以自由創造而獨立工作，也可能是他自由選擇的工作模式之一。換言之，教師相信各自獨立的方式可以讓他們工作順利。在Lortie（1975）研究發現，教師的合作雖可能延伸到課堂外。但在實際教學時，教師仍寧可保有原來的分際。另一方面，抨擊教師孤立的說法卻列舉了教師合作的種種優勢：例如，可以整合集體力量、增加工作成效、促進專業成長。然而，正如Little（1990）觀察美國文獻，發現一般對協同合作的論述偏向「觀念上雜亂無章而意識型態上過度樂觀自信」。如果我們希望教師認同協同合作的規範，首先須澄清：到底要合作些什麼？合作是否比獨立作業更值得？合作則須犧牲個人的自主性嗎？我們可以由以下三方面來討論：

一、個體性與集體性

誠如A. Hargreaves的分析，「合作」一詞雖被多方引用，但是卻多成為教育改革虛構性論述中的鼓動性修辭。似乎合作就代表著「有抱負」，而個人主義則等同於厭惡專業發展。於是個人主義基本上被視為是一種缺陷，而不是力量；是問題而不是一種可能；是應被去除而不是被尊重的東西。或者說，個人主義根本是改革風潮中的一種「異教」（桂冠編譯組，1999）。然而此種二分法的論斷，並不能證成教師合作的必要性。

個人主義有時是個體性與自主性的表現方式；極端的個人主義造成教師之間的疏離，但是個人主義的消滅卻將造成集體主義的興起。以教師工作主要在面對班級學生的性質而言，其實教師的個體性有其存在的理由。這一點，M. Huberman的分析頗具說服

力。他基於教師作為獨立藝匠（artisan）的觀點，認為優秀的教師如同一位傑出的工匠，在他的知識儲存庫裡，充滿了各應付不時之需的知識與方法，好讓他能隨時「與狀況對話」。更因為課堂的高度複雜與不可預測性，教師對課程內容的隨機回應，以及師生互動的精確掌握，其效果遠比預先規劃好的詳細方案來得好多了。所以班級裡的課程應該有高度的自由與獨立性。此外，在他的實證研究中發現，對教師而言最重要的任務莫過於保持課程的流暢，並利用機會適時加強某些重要概念。所以過度的共同訂定計畫、交換教材、共同作業或學習單，可能是不切實際的行為，而此種合作並不會在班級教學中自動轉換成顯而易見的改善（桂冠編譯組，1999）。

Nias等人（1989）則由個人差異的觀點指出：沒有一個學校的成員是同質的。每個人總是立足於自己的次文化上（可能是性別、宗教、地區、階層、專業領域），並將這些屬性與偏好帶入學校，所以很難要求所有人共同同意某些價值，或貢獻同等心力於團體信念上。因此，協同合作須促進個人與團體目標的調和，差異應被容忍或解決，而非被淹沒。Little與McLaughlin提醒：我們不應忽視存於學校情境中，選擇與箝制、個體自發性與機構命令之間層出不窮的張力（桂冠編譯組，1999）。

過度追求集體性，漠視教師的個體性，既不合乎教師工作的實際，更難以促成教師間真正的合作。所以，合作的教師仍應保有個體獨立行動的自主性。

二、共同職志或齊一步調

一個組織裡必然會有不同的次文化，而這些次團體的行為未必符合正式的角色規範，更何況個體性的自由表現亦不容壓抑；所以要創造一個同質的組織文化顯然是難以成功的（prosser,

1999）。據此，協同合作文化的基礎並不在於成員對課程內容、教學方法或工作方式具有共同觀點（因為成員很難對此有共識），重要的是對團體的發展具有集體責任感或道德信念。在這個基礎上，即使觀點與作法有差異與分歧，成員也能分享概念，並相互尋求協助，為共同的目標而努力。所以合作旨在實踐共同的職志（commitment），而不在要求教師齊一步調，更不須要求所有人工作一致化。正如Easen所言，較佳的合作文化應是教師高度合作，但也高度自主。來自合作團體的過度約束，反而會讓合作過程本身變得較不真實且不真誠（轉引自Woods, et al., 1997:29）。M. Huberman甚至認為，一套由教師共同完成的、具有順序性的聯合課程計畫一旦展開，教師便會受制於此種一致性，降低了自己教室中個別需求的自由度，而這其實是冒犯了課堂中某些神聖的專業自主精神（桂冠編譯組，1999:15）。

三、智慧激盪或工作分擔

Bryk等人對協同合作的組織有如下的描述：是一個專業社群、成員願意接近新概念、對於改變有內化的責任感（轉引自Fullan, 1999:35）。對一個所謂的專業社群而言，合作的要義並不是「坐在一起工作」或分擔工作分量，而在於彼此智慧的相互激發。應該是三個臭皮匠勝過一個諸葛亮，而不是要兩個和尚抬水喝。在A. Hargreaves的研究中，教師指出，如果要和一些完全不思考、一味等待他人智慧成果的人共事，合作將是一場大災難。如果團隊中凡事都要界定，教師會覺得根本地被控制。因為他必須適應其他成員的教學風格，還得配合他們的教學順序。他不認為有任何一位教師必須這樣工作（桂冠編譯組，1999:87）。

所謂合作的狀況，可能是在特定任務下的組合；可能是基於特殊興趣與友誼而形成結盟。這些不同的組合各有其規章，所共

同面對的問題不同，也對教師具有不同意義（桂冠編譯組，1999）。然而無論如何組合，由於對個體性與歧異性的包容，教師之間的不同觀點得以相互觀照。如此，才能進一步對彼此的課程、教學產生影響。其心靈上的交流遠勝於形式上的合作。

以上三個問題的討論，呼應Fullan（1999）研究所發現的協同合作文化的應有特質：

（一）一方面建立信任感，一方面鼓勵殊異性

合作文化並非植基於相似心靈的共識（like-mined consensus）上，而是要重視成員的不同觀點，鼓勵以不同概念來看待複雜的問題；應該容許衝突、實驗與試誤。只要建立溝通與分享的管道，次團體或個人殊異性的存在，更可以相互激發。

（二）激發焦慮也包容焦慮

成員間的衝突與焦慮是不可避免的，但此種情緒不須被視為具有破壞性。情緒的表達有時正可幫助成員跨越未知、未預期事項的橋樑，釐清事物的優先性。但是必須對成員的情緒表達支持的態度。

（三）進行知識的創發

成員之間能彼此討論分享概念，使隱默的知識顯明化，並向外求取新知識。

（四）結合關聯性與開放性

對於外來的政策、革新方案，會依據內部既有的改善計畫加以結合，而不是照單全收。但也會持續尋求與評估外界的概念，適時引進，不致故步自封。

（五）融合道德、政治、知識的力量

合作文化為學校帶來道德上的正當性、政治上的權力以及增進知識的更新。

在協同合作文化中，教師的合作不只是一種工作型態，更是彼此的相互激發與基於共同職志的努力。此種文化的生成，本身即是課程改革的真實「績效」[2]，因為學校的課程將植基於此文化中而有更好的發展。

工具理性對教師文化的扭曲

一般對學校文化的思考有兩個方向：一是視之為影響學校所有成員的整體，可以被管理主義者操縱以達成某種共同目的，其有效或成功的標準即在於文化的同質性。另一個觀點則視學校文化為多種次文化互動的結果；這些次文化間的價值、信念可能是和諧或衝突的（Prosser, 1999）。事實上這兩個思考方向根本皆認為學校裡存在著不同的次文化，只是前者相信學校文化有可能成為一個同質性的整體，而後者認為異質的次文化並存且形成學校文化。教師文化是學校文化的一部分[3]；由於教師是學校社會體系中的領導者，也是學校措施的主要實行者，教師文化也因而成為影響學校文化最重要的一個因素。然而教師文化本身也會因為教師次團體的存在，及其不同的價值與信念，而難以成為一個同質化的整體，於是也難以用管理主義來操控與改變。教師文化的再生是一個發展新價值、信念、規範的過程，對於一個學校的改革而言，它包含建立關於課程、教學、師生關係、教師專業等的新形式。Morgan認為那是一種挑戰，要轉化心態、視野、典範、意象、隱喻、信念和共同意義等這些支持著現存實際的東西，並且

要創造行為的語言及律則。藉此,所欲的新實際可以生存於日常生活,導向一個新的生活型態(戴文年譯,1995)。所以協同合作文化的生成,無法快速安置,必須耐心引導,讓教師有時間思考、論辯、衝突、尋求意義,確定自己要朝何種方向改變。這種成員心理上的對一切改變的「擁有權」,才能讓學校在諸多外來的壓力與要求之下,確定發展方向。如果教師文化的改變是朝向強制性的合作,則不只是個人的工作受威脅,也不可能產生真實的合作文化(Woods, et al., 1997:47)。

然而,許多國家層級的政策、改革方案都傾向於技術理性的策略。以為只要說服學校成員接受新方案的優點,並且有明確的目標與執行、評鑑方式,就能自然促成改革的進行。改革的推行因而常使用一種膚淺的方法——設立一般性的目標及標準化的要求。在九年一貫課程政策下,學校很快組成各種課程委員會及教師團隊;認真執行的學校固定安排時間召開各類討論會,定期產出成果。但是,許多教師間的合作關係不是自發的,而是一種行政上的責任,以實施他人命令為目的的;是強迫的,不是自由選擇的(錢清泓,2001)。管理主義讓教師認為,合作是政策的一部分,可能也是評鑑項目之一;他們之所以要合作,是為了讓管理者或評鑑者具體見到組織調整、會議文件、紀錄等,以符合績效責任的要求。結果,原本「合作」意在促成教師互動,促成專業成長,卻成了不得不然、被制度化的一種工作方式。

那些分層授權給各個團隊或統籌協調者,再按時驗收其成果的做法,有時根本就是在行使一種由上而下的管理;即使有自主、賦權的口實,此種新的管理系統仍是控制教師工作的一種強而有力的方式。L. Angus認為,當學校的文化被認為可以用管理方式來操縱,以達成某種利益時,文化已被視為組織所擁有的一種東西、一種變項,是可以隨意操弄的;文化不再是組織的特

質，也不是成員之間的共同意義與象徵（轉引自Stoll, 1999:45）。這樣的觀點根本是將教師的合作視作達成另外一些改革績效的工具——例如，協同教學、合作行動研究、同儕教練等。然而這些所謂的績效也並非課程改革真正的目標，而是達成目標的可能工具罷了。以此觀之，管理主義所著眼的並非教師文化的再生，而只是教師一起工作的型態而已。文化的再生並不被視爲目的，反而是工具性的作爲被當作目的來對待。工具凌駕於目的之上，工具理性之謬誤可見一斑。

　　教師如何看待績效責任？這可能與政策制定者或管理者大不相同。但是當學校以工具理性宰制下的效率邏輯進行改革，卻使得個體在技術理性的控制下，陷入科層體制的組織叢林，壓抑了人的主體性（楊深坑，1997）。結果，往往想改變的愈多，維持不變的也愈多（Fullan, 2001:36）。

　　Woods等人（1997）由研究中所發現的兩種合作的問題，多爲管理主義的技術邏輯所致。

一、教師時間與精神的過度耗費

　　爲了要有合作的工作型態或相互溝通的民主程序，帶來不斷增加的會議，迫使教師要參加更多協調會、溝通會、小組會議；這些都被視爲教師的義務。即使教師有興趣參與決定，但大量時間與精力的消耗已侵害到他們的教室工作。一般而言，教師希望聚焦在自己的教學上，不要被太多雜務干擾，但是當學校的管理與要求太密集時，改革的目的往往就被轉移了。Adelman與Walking-Eagle（1997）的研究發現，在教育改革中，有些學校雖然在外來壓力下很快上軌道，也很快端出成果，但是這些學校裡卻存在許多教師的壓力、挫折、罪惡感，因爲教師爲了應付改革所要求的各種工作而心力交瘁，不得不將原來放在學生身上的心

力與時間移走。一套令人疲於奔命的合作模式，是管理主義績效管控的結果。

二、成員對話的制度化

　　合作文化的重要特質之一是成員形成私下非正式討論與對話的習慣，而正式會議則是制度化的對話方式。此種制度化似乎假設，除非有會議紀錄，否則這些對話是無用的。並且，非正式對話的制度化意謂著成員要花更多時間在正式會議與紙上作業，而使得協同合作的生產力降低。合作文化的指標不在於正式會議的密集，而在於非正式言談的常態化；不在於教師有權參與多少會議，而在於是否存在著共同的責任感。

　　合作的範圍與品質若被認為適切，教師自然願意合作。若只是讓工作更為緊縮、負荷超載、無效能、選擇受限、空有不適切的民主程序、非正式言談的宰制，如此的合作是強制性的。教師也會因而看透管理主義的口實——諸如：增能擴權、參與決定、擁有權等（Woods, et al., 1997:47）。結果，號稱再生的文化，其實卻只是管理式的文化。在改革的口號下，教師如果不願被貼上「抗拒」、「個人主義」、「反專業發展」的標籤，似乎就必須加入既定的組織（如各種課程發展委員會或班群組織），而不應質疑協同合作的工作型態。至此，協同合作到底是為了履行某些義務、產出某些成果而採取的策略？還是一個專業社群自我更新發展的特質？當教師只須實施某個計畫、生產某些成品，協同合作的工作也只是國家所間接規定的一種工作方式而已（Ozga & Lawn, 1988）。如此，教師根本是在壓制下走向合作的，這根本與協同合作所訴求的教師專業發展背道而馳。工具理性對教師文化的扭曲莫此為甚。

協同合作文化的發展原則

　　改革的問題即是如何讓所有人認同改革的過程與目標，並獲得擁有感。這是無法以既定時程來規劃、完成的（Sarason, 1996）。如果九年一貫課程只是高呼協同合作的優點，強迫教師投入合作的理念，並藉由管理考核的機制檢核學校績效，那麼，將只是在學校自主的口實下，實行宰制之實，教師不可能形成真正的協同合作文化。正如Fullan（2001）所言：參與改變的人必須確認改變的必要性，感覺他們是這一切的擁有者。如此，改革才對他們具有意義。教師文化的再生必須深入教師的價值系統，原本即是無法速成的。

　　要讓原本孤立的教師轉向合作，技術性排課、共同討論時間的安排以及相關組織的設立自有其重要性。最根本的還是教師對學校發展、學生學習的集體責任感。這種責任感在每個恪守職分的教師身上都可見。但是那些不具有責任感的教師，連獨自工作都令人憂心，合作也只會是同事的負債。此類教師只能期待教師工作考核制度[4]的約束。在討論文化再生的問題時，我們只能將這類教師的問題留給制度的設計。在一般教師具備責任感的前提下，改變既有的文化常有兩難的問題（Hargreaves, 1994）：

一、重視共同觀點與目標的發展，或是鼓勵教師個人發聲？
二、給予單一信念、命令，或容納多元價值？
三、相信系統的功能，或信任人的行動與品質？
四、是透過結構重整或在既有的信念、工作關係上求發展？

　　若我們要的是真正的文化再生，而不只是一個表面工作型態的改變，非得要包容個人的聲音、容納多元價值、改變信念與工

作關係，並信任人的行動。以下的原則或可成爲思考協同合作文化發展的原則：

一、開啓自由發聲的空間

對教師而言，並沒有理由要相信一個改變的價值。當一項改變引進學校時，教師常缺乏機會作深入的質疑與持續的學習。結果，膚淺、插曲般的改革反而讓事情更糟，讓教師更感受不到改變的意義性何在，也更猶豫是否值得投入心力（Fullan, 2001）。協同合作的價值不應該是灌輸、強制接受的，而應該讓教師有深入質疑的機會，將獨立工作與協同合作的利害作進一步分析，澄清「如何合作？合作什麼？是否協同合作更有益於日常工作？」

這樣的質疑與討論，可能過程中衝突與對立不斷，結果也未必如行政人員所要求的。但是，除非是共同接受的價值，否則不可能成爲教師的行事規範。更何況，協同合作文化對個體性的重視甚於組織中的角色，強調成員的互賴性建立在個人對團體的歸屬感之上。這樣的狀況則要來自彼此的安全感及組織內的開放性── 讓成員可以自由地承認錯誤、表達憤怒（Nias, et al., 1989）。

允許自由發聲才是溝通的第一步。除非教師充分發聲，否則壓抑的聲音仍將是潛在衝突的引爆點。

二、鼓勵非正式的專業對話

過去的研究指出教師文化向有「平庸化」的傾向，認爲教師間很少有專業性的交談。然而在改革政策的強制性之下，教師開始關心（或擔心）新課程的方向時，正是專業性交談開始的時機。在協同合作文化中，非正式的對話優於制度化的討論。學校應減少正式會議的次數與時間，儘可能在時間、空間上創造教師非正式討論的機會。在學校所能提供的資源[5]下，獎勵教師的專業

討論與分享。

　　此外，協同合作的工作方式可以更有彈性。不須以固定班群作為教師的合作單位，志同道合的教師合作與溝通，遠比理念不合的班群合作更能激發專業對話。正如Huberman的建議：或許不要求教師如期完成任務，讓他們以自然的方式與同事互動來實現他們的想法，所得效果更好些（桂冠編譯組，1999）。

三、容許個體性的自主展現

　　協同合作並未壓制教師的個體性。教室中的課程、教學因師生互動的特質而有某種程度的差異，所以教師共同討論的課程，未必能適用於每個教室。即使是理念相近的教師，也未必都能對某些概念或作法有共識。所以學校不宜強制教師在所有的課程計畫中，皆須與同事討論或同步進行。在教師認為必要時，應被允許自行決定到底要獨自行動，或與人合作。否則，合作反而會變成牽制教師行動的因素。

四、抗拒過度的外來要求

　　協同合作的學校未必是最積極參與改革方案的，因為他們會依據學校的需求，選擇實施革新方案。他們知道，太多的改革計畫，只會讓學校教育的品質降低（Fullan, 1999:39）。所以，學校不須急於符應來自行政上層的要求，而應先考慮教師當時所重視的問題。九年一貫課程中要求教師合作完成的，不只是課程的設計、協同教學活動的安排，還有多元評量、行動研究。教育局基於政策推動的立場，照例擬定一系列的實施要點、獎勵措施，要求學校照章實施。如果學校照單全收，教師立刻面臨工作緊縮的壓力，又怎能再花時間與同事討論。所以，學校教師應釐清當前重要的問題，確認自己的行動，並且適時抗拒過多的要求。否則，合作將變成苦難的代名詞。

五、耐心等候緩慢的改變

　　學校的改進必須直到所有的改變都能蘊含或建立於結構之中，成為學校自然行為的一部分，這樣才是屬於學校真正的改變。協同合作文化的形成中，教師必須調整自己深植的信念與行為模式，試探自己與同事合作的可能性，對每位教師而言都是一個艱難的歷程。對改革的適應度各人不同，但應該被容許。時間，自是一個不事或缺的催化劑。

結語

　　Little與McLaughlin認為，教育改革對教師協同合作的要求，雖然逐漸打破個人主義的藩籬，但是在此戰役中獲益最大的並非教師，而是那些企圖改變教師工作內容與工作場域的人（桂冠編譯組，1999）。此說一方面是對的，一方面也有問題。若教師未由協同合作中獲益，那麼此種合作可能是管理主義下的工作型態。教師既要應付排山倒海而來的工作項目與績效要求，還得耗費許多時間、精神在制式化的會議場合裡，與他人共同討論；名為尋求共識，實則可能是相互妥協、齊一步調。而這樣的合作結果，的確只滿足了外來改革者的要求，卻無益於教師工作與彼此關係的改善。但是在真正的協同合作文化裡，教師應是高度自主的；他們是在自主的前提下，決定與同事分享概念、共同工作。其合作的方式是彈性的，而非制式的；既追求共同職志，也保有個體的自由。如此的合作才真的能增進教師的專業發展，促成學校革新。

　　重申本文的主張：教師文化的再生本身即應被視為改革的目的，不應被視為工具。急功近利的管理主義無法操縱文化的改變，只能製造工作型態。一個真正的教師文化再生，值得所有期

待改革者耐心地營造機會、等候改變。

註釋

1. 對於文化，我寧可用「生成」（formulation），而不願用「塑造」「shaping」一詞。前者的立場，視文化爲組織成員互動與意義交換的內涵，後者則視文化爲一客體，可以某些手段的介入而任意捏塑。
2. 學校文化的形成包括六種主要因素：教師文化、學生文化、學校行政人員文化、學校有關的社區文化、學校物質文化、學校中的傳統、儀式、規章與制度（林清江，1988：170-1）。
3. 學校文化的形成包括六種主要因素：教師文化、學生文化、學校行政人員文化、學校有關的社區文化、學校物質文化、學校中的傳統、儀式、規章與制度（林清江，1988：170-1）。
4. 目前雖然有教師的工作考核，但是多流於形式化，並未能對不敬業的教師產生約束作用。研議中的教師進階制度又因政治因素，以及實施細節的爭議而延宕多年。對教師的獎懲機制形同闕如。未來若實施教師進階制度，或可約束這些不盡責的教師。
5. 學校能提供的獎勵諸如：上課節數與工作性質的調整、進修機會或公假的提供等。

參考書目

中文部分

林清江（1981）。教育社會學新論。台北：五南。

周淑卿（2000）。面對統整課程與教學的教師文化。載於中華民國課程與教學學會主編，課程統整與教學（頁 231-251）。台北：揚智。

桂冠前瞻教育叢書編譯組（譯）（1999）。教師工作。台北：桂冠。

楊深坑（1997）。理性的冒險、生命的行動與主體性的失落與拯救。載於作者溝通理性、生命情懷與教育過程－哈伯瑪斯的溝通理性與教育（頁181-206）。台北：師大書苑。

錢清泓（2001）。刻意營造還是自然生成？：再思課程改革中的學校教師文化。論文發表於國立台北師院第三屆課程與教學論壇－課程改革的反省與前瞻學術研討會，台北。

戴文年（譯）（1995）。組織意象（Morgan, G.原著，1986）。台北：五南。

英文部分

Adelman, N. E. & Walking-Eagle, K. P. (1997). Teachers, time and school reform. In A. Hargreaves (Ed.), *Rethinking educational change with heart and mind* (pp. 92-110). Alexandria, VA: ASCD.

Fullan, M. (1999). *Change forces-The sequel*. London: The Falmer Press.

Fullan, M. (2001). *The new meaning of educational change* (3rd ed.).

New York: Teachers College Press.

Hargreaves, A. (1994). *Changing teachers, changing times: Teachers' work and culture in ghe postmodern age.* London: Cassell.

Hargreaves, D. (1972). *Interpersonal relations and education.* London: Routledge & Kegan Paul.

Hargreaves, D. (1999). Helping practitioners explore their school's culture. In J. Prosser (Ed.), *School culture.* London: Paul Chapman Publishing Ltd.

House, E. R. (1979). Technology versus craft: A ten year perspective on innovation. *Journal of Curriculum Studies, 11*(1), 1-15.

Little, J. W. (1990). The persistence of privacy: autonomy and initiative in teachers' professional relations. *Teachers College Record, 91*(4), 509-36.

Lortie, D. (1975). *Schoolteacher: A sociological study.* Chicago: University of Chicago Press.

Mruphy, J. (1991). *Resturcturing schools.* London: Cassell.

Nias, J. (1989). *Primary teachers talking-A study of teaching as work.* London: Routledge.

Nias, J., Southworth G. & Yeomans, R. (1989). *Staff relationships in the primary school.* London: Cassell.

Ozga, J. & Lawn, M. (1988). Schoolwork: Interpreting the labour process of teaching. *British Journal of Sociology of Educattion, 9*(3), 323-6.

Prosser, J. (1999). The evolution of school culture research. In J. Prosser Ed.). *School culture.* London: Paul Chapman Publishing Ltd.

Rosenholtz, S. J. (1989). *Teachers' workplace: The social organization of schools*. New York: Longman.

Sarason, S. B. (1996). *Revisiting " The culture of the school and the problem of change"*. New York: Teachers College Press.

Schein, E. H. (1985). *Organizational culture and leadership*. San Francisco: Jossey-Bass.

Stoll, L. (1999). School culture: Black hole or fertile garden for school improvement？ In J. Prosser (Ed.), *School culture*. London: Paul Chapman Publishing Ltd..

Woods, P., Jeffrey, B., Troman, G. & Boyle, M. (1997). *Restructuring schools, reconstructing teachers-Responding to change in the primary school*. Buckingham: Open University Press.

國民中小學實施協同教學的困境與突破

張德銳
台北市立師範學院國民教育研究所教授

簡賢昌
台北縣板橋市信義國小教師

摘要

　　自八十七年九月三十日教育部公布「國民教育階段九年一貫課程綱要」後，台灣的教育即將邁入新的里程碑。教育部並決定自民國九十學年度起，分階段逐年實施。以「活潑、合科統整」與「協同教學」為九年一貫課程的特色，因此「協同教學」將成為國民中小學重要教學型態之一。然而協同教學實施起來，將想見困難重重。如何協助教師跨出班級和分科的藩籬，突破協同教學的實施障礙，是本文探討的重點所在。本文擬先說明協同教學的基本概念，其次歸納整理國內外有關協同教學實施困境的文獻，最後提出若干突破困境的建議，供我國中小學推行協同教學之參酌。

前言

　　我國自八十七年九月三十日教育部公布「國民教育階段九年一貫課程綱要」後，台灣的教育即將邁入新的里程碑。教育部並決定自民國九十學年度起，分階段逐年實施。九年一貫課程特色在於：強調十項國民基本能力的培養為課程的核心架構，以「課程綱要」取代「課程標準」，以「七大學習領域」合科教學取代原有的分科教學，除強調提供學校及教師彈性的課程安排空間外，也降低上課時數以減輕學生的學習負擔。

　　「活潑、合科統整」既是新課程強調的重點，而「協同教學」也將成為國民中小學重要的教學型態之一。高紅瑛（2002）便認為：未來的國民中小學教師因為新課程的實施，不再有統一的課程標準，更沒有固定的部頒課本。每位教師宜跨出教室與同儕共組教學群，一起研發教材、統整課程，討論教學方法、分擔教學任務，進行協同教學。

　　協同教學在1960年代的美國就已提出，惟在國內的實施尚在起步階段。協同教學的理念和國內教師孤立工作的傳統格格不入，因此可想見在未來各中小學在實施協同教學時，必然會遇到許多困難。然而困難並不足懼，重要的是，我們必須充分瞭解協同教學的實施困境，才能在困境中力求突破，進而順利推動我國中小學的課程與教學革新。惟在論述協同教學的實施困境與突破之前，擬先簡介一下協同教學的基本概念。

協同教學的基本概念

一、協同教學的意義

　　協同教學的型態起於1950年代中期，當時美國高中、大學學生快速增加，合格教師十分缺乏，為充分運用有限之教師人力，乃由賓州州立大學實驗以少數教授透過閉路電視等教學媒體對於為數甚眾之學生進行教學，奠定了協同教學之雛型。隨後，著名的校長專業團體「全美中等學校校長協會」（National Association of Secondary School Principals）於1956年成立特別委員會，聘請伊立諾大學教授J. L. Trump擔任主任委員，積極提倡協同教學，此種新的教學型態乃逐漸成為中小學一個重要的教學型態。

　　協同教學（team teaching）乃是由兩位或兩位以上不同專長的教師和若干助理人員，以一種專業的關係，共同組成一個教學團（teacher team）發揮個人所長，共同計畫，共同合作，共同完成某一單元或某一學習領域的教學活動，教學團的成員通常包括：資深教師、一般教師、實習教師、視聽教育人員、圖書館人員及助手或學生家長等。這些人彼此分工，各盡其責，通力合作完成教學活動（黃政傑，2000）。

　　黃政傑（2000）進一步認為協同教學具有下列要素：（一）由兩位或更多位的教育人員組成教學團。（二）教學內容可以只有一個單元或一個學科領域，也可以跨學科領域。（三）教學班級可以兩個班或更多班級。（四）採用不同的教學方法如大班教學、小組討論、獨立學習。（五）教學時依教學需要得運用各種器材與各種不同空間。（六）特別著重學生合作學習。（七）重視真實性評量。

二、協同教學的特質

對學生因材施教，教師因專長互補，家長教職員齊心協力，共同完成教學目標使命，可謂是協同教學的特色。至於協同教學的特質可進一步列舉如下（張添洲，2000）：

(一) 適應學生與教師的差異

自古以來教育即重視對學生的「因材施教」，此外教師間亦有學養、人格、興趣、專長及教學風格等個別差異。協同教學採互助合作的教學方式，正可適應「教」、「學」的不同。

(二) 符合學習原理

協同教學採用大班教學、分組討論和獨立學習三種方式依序來進行。大班教學使學生學習概念、分組討論和獨立學習使學生作廣泛且深入的討論，符合先統整後分化的學習原則。

(三) 變化學習方式

在學生的學習方式上因應學習目的的不同，提供多變的教學型態協助學生完成學習。

(四) 改進教學型態

不同於傳統的教學方式、型態，協同教學為符合教學活動的需求，可充分變化、運用學校場地資源，不受固定課表時間、編班限制，以達教學目標。

(五) 充分利用教學設備

協同教學將不同專長的教師組成團隊，每位教師可針對所熟悉的部分運用教學資源，使學校相關的教學設備得到充分利用。

（六）發揮團隊精神

從教學計畫的研擬、教學活動的設計、教學評鑑的實施，全程皆以教師團隊合作的方式進行，使教學達到最大效果。

（七）學生獲得較多指導

教學團的設計使學生在學習的過程當中不僅受到一位教師的指導，而是受到多位教師共同指導，這不僅增進學生的學習，也增進師生間關係。

（八）兼顧個性與群性

協同教學法有較傳統更活潑、彈性的教學安排，有益於學生社會化的學習。

三、協同教學的形式

高紅瑛（2002）指出協同教學在國外至少有下列幾種不同的形式在進行中：

（一）教階制度

在教階上層，有一位領導教師，負責領導一般教師、兼任教師和助理人員，共同計畫、研究和教學，其目的在改進學校的教學工作，使先進領導後進。

（二）聯絡教學

同一科目的幾位教師，配合助理人員，組成教學團，其目的在發揮教師專長，也彌補教師的不足部分。

（三）互助小組

互助小組可以說是交換教學，除了同一科目之交換互助屬於聯絡教學外，包班制的國小教師所採用的交換教學，也是互助教學的一種。

（四）循環教學

一位教師在自己的專長部分，準備一個可教三、四週的單元教材，就由某位老師教五組中的一組。如此既可省卻準備其他教材時間，又可使他有機會改進每一次的教學。

至於國內協同教學的情形，張清濱（1999）、高紅瑛（2002）等皆指出，也有部分教師採用下列幾種形式：

（一）單一學科領域協同

擔任同一年級同一學科領域的教師，共同討論設計教材，然後可就其專長分配工作。

（二）多科協同

二個學科領域或二個以上學科領域之間的協同。

（三）跨校協同

協同教學也可跨校實施，譬如，甲校缺音樂教師，而乙校缺戲劇教師，則兩校互相支援互補有無。

（四）循環式協同

教師專長不一，對於任教學科不見得完全勝任，因此教師可採循環式協同教學，就教師專長選項依序進行，但是循環教學的

班級，必須課表調整為同一時段。

（五）主題式協同

這是針對某一主題進行主題統整的協同教學，如此教學設計統整了各科相關教材，也結合了教師的專長，使學生從多位教師身上學到完整的知識。

四、協同教學的實施步驟

張清濱（1999）亦認為實施協同教學之前，學校宜就課程內容先行評估其需要性與可行性，與教師共同研討，並提供行政上的配合措施，然後進行下列各項工作：

（一）組織教學群

教師一旦決定實施協同教學，應即邀請有關教師及人員組成教學群，商討如何進行該科或該單元的協同教學。組成教學群的方式很多，依教學模式的不同，而有不同的組合，而且最好由擔任教學教師自行組成。

（二）妥善規劃設計

教學群宜由成員推薦一人擔任召集人或聯絡人，負責籌劃及溝通協調等事宜。召集人通常由成員互推，協同教學首重規劃設計，如果過程安排得宜，進行就很順利。

（三）研擬教學流程

教學群在規劃設計的時候，應通盤考量各種變項與情境，包括：人、事、時、地、物，設身處地，研擬一份教學流程及工作分配表，協同教師就可以很清楚自己在什麼時間（when）、什麼地點（where）、擔任何種工作（what）、教那一部分學生（who）。

（四）進行教學活動

　　教學前的準備工作完成，就可以進行教學活動。協同教學的方式很多，一般言之，可概分為：大班教學、小組討論、及獨立學習，協同教師依教材的性質，採取適當的教學方法，進行教學活動。

（五）共同評鑑

　　協同教學完畢，教學群進行兩方面評鑑，一是學生的學習評量；一是協同教學的評鑑。前者可採多元化評量方式，評定學生學習的情形；後者注重教學的進程，教學的內容及各項行政工作的配合等，檢討其利弊得失。

協同教學的實施困境

　　高強華（2000）指出：協同教學或合作學習，主題統整的提議，目的在求教學效率或教師效能的提振。不過橘逾淮而為枳，西方的架構、理論、法制或知識移植到性格上根深蒂固地自我壓縮的教師族群，窒礙難行扞格不通的困窘自不待言。本文茲將國內外有關協同教學實施困境的研究，整理如表1。

　　從以上研究發現，當可推測我國在推動協同教學時，將會遇到相當多的問題待解決。這些問題可從下列五方面來敘述：

一、教師專業能力不足

　　如何與同儕進行合作統整課程、順利達成協同教學？是否我們的中小學教師都具備實施課程統整與協同教學的專業知識、能力與態度了呢？正是因為專業能力不足，所以甄曉蘭（2001）指

表1 國內外協同教學研究所指出的問題與困境
···

研究者	問題因素	問題內涵
李園會 （1999）	學校規模 學習環境 教師人際關係	1.學校規模不能太大小，因為協同教學需要由複數教師共同協力指導學童。 2.學習環境的完備，不同大小的空間所構成的學習空間以作為作業空間和團體的彈性編組使用。 3.教師與教師之間的人際關係，亦即編組的問題，一加一，關係若良好，效果會大於二，若不好，不但少於二，甚且變成零或是負數。這是學校經營必須注意的。
高強華 （2000）	教師性格 學校生態	1.教師文化，教師性格的自我壓抑。 2.學校生態，一灘死水。
單文經 （2000）	改革幅度大小 學校文化 配套措施問題 預期效益	1.「學校本位課程發展」和「課程統整」改革幅度太大，遭受抗拒也大。 2.課程的改革未能給教師在精神上或物質方面有明顯可預期的效益，徒增工作負擔與惶恐不安的感覺。 3.學校文化（教學文化）和改革的互斥性：教師文化孤立、保守與懼變特性，對協同合作實施統整課程與合科課程具有負面影響。 4.配套措施難臻完善：如教師的知能是否已充分具備？各地區及學校乃至各年級教材版本選用相當分歧，造成「不銜接」、「不統整」現象如何應對？實施協同教學所需空間規劃、教學設備、經費是否能充分配合？
饒見維 （2000）	教師專業能力 教育現場的不確定性、教育理論龐雜專家諮詢者的缺乏	1.缺乏相關的能力，因此無法將觀念轉化為能力與具體行動。 2.缺乏具體、足夠的實例，使新觀念停留在非常抽象的理論層次。 3.教育實際狀況的複雜性與問題的層出不窮，理論適用的有限性，使教師不易相信理論。 4.缺乏隨時互動、溝通討論與新概念的解惑者

續表1 國內外協同教學研究所指出的問題與困境

研究者	問題因素	問題內涵
		，無法對理論或新概念再深入的探究。 5.教育理論本身的過分龐雜，有些理論甚且相互衝突，使教師無所適從。 6.人類行動並非完全受「理性思考」導引，其易受情緒、環境、資源與人際關係影響。
蕭福生 （2001）	教師人格特質 時間空間因素 教學人力	1.教師人格特質是影響協同教學成敗的重要關鍵。 2.時間與空間因素對於協同教學實施有關鍵的影響。 3.因為教學人力的不足，家長義工是教師教學的好夥伴，人力物力的支援是一種助力。
甄曉蘭 （2001）	概念偏差問題 團隊運作機制 團隊默契與文化 相關配套措施	1.概念偏差問題：課程協同分工合作但卻未統整、誤信協同教學就是要合班上課、誤以為協同教學只適合主題統整的戶外教學、誤以為協同教學是解決教師專長及教學任務的協調而忽略學生的個別指導適性發展的目的。 2.運作機制問題：未能明確規劃協同教學如何實施？教學群如何組成？團隊領導者如何產生以有效領導協同團隊？以及如何處理「學校本位課程發展委員會」、「課程發展小組」、「協同教學群」疊床架屋的組織？ 3.團隊默契問題：教師的教學文化的開放不易、教師的人格特質個殊、團隊的互動機制如何建立？ 4.相關配套措施：共同討論時間不易安排、教師間的授課安排協調問題、教學所需的是否有適宜的空間？學生的學習診斷、分組如何安置與適當規劃？教師教學時數、工作任務的調整是否有相對應的薪資規劃？

....

研究者	問題因素	問題內涵
高紅瑛 （2002）	教師個人特質 教學群 教師人力 學校文化 社區資源 專家諮詢的缺乏	1.非自願組成的教學群易造成溝通困難，有待學習溝通策略。 2.安排教學群討論時間十分困難。 3.討論過程中說服別人或讓自己妥協也是一項困難。 4.教學群外的壓力（教師同儕異樣眼光）是教學群成員的一大負擔。 5.教學空間的問題與課務安排問題亟需行政協助。 6.教師人力不足，協同過程中無法注意兒童個別差異。 7.缺乏教學群領導人或專家諮詢，影響協同成效。 8.亟需一套周全的課程評鑑機制，以利教學改進。
Hargreaves **&** **Macmillan** 周淑卿 （2001）	教師文化	學校教師分屬不同的次級團體並效忠之，次級團體各自分立所造成的是教師之間的溝通不良、各行其是，對學生的監督、期望也失去協調與一致，在教學時空上、資源的分配也經常的衝突。
Bergen （1994）	人際關係 團隊運作	1.有些人員比其他人員更投入，影響團隊的合作持久性。 2.團隊會議通常缺乏意義與作決定效率。 3.團隊互動的動態情境問題通常都被略過，促進團隊的過程的引導也很少。 4.團隊的不同人員，其興趣、價值、方法很難整合。 5.當有意見歧異時，團隊缺乏處置技巧，甚且無法從中學習。

續表1 國內外協同教學研究所指出的問題與困境
....

研究者	問題因素	問題內涵
Merenbloom (1996)	教師時間 人際關係 學校行政的堅持	1.缺乏充分與完整的時間以發揮團隊最大潛能。 2.教師未給予充分的時間進行協同計畫。 3.缺乏毅力去推行協同教學（根據研究，協同教學至少推行時間是三到五年方有成） 4.主修科目和選修科目的教師缺乏應有的共識。 5.協同教師們需要學習視小組為一生命共同體。 6.教師需要衝突處理的訓練。
Prounder 見Crow & Prounder (2000)	教學堅持 資源分配 專業自主 責任分工	1.協同的改變VS.傳統教學的堅持：部分教師對傳統教學方式的堅持、抗拒。 2.資源的獲取VS.協同合作代價：協同教學對資源的重新分配、集中利用，可能會影響原來的資源分配及擁有者。 3.專業的相互倚賴VS.專業自主：協同教學過程中各分科須捐棄本位主義，接受其他教師的意見，原有的專業自主權受到干涉、介入。 4.共同受影響VS.責任分擔：協同教師與學生一方面受到共同部分的影響，另方面也須分擔共同的責任。上述問題可能限制協同教學小組的努力。

出中小學教師對於協同教學有四個概念偏差的問題：（一）誤以為協同教學就是幾位教師同時段分工指導同一個班級的學生，卻無法看到教師間的合作與教學內容的整合；（二）認以為協同教學就是要以合班上課方式進行，所以如果學校沒有場地、空間容納學生合班上課，便無法實施協同教學；（三）誤以為協同教學只適合主題統整課程的戶外教學；（四）誤以為協同教學是解決教師專長及教學任務的協調而忽略學生的多元學習、個別指導、適性發展的目的。

又誠如饒見維（2000）所言，教師缺乏相關的能力，便無法將觀念轉化為能力；缺乏具體、足夠的實例，則使教師對協同教學的觀念停留在非常抽象的理論層次。以目前九年一貫課程的實施情形而言，雖是逐年推展，然而在國中小未實施的年段仍佔多數，有多數的國中小學校教師仍抱持觀望的態度、「以不變應萬變」；而在實施的年段中又有不少教師對課程統整、協同教學的實施概念不甚清晰，甚且不知如何做起的。教師們面對著新課程、新教材、新評量方式，仍採用舊思惟、舊的教學方式「一以貫之」。是以「上有政策、下有對策」、「吾人心中自有衡量」，成為多數教師面對新課程改革的定律。

二、教師孤立封閉的文化與自我壓縮的性格

除了極少數新建的學校外，目前我國絕大多數的中小學教室，仍如美國學者Lortie（1975）所說的，像「裝雞蛋的條板箱」（egg-crate），一間隔著一間，很難促使教師們互動。當教師走進教室，關起門來當「班級王國」的國王的時候，其實她也正活在「象牙塔」之中。

這種「條板箱」式的工作環境，確實阻礙了教師彼此交流的機會，再加上每日忙碌的教學活動和沉重的班級行政負擔，在在

使得教師在心理上、知性上的孤立。而誠如國內學者歐用生（1996）所說的，教師心理上的孤立，往往造成教師總認為校長、主任、視導人員、家長都是來找麻煩的，最好不要到教室來；知性上的孤立，則造成教師少有與其他同事共同討論教育問題，進行教學專業上的對話。

中小學教室空間與心理上的孤立，使得學校瀰漫者「個人主義」以及「互不干涉」的教學文化。這種孤立、封閉的教學文化，正如Feiman-Nemser 和Floden（1986）所作如下的描述：

> 學校空間的安排，鼓勵教師維持自己的隱私，更進而形成互不干涉的氣氛。在大部分的學校裏，各班的教室乃是神聖不可侵犯的地方。教師彼此之間是不會去侵犯別人的教室，也不會去干涉別人的教學方法和教學的內容，除非是被要求如此做。教室物理條件的孤立，傳達了這樣的訊息：教師必須自己面對自己的問題，因此，就更強化了個人主義式的文化。於是，就教學專業而言，獨自解決問題，乃成為可被接受的唯一方式了。（p. 517）

這種「個人主義」、「互不干涉」的教學文化，既不利於教育社區（educative community）的建立，對協同合作教學的實施亦有相當負面影響（單文經，2000）。然而如果我們仔細觀察許多專業，例如，醫師、護士，他們無不以團隊、合作的方式對服務對象（病人）提供服務，而且常以交流、互動的方式，彼此相互學習。

此外，教師性格自我壓縮，使教師的專業成長更加遲滯不前。高強華（2000）便認為：在中國人的自我壓縮性格與文化下，會形成逆來順受、陰奉陽違、以和為貴的特性。在學校中便是唯唯諾諾、俯首順從的教師文化，以及學校文化對改革和諧的

假象。這與國外David Hargreaves研究中小學教師之間流行的三種規範：「個人的自主」、「忠於同事」和「平庸化」，有不謀而合之處（引自周淑卿，2001）。教師的「自主」成為阻擋外來教學評鑑與干涉的保護傘；「忠於同事」使維持同事間、同學年、同學科教師利益與和諧關係，重於創新的教學變革；「平庸化」則希望凡事與教師同僚保持一致的步調，不要有人表現太突出、太熱心的「反智」主義。這對課程統整、協同教學的實施便產生下列排擠與抗拒現象：協同教學會讓教師覺得「合作是妥協、缺乏效率，溝通則是在浪費時間」、「會失去教學自主權與隱密性」、「改變所帶來的是不穩定感與遠較於維持現狀更多的挫折」，以及「若教學生涯所剩無多何不提早退休，以免又成為教改的犧牲品」。

三、協同教學群缺乏有效的運作經驗

　　協同教學在我國中小學實施不久，經驗的累積不足，因此許多專家學者（高紅瑛，2002；甄曉蘭，2001；蕭福生，2000，2001）提出有下列的團隊運作機制問題：

（一）教學群如何組成？要採單科或是多科的協同？當科任教師兼任數科目時，又要加入哪一科、或是哪一個年級的教學群？此外，學校中的「獨行俠」又應該與誰一組？學校是否允許自組教學群？教學群又可加入哪些成員？家長、社區義工…？當教師團隊組成後，若成員的同質性過高或受限於傳統的思維，教學無法創新、問題無法突破，又應如何處理？以上有關協同教學的組成對協同教學的實施有著關鍵性的影響。

（二）教學群如何分工合作？教學群的每個人的角色任務各又是什麼？如何均衡團隊成員的付出與貢獻，以免影響團

隊的合作持久性，讓團隊提早瓦解？又在教學群中是否
要有領導者？該由誰來擔任領導者？團隊的領導者對教
學群的影響相當的重要，她負責籌畫及溝通協調等事
宜，如果過程安排得宜，協同教學就會順利進行。

（三）教學群如何有效運作？如何建立團隊的共通規範？如何
激勵成員對團隊的向心力？團隊會議缺乏效率、溝通不
良時，又應如何提昇？如何安排教學群共同討論的時間
和地點，以促進協同教學的進行？又當教學群討論中難
免會遭遇到教師之間的意見分歧、甚且是衝突，一旦衝
突發生了，教學群是否有因應之道？如何整合？教學群
若缺乏處置技巧，又無適當的第三者介入調停，則將會
使整個教學群陷入困境，進而影響協同教學的推動。

四、學校行政支援問題

（一）教學群課務的安排問題：當協同教學實施時，教學群的
課務如何調配以使其能有更多共同的時間討論課程？是
否給予教學群相當彈性的空間自行規劃課程進度、教學
內容、評量方式？

（二）學校資源與空間的統籌規劃問題：教學資源是否需分享
出來或者共用？是否會因而發生資源分配不均的情形？
在空間方面，學校中是否有足夠空間方便教師實施協同
教學，進行教學討論、研究呢？若行政單位能將資源統
籌規劃與運用，則可減少教師群在資源使用時發生不必
要的衝突與分配不公情形。

（三）教學群的專業成長課程規劃與諮詢人員的安排問題：學
校教務處是否積極安排並協助教學群的專業成長？在實

施的過程中，教學群所遇到的問題是否任由教師自行解決、自謀出路，缺乏明確的諮詢人員或機構？由於缺乏專業成長與諮詢機制，以致教學群遇到問題時，沒有辦法有效解決，更惶論在困境中力求突破。

五、相關配套措施不足

（一）教育行政主管機關，在實施九年一貫課程後，所提供的教師在職相關訓練和專業諮詢仍然相當有限，例如，協同教學所面臨的人際關係溝通技巧，就缺乏較有系統的專業知能訓練安排，甚且是付之闕如。本文作者常見的是學校派教師參加二、三天的九年一貫課程研習，回學校就要負責推廣、引導其他教師實施協同教學。由於訓練不足，再加上缺乏緊密的協調聯繫，以致往往實施情形不盡理想。

（二）目前班級學生人數過多、使教師無多餘的精力去輔導學生、進行個別教學，也使得協同教學所強調的「適性教育」的成效受到相當限制。因此，如何減低班級人數，達成小班教學的教學環境，是教育行政主管機關必須努力的。

（三）師資培育機構缺乏協同教學的典範：現行師範校院對師資的培育在分系的組織結構下，配合國中小的分科課程學習內容，採行分科教學，而非多個知識領域的統整，且甚少強調協同教學。而師範學院學生的教育實習在國小部分由於是包班制，通常要負責跨領域的學科，偶有分組（兩人一組）包班教學，但多是分工合作、個人負責各自部分，少見統整的教學討論，所以在本質上仍是個別的教學。而在國中部分分科個別教學就更為明顯

了，教授與師資生都甚少進行跨領域統整合作、協同教學。

我國實施協同教學困境之突破

如何提昇教師的專業能力？如何改變教師不利的文化？如何提昇協同教學群的運作效能？學校行政又應如何支援協同教學？教師行政機關及師資培育機構又應有怎樣的配套措施呢？這些都是關心協同教學實施成敗的教育界人士所必須認真思索的。本文針對上述問題，茲整理出若干解答如**表2**。

一、運用「知行思交融模式」提昇教師協同教學能力

國內學者饒見維（1996）曾提出「知行思交融模式」，做為教師專業發展活動所應遵循的基本原則，頗具有參酌的價值。該模式指出教師的專業發展活動，乃是以教師的「已備」為出發點，透過各種「預備」活動，幫助教師獲得「經驗」，然後協助教師進行「省思」和「建構」活動，而在整個過程中會有許多相關人員進行「協同」式的協助和支持。茲將該模式運用於協同教學的推廣上，提出下述具體成長活動或措施供各學校參酌：

（一）符合已備原則的活動：學校宜深入瞭解教師在協同教學知能方面的已備狀態，才能提供最佳的協助。具體的作法是，以問卷調查或晤談的方式，瞭解教師在下列三方面的情況（李園會，1999）：

1.教師對協同教學的觀念與想法。
2.教師對協同教學的意義、形態與優點的瞭解程度。

表2 我國實施協同教學問題之解決策略
....

問題	解決策略
教師專業能力的不足	以「知行思交融模式」提昇教師協同教學能力。該模式指出教師的專業發展活動，乃是以教師的「已備」為出發點，透過各種「預備」活動，幫助教師獲得「經驗」，然後協助教師進行「省思」和「建構」活動，而在整個過程中會有許多相關人員進行「協同」式的協助和支持。
孤立的教師文化	以同儕合作模式營造並培養教師合作觀念與意願。其實施方式有以下四種： 1.培養和諧、融洽的教師情感。 2.強調合作學習，如讀書會、同儕教學。 3.加強夥伴關係，你幫我、我幫你。 4.進行合作式的行動研究。
協同教學群運作問題	在提昇教學群運作效能方面： 1.尋求教育哲學理念相同、可合作的夥伴，組織教學群。慎選領導者，讓協同教學能有效進行。 2.建立工作規範：事前周詳計畫，審慎執行，但也要有失敗的心裡準備。 3.尋求專業的團隊訓練。當衝突發生時，應妥善處理人際關係，並建立良性溝通的互動機制。
學校行政支援問題	1.學校行政適時推動教學群的產生，並主動協調教學群的衝突。 2.教學群課務的安排：課程的彈性安排與課務的適當調配，並給予教師彈性空間。 3.學校空間統籌規劃、資源適度分配，以支援協同教學順利進行。 4.教學群的專業成長課程規劃與諮詢單位的安排，讓教師能與時俱進，解除疑惑。
相關配套措施不足	1.教育主管單位應統合各師資培育機構、各縣市教育局、各國民中小學的力量，提供給中小學教師實施協同教學的專業訓練及諮詢服務。 2.持續降低班級師生比例，俾學生個別輔導能充分得到落實。 3.師資培育機構應配合推動協同教學。

3.教師有沒有參與協同小組進行教學或參觀協同教學的經驗。

（二）符合預備原則的活動：根據校內教師的學習需要，這時可以舉行協同教學的研習會。研習會中除了邀請學者專家講解協同教學的意義、目標、理論基礎、實施原則與步驟之外，宜由校內外有經驗的教師配合理論，說明協同教學的實施示例，以收理論與實務配合之效。

（三）符合經驗原則的活動：學校除了提供教師在協同教學方面的預備知識之外，最重要的乃是協助教師在教育現場獲得「替代經驗」或者「親身經驗」兩種。在替代經驗方面，學校可以請有實施協同教學的校內外老師現身說法，說明其進行協同教學動機、過程、結果與心得。在親身經驗方面，學校可將有意願合作的教師，依其任教領域與年級，組成教學群，然後協助各教學群規劃全學年課程架構、統整課程的目標、內容，以及協同教學的活動流程、評量方法、家長、行政、社會資源等。實施初期，可先由少數幾個教學群著手，待累積實施經驗及有實施成效時，可逐步漸進的推廣至全校所有教師。

（四）符合省思原則的活動：省思可以分為「行中思」（reflection-in-action）「行後思」（reflection-on-action）兩種。學校可以鼓勵實施協同教學的老師們，以教室日誌或省思札記等方式，進行下列之省思內涵：1.我的協同教學行為如何？學生的學習成果又如何？2.我的教學信念是否與協同教學的理念相一致？3.我在協同合作的過程中，與其他教師的關係如何？是否在衝突的過程中，能有效的化解？4.我在協同教學的學習方面可否有

進一步加強的地方？

(五) 符合建構原則的活動：在教師有了協同教學的親身經驗後，學校可以每學期一次或每學年一次的方式，舉辦協同教學實施經驗分享，在分享中，鼓勵老師們把日常點點滴滴的省思，納入原有的教學經驗之中，進而主動建構起自己的專業內涵。其次，學校亦可以出版協同教學研究成果之方式，鼓勵教師以文字、圖形等方式，將教學成果與他人溝通與交流。

(六) 符合協同原則的活動：學校在實施協同教學過程中，除了應多給實施教師共同分享、共同成長的機會，更重要的是要給予教師足夠的協助和支持。至於學校行政的協助與支持內涵容後再詳述。

二、運用「同儕合作」模式培養教師合作的文化

雖然孤立與封閉的教師文化是國中小學校園普遍現象，但也並不是每一所學校的教學文化都是保守的、封閉的，誠如單文經（1992）所說的，確實有許多的學校，所實施的教師聯誼活動、成長團體，乃至於相互的教學觀摩與批評，或是相互的合作改進教學等等鼓勵同儕合作的做法，不但是會受到中小學教師歡迎的，而且也能綻放出教師專業合作的曙光。這些同儕合作的作法，各校最少可以從下列四方面著手：

(一) 培養和諧、融洽的教師情感：張德銳（2000）指出，若要使教師間感情保持融洽、和諧，則行政人員必須鼓勵教師在教學上和其他工作上互助合作。此外，亦可安排正式和非正式活動，例如，自強活動、不定期聚餐等，來增進教師間的情誼，而對於教師間因利益衝突而產生

的摩擦，應做早期的、公平的調解。

（二）強調合作學習，如讀書會、同儕教學：歐用生（1996）認為學習是一種合作的探險，而非孤獨的旅行。中小學教師可採用下列合作學習（collaborative learning）的方式，組成學習小組（成員三至六人），共同學習與成長：1.成員針對特定主題書寫一篇短文，相互評論，指出優缺點及其啟示；2.成員針對教育時勢，發表觀點，共同討論，達成共識；3.成員共同閱讀報紙的報導，雜誌上的論文，或一本、一章書，共同討論，並與自己的教學實際關聯起來；4.成員進行同儕教學，就一篇論文、文章或一種新的教育理念，由一位學習者教導其他同儕，然後共同討論。

（三）加強夥伴關係，你幫我、我幫你：歐用生（1996）主張同事應該是合作的夥伴，而非「牆的另一端的陌生人。」最簡單的夥伴關係是，教師和另一同事（例如，隔壁班教師）形成夥伴。較正式的夥伴關係則有：資淺教師和資深教師的夥伴，實習教師和實習輔導教師的夥伴，或者教學導師（mentor teacher）和初任教師的夥伴。透過這種夥伴關係，教師們形成合作的、團隊的情誼，共同計畫教學，相互觀察、討論，並彼此回饋，彼此開放，願意被質疑，並且檢討或改變自己的教學決定。

（四）進行合作式的行動研究：歐用生（1996）認為，現代的教師不應只被研究，自己應該就是研究者；教師不要再做巴夫洛夫的狗，自己就是巴夫洛夫，自己就是研究者。因為惟有教師最能瞭解自己的教學問題，也惟有教師研究自己以及同事的教學實際，才能促進專業成長，落實課程與教學的革新。當然，教師可以一個人獨立進

行研究，但是爲了整合研究人力，發揮更大的研究效果，教師更可以結合同事以及學者專家，共同規劃研究設計，共同完成研究報告，甚至可以將研究成果聯名發表在國內外的學術論文發表會。

三、提昇協同教學團隊運作效能

甄曉蘭（2001）指出每個學校的生態環境、人力結構、教師文化、社區資源等皆不同，所以各個學校必須要依照自己所擁有的有利條件來組織教學群，並且規劃出適合自己的運作模式。惟下列事項是提昇協同教學的運作效能所必須加以考慮的：

（一）應愼選人員的組成，尋求共同信念、教育哲學觀的夥伴，並適當推舉教學群的領導者。同一教學群的教師固可具有不同的背景與經驗，但共同的哲學觀念可將教師緊緊結合在一起，並導引行動。在組織教學群的一開始若非基於信任與可合作的基礎，那便無法順利進行協同教學，而相同的教育哲學理念的教師比較容易工作在一起，進而培養教師信任與合作的關係。此外，教學群的領導者扮演小組內教學領導、內外溝通與協調、教學支援的尋求者的角色，更是讓協同教學能有效進行的關鍵，因此務必愼選有能力、有經驗、人際關係佳的教師，擔任教學群的領導者。

（二）教學群應建立起共同的工作倫理規範。例如，安排會議的時間、每一次開會應有明確的主題、開會時注意傾聽、意見不同時如何處置、非個別性的規範等，以導引團隊的合作，使之更有效率、更有秩序。教師在此協同關係中除了專業的成長，也得到優點的互補，教學過程

中也得到支持、共同探險。隨著時間的遞移，教學群應注意強化教學研究會的功能，商討課程內容、安排教學事宜，如擬進行跨科、跨領域之大單元協同教學時，應及早提出，俾有充分時間準備，來妥善安排各項協同活動。

（三）尋求專業的團隊訓練相當重要，這些訓練，例如，有團體決策、人際關係的處理、衝突管理等。而當衝突發生時，應妥善處理人際關係，並建立良性溝通的互動機制。蕭福生（2001）指出：有效解決團隊紛爭的方法如下：1.同理心：設身處地為他人想想；2.對事不對人：探討問題來源、直視導致紛爭的原因，而非把焦點放在「人」身上；3.訂立共同目標：凝聚共識，讓成員一致向前；4.尋求支援：尋求團隊中理念相同者的支援，並將正確的理念及價值觀擴散；5.耐心等待：即使一時無法凝聚共識，也無須立即放棄。

四、強化學校行政運作功能

學校在理念上，應將協同教學工作列為優先推動事項。在協同教學的組成與運作上，應適時推動教學群的產生，並主動協調教學群的衝突。在時間上，應妥善安排課表，以便讓同一教學群的教師們有共同互動的時間。在物力上，學校應改善教室的建築空間、充實圖書儀器設備等，以便讓教師們能很方便地進行協同教學工作。當然，也應妥適安排教學群的專業成長課程規劃與諮詢單位，讓教師能與時俱進，有效解決實施上的問題。

（一）在協同教學群的組成上，行政人員應適度介入，推動教學群的產生。教學群的產生必須考慮教師的意願，避免

強制安排，但當校內多數班級教師實施協同教學、完成教學群時，若遇到某些教師無法順利分組、加入教學群，此時就學校行政服務師生教與學的立場，即應適時介入、適當協調解決問題，讓教師個人與教學群能相互接納共組團隊。若消極對待、置之不理，讓某一教師成爲「圈外人」，這對教師個人、學生、學校都不是福音。其次，學校行政人員必須經常關心教學群的運作情形，遇有教學群無法自行解決的衝突，學校行政人員可以適時介入協調，謀求衝突的圓滿處理。

（二）對教學群的課程安排應適當調配與規劃，並給予課程安排的彈性。協同教學在事前籌劃時，教學群多少會面臨課務無法恰如其職分，教務處及教學組就應主動支援、適當地調整教師的任課時數，並允許教師彈性安排課表的可能，以利課程統整及協同教學的實施。而在教育行政主管機關，也有必要重新檢討教師的任課時數及行政工作負擔，是否有利於教師進行課程改革與教學創新，否則教師工作負擔沉重，要進行課程與教學的改革，勢必有所困難。

（三）對學校資源、空間、人力應統籌分配與規劃，以適時滿足教師協同教學所需。甄曉蘭（2001）指出：在資源方面，學校可以在現有的設備基礎上，逐年逐科有計畫的蒐集、購買、索贈、製作所需教學媒材與硬體設備，建立完整的教學資源庫，供教師進行協同教學時選用；在空間規劃上，除了新建校舍外，學校可以在既有的校園建築結構上，發現可利用的空間，予以重新改造，成爲有具高度使用潛力的多功能教學空間。在人力方面，若學校有實習教師、熱心且學有專精的家長或社區人士，

則可邀請實習教師、家長和社區人士參與協同教學，以給予學生更多的輔導，並提供教學群人力的支援。

（四）最後在實施過程中，學校也應安排教學群接受專業成長課程與諮詢輔導，這可減低教學群摸索的不確定感與挫折。專業成長課程研習的安排與規劃，可以讓教師能與時俱進，增強解決問題的能力。邀請專家學者蒞校指導，則可協助教學群解決臨床實施上的問題。隨著學校教師實施協同教學經驗的增加，將可轉換成為未來其他教師實施協同教學的諮詢者。

五、加強相關配套措施的支援

（一）在推動協同教學之始，教育部即應結合教師研習單位以及師資培育機構，建立起負責推廣新教學法的訓練及諮詢中心。其次，教育部可協助各縣市教育局建立起完善的訓練與推廣機制，例如，重振功能日益薄弱的各科教學輔導團功能，提供給學校及教師在實施協同教學的各項諮詢、輔導服務。再者，為落實學校本位管理（school-based management）的理念，教育行政單位亦需要以充足的經費，補助各學校自行辦理協同教學的訓練與諮詢工作。透過這種多元而協調的管道，國中小教師在實施教學改革時，能夠獲得長期而專業的訓練課程以及實施過程的諮詢服務。

（二）持續降低班級師生比例是教育行政機關亟待努力的目標。據報載，教育部國教司表示自87年實施小班教學，迄今四年來共補助各縣市相關金額達新台幣210億5千萬元，使得小一至小四已達每班低於35人的目標。目前教

育部的「小班小校」政策持續的在進行，在九十一學年度編列也編列新台幣36億補助各校補強包括相關硬體設備（中央日報，2002）。唯有降低師生比例，並加強教師教學職能，才能讓教師更能「因材施教」、學生更能「適性發展」，而協同教學也更能發揮較大的功效。

（三）加強師資培育機關協同教學的實施。師資培育機構的教師，是未來中小學教師的教師，其對中小學教育的影響力既深且遠。為了配合未來九年一貫課程的實施，師資培育機構的教師應修正目前獨自教學、分科教學的傳統，改採協同教學、科際整合教學的方式。例如，教育價值有關的課程可由教育、哲學、藝術、文學、社會科學甚至自然科學的教授協同教學。這種科際整合的設計以及打破學界藩籬的協同合作教學，對於師資生未來實施協同教學，相當具有示範性與啟發性。當然，師資生在職前訓練時，也宜有多種協同教學的經驗。例如，在教育實習課程時，便可以二至三人一組，對實習班級實施課程統整與協同教學。

結語

「吾心信其可行，則移山添海之難，終有成功之日；吾心信其不可行，則反掌折枝之易，亦無收效之期」。九年一貫課程業已定案，它不僅推翻傳統的課程，也顛覆傳統的教學模式與教師的思惟，對第一線的教師而言可謂造成相當大的衝擊與挑戰。然而，在這瞬息萬變的時代中，如何讓教師能與時俱進，正是教育界同仁、也是本文的主要目標。本文作者相信，如能在既有的教學基

礎下，協助中小學教師突破教學的瓶頸，便可創造教學的新價值。

　　九年一貫課程強調統整、合科教學，以取代原有日益分歧複雜的知識內容及激增的學科及授課時數，讓學生減輕學生學習的負擔的同時，亦得到知識的統整概念。雖然協同教學是課程統整重要的教學形態之一，但也不見得每節課都採協同教學方式、完全取代傳統的教學方式，教師應視教材性質、教學內容採取最合適的教學方法，為學生創造最佳的學習效果。正如同音樂演奏一樣，獨奏有獨奏的美，協奏有協奏的美，合奏也有合奏的美；要採用那一種演奏方式，要端視演奏現場的人、時、地、物而定。

　　任何改革的作法都不可能是永恆的，時間會變、課程會變、教學也會變，在面對波濤洶湧的教育改革時，本文以下述五點提供給所有參與協同教學的教師同仁們參考：

　　首先，開放自己的心胸、也開闊學生的學習之路。協同教學帶給教師的是教學活潑化、生動化，使教學再創生機以符合學生的學習需求。教師也會因協同教學群的成軍不再覺得孤立無援、閉門造車。而原地踏步、不願走出教室、緊鎖自己心靈的教師將會成為被時代所淘汰的教師。

　　其次，妥善處理教學群人際關係是協同教學成功的關鍵。協同教學涉及團隊合作，在跨出班級王國必會遇到的便是人際關係的處理。人際間的互動本來便有相互排斥或吸引的自然力，教育是一項相當嚴肅的志業，如何讓參與者更樂意付出心力、合作愉快，唯有用心經營人際關係、妥善處理人際衝突，方能使協同教學化危機為契機。

　　其三，瞭解教育現場的「渾沌不可測性」，必須耐心去克服一切阻礙。教育現場的不確定性，讓很多事情是從「可預測」陷入

到「捉摸不定」的混沌狀態。在協同教學推展過程中，從學校資深教師、教授或專家的講解後，需再經歷教師本身的實際教學過程的摸索，才會有一番體悟。要知道從明確到模糊、再回到明確清晰，是教育過程普遍性的道理，唯有一一用心去研究、克服，才有突破障礙，更上一層樓、一重山的可能。

其四，體認學校、教師、學生、家長是教育的生命共同體，應協力共創未來。協同教學能否成功，教師們的態度居關鍵地位，如果教師勇於嘗試、學校行政又能全力支持與配合，家長能給予高度的肯定與提供必要的人力物力支援，那麼教師們採行協同教學，為學生創造良好的學習環境的理念就可實現。

最後，我國中小學教師們如能秉持著協同教學的合作理念，形成「你幫我、我幫你」的夥伴關係，進而彼此互相輔導、互相練習教學策略與技巧，不但能夠改進中小學教師的工作關係，而且對於教師的專業成長，定能開啟新的一章，因為在這樣「同儕輔導」的觀念之中，基層教師的主體性不但被突顯了，而且基層教師彼此之間共同學習、互相協助、提供回饋的能量被大量解放了，這對於我國教育的進步，是會有一番新貢獻的。

參考書目

中文部分

推動小班制，教部再花36億（2002，2月24日）。中央日報，14版。

周淑卿（2001）。面對統整課程與教學的教師文化。載於中華民國課程與教學學會（主編），課程統整與教學（頁233-251）。台北：揚智。

李園會編（1999）。**協同教學法**。台中：作者。

高紅瑛（2000）。協同教學實務與經驗分享－以市師實小爲例。論文發表於毛連塭（主持人），**現代教育論壇－攜手共譜教學的新樂章－談協同教學**。現代教育論壇，台北市立師範學院，台北。

高紅瑛（2002）。**國民小學實施協同教學問題解決之質性研究－以台北市一所小學爲例**。台北市立師範學院國民教育研究所碩士學位論文，未出版，台北。

高強華（2000）。協同教學的問及其解決策略。論文發表於毛連塭（主持人），**現代教育論壇－攜手共譜教學的新樂章－談協同教學**。現代教育論壇，台北市立師範學院，台北。

張添洲（2000）。**教材教法－發展與革新**。台北：五南。

張清濱（1999）。怎樣實施協同教學。**師友，387**，43-47。

張德銳（1998）。**師資培育與教師評鑑**。台北：師大書苑。

張德銳（2000）。**教育行政研究（三版）**。台北：五南。

單文經（1992）。美國教學專業報酬制度改革的啓示，載於中華民國師範教育學會（主編），**教育專業**（頁 301-332）。台北：師大書苑。

單文經（2000，6月）。**學校教育改革抗拒的原因及其對策：以國民中小學九年一貫課程改革爲例**。論文發表於國立政治大學教育學系主辦之「第六次教育行政論壇論」，台北。

黃政傑（2000）。**教學原理**。台北：師大書苑。

甄曉蘭（2001）。協同教學與課程統整的實施。**中小學課程改革與教學革新**。台北：元照。

歐用生（1996）。**教師專業成長**。台北：師大書苑。

蕭福生（2000）。共譜一首美麗的樂章－協同教學的實務分享。論文發表於毛連塭（主持人），**現代教育論壇－攜手共譜教學的**

新樂章－談協同教學。台北市立師範學院主辦之現代教育論
壇，台北。

蕭福生（2001）。國民小學協同教學實施之分析研究。國立台北師
範學院課程與教學研究所碩士論文，未出版，台北。

饒見維（1996）。教師專業發展－理論與實務。台北：五南。

饒見維（2000）。如何培養教師之課程設計能力以因應九年一貫課
程。教育資料與研究，**34**，1-17。

英文部分

Bergen, D. (1994). Developing the art and science of team teaching. *Children Education, 70*(4), 242 .

Crow, G. M. & Prounder, D. G. (2000). Interdisciplinary teacher teams: Context, design, and process. *Educational Administration Quarterly, 36*(2), 216-254.

Feiman-Nemser, S., & Floden, R. E. (1986). The cultures of teaching. In W. C. Wittrock (Ed.), *Handbook of research on teaching* (pp. 505-526). New York: MacMillan.

Lortie, D. (1975). *Schoolteacher: A sociological study*. Chicago: University of Chicago Press.

Merenbloom, E. Y. (1996). Team teaching: Addressing the learning needs of middle level students. *NASSP Bulletin, 80*(578), 45-53.

釐清課程革新理念定位教師角色

林佩璇
國立台北師範學院課程與教學研究所助理教授

摘要

　　九年一貫課程政策公布之後，學校課程決策權由中央轉移給地方教育機構和學校，面對新的課程變革，教育人員看法紛歧，而學校教師更是憂心，如何定位自己以因應課程革新。本文主張課程發展是不斷修改與精進的過程，課程改革必定有其發展的脈動。如能掌握課程延革的歷史脈絡，釐清它所要追求的理想，則有助於教師以更開朗樂觀的態度思想教育改革的本質，定位自己的專業角色。本文首先說明台灣光復後以迄解嚴前，學校課程傾向中央集權，以發揮維護社會秩序，促進經濟發展，齊一教育水準的功能。但隨著政治開放，社會變遷中大眾對課程議題的關切，使得課程反映更多元的趨勢。九年一貫課程革新的理想主要表現在幾個面向：一、課程概念與課程結構的重建；二、學校本位的決策權；三、協同合作的機制；四、教師專業能力的展現；和五、評鑑機制的活絡。因此，本文建議教師首先要重新詮釋課程活潑的概念和特性。其次，從自主的立場擺脫行政的約束，主動運用行政資源。最後，更要以熱心與感動取代冷漠與觀望，因教育的感動不在於政策訂得多有周延，而在於教師思索教育的內在本質，超脫形式上束縛，給學生多一點愛，多一點用心。

九年一貫課程政策公布之後，學校課程的決策權由中央轉移給地方教育機構或學校，面對新的課程變革，政策制定者和學者對課程發展看法紛歧，許多學校教師仍相當憂心，如何定位自己以因應課程革新。本文主張任何課程的變革必定有它的發展脈絡，教師如能從九年一貫課程發展的歷史脈絡來探索，釐清它所要追求的理想，或者能有助於教師以更開朗樂觀的態度思想教育改革的本質，以定位自己的角色。本文探討的重點分為幾部分，第一部分探討近年來課程政策的變革取向，其次分析促進九年一貫課程革新的因素；第三部分詮釋九年一貫課程的意涵及它基本精神；第四部分討論教師在九年一貫課程中的定位。

學校課程的變革

一、過去的學校課程

　　自光復以來，台灣的教育因傳統儒家思想的影響、日本殖民的統治、和兩岸關係的對立，採取中央控制體制，國民中小學的學校課程均由教育部負責以發展國定的統編教材 （司琦，1971；教育部，1968； 教育部，1993）。統編課程的發展主要基於幾點理由： 第一，學校課程能和國家的其他目標緊密結合，發揮維護社會秩序，促進經濟成長，及培養愛國情操的功能。第二，課程組織直屬於教育行政單位，課程委員由行政人員及學者專家所組成，因學者深諳課程和學生心理和生理理論能保障教育品質。最後希望藉由國定的統一課程，保障國民教育階段國民基本知識的獲得，並確保各地區國民教育的水準，以提供學習機會的均等（林佩璇，1999）。

　　隨著政治解嚴及社會變遷，長期以來中央統一的課程漸受到

質疑，如「嚴重的史實錯誤」、「作爲政治宣傳」、「教科書過於僵化」「知識太瑣碎」等（許雪姬，1990；聯合報，民82年10月31日，6版）。因此，自民國七十八年教育部逐漸開放藝能科，由民間出版商發展，同時也著手進行中小學課程標準的修訂。歸納此時的課程政策，有一些特點： 第一，自民國八十五年起學校不再使用國定的教科書，而由學校及教師自行選用民間出版的課程和教材。第二，學校增列一節以上的彈性應用時間供教師自行發展課程，以配合教室的特殊教學需要。第三，新增輔導活動及鄉土教學活動兩科目，在課程標準中明定鄉土教學活動由教育局負責以完成教材的編輯； 但同時教育部審查標準中並未開放此科給民間出版商編輯，此意味教育局不能委託民間出版商來編輯該教材，而須由學校及教師共同參與。

新的政策實施後，課程政策已逐漸將權利由中央釋放到地方及學校。開放教科書審定以後，課程發展已不屬於教育部的工作，但課程標準仍然主導著民間及地方的課程發展。課程標準仍鉅細靡遺地規定了所有學校的課程活動，如一般及分科分段目標、學科科目、學校時間表、教學方法、和學習評量等，在如此緊密的規定下，學校的自主性很難以發揮。

然而，因學校教學科目中新增了鄉土教學活動，學校和教師必須參與該科的課程發展，此提供教師參與課程的機會，也被視爲國內首次有系統和正式地鼓勵教師參與課程的決策過程。如此政策的改變，也促使教育行政人員、學者，及學校開始注意到「教師即課程發展者」及「學校本位的課程發展」。

二、現行九年一貫課程

過去，課程標準修訂速度緩慢，甚至十多年才修訂一次（司琦，1971； 黃振隆，1979； 台灣省國民學校教師研習會，

1995），隨著社會快速的變遷及知識的爆增，如此的修訂速度已不能適應學校及滿足學生的需求。目前九年一貫課程提出國民教育階段的課程目標「以生活為中心，配合學生身心能力發展歷程；尊重個性發展，激發個人潛能；涵泳民主素養，尊重多元文化價值；培養科學知能，適應現代生活需要。」新的課程規劃有幾項重點：

（一）課程設計不僅著重於國家的目標，也顧及地方特色及學校學生的需要。如在八十七年製定的綱要（教育部，1998）中說明「各科應考慮學校條件，社區特色，家長期望，學生需要等相關因素，結合全體教師及社區資源，發展學校本位課程，並審慎規劃全校總體課程方案和班級教學方案。」

（二）以學習領域代替現行的分科教學。為達到國民中小學的教育目標，擬了十項教育基本能力作為指標。為培養此基本能力，從「個體發展，社會文化，及自然環境三個面向」，提供七大學習領域取代現行的分科。此七領域為語文、健康與體育、社會、藝術與人文、數學、自然與科技、及綜合活動。

（三）課程研發權由中央釋放到地方及學校。綱要中（教育部，1998）指出「課程綱要內涵…同時保留地方政府，學校教師專業自主與課程設計所必須的彈性空間。」

（四）強調學校本位的課程設計。前教育部林清江部長說明「以往由上而下的課程設計模式，強調全國統一性的課程標準，地方政府，學校及教師缺乏發展課程與教材的空間；九年一貫新課程強調課程綱要取代課程標準；學生學習中心取代學科本位的傳授；學校本位課程設計

取代統一課程設計等觀念，讓學校及教師有主動發展課程，自編教材機會，既培養共同基本能力，又符合地方的實際需要。」（林清江，1998）

促進課程革新的因素

分析九年一貫課程的理想，陳伯璋（2001）認為九年一貫課程的時代精神是反集權、反知識本位、和反精英的導向，是以更開放更多元的取向迎接新時代的需求。課程革新是社會變遷下，教育改革中的必要趨勢。

首先，課程革新反映了社會變遷中對學校課程的批評與省思。學者及社會大眾批評以往國定課程充滿政治意識型態；忽略學生學校生活的經驗。因此，在諸多批評中，社會期望學校能突破傳統課程內容的窠臼，從新審視學校課程的適切性，配合學生、教師，以及學校特色；並順應社會及文化的變遷，提供學生及時、正確，以及活潑的課程。

其次，教育改革的推動是強化課程革新的重要機能。在政治解嚴之後，教育改革和其他社會改革一樣，活動益顯頻繁；在中央，行政院成立教育審議委員會；在地方，地方教育改革的呼聲不斷，例如，台北縣開放教育方案，台北市的田園教學，宜蘭縣的鄉土課程均是地方教育改革的實例。這些教育改革方案共有的特色在於：一、強調地方文化的學習；二、以活動代替課本；三、主張學習生活化。也因地方教育改革方案強調課程開放、活潑，以及本土性，不僅改變現有的學校課程結構，更促使學校教師投入課程設計、規劃的行列。

第三，教師專業地位提昇的需求加速課程革新的必要性。以往，學校教師的地位在傳統尊師重道的儒家思想下也享有崇高的

地位；更基於國防教育的考量，師範教育被喻爲精神國防。因此，師資的培育機構招考許多優秀的學生投入教育的行業中。教師一職也被公認爲是很清高的職業，可以作爲學生及人民的表率。然而，在由中央控制教育政策的情況下，課程發展並不屬於教師的專業活動範圍。雖然教師在社會上享有一定的地位，然而此地位是建立在儒家尊師的思想及國防的考量上，並不是表現在教師的專業自主上。面對社會的變革，教師的傳統也將面臨一些新的挑戰：第一，當社會大眾質疑國定課程不能因應社會變遷時，教師作爲第一線的教學者，能否在知識爆炸的時代提供正確的資訊？第二，批判反省能力在民主的社會被視爲是現代人的重要特質之一。以往好老師的形象是建立在服從上級規定下。現在，社會期待教師能反思學校教學科目中有關意識型態的議題，表現出獨立判斷的能力。第三，和一般社會大眾一樣，教師也希望有機會參與更多的公共決策。目前學校已有部分人事自主權。然而自主不只是在於爭取人事和經費的自主，也要展現課程和教學的自主。在傳統約束下，如何表現課程的自主，已經不是權力的問題，而是專業能力的表現了。

課程革新的意涵

課程革新所關心的層面不僅是課程概念與課程結構的重建，更含蓋學校本位的決策權、協同合作的機制、教師專業能力的展現、和評鑑機制的活絡。

一、課程概念與課程結構的重建

在過去十幾年來，學校課程結構自主的空間愈趨開放，以往國家課程主張課程發展以國家政治、經濟、社會爲主要考量的前

題，而九年一貫課程則主張以學生的學習需要為主要的依據，強調知識的活絡、因此課程應視為學習活動的型態，整體的課程結構是彈性的及動態的，提供給學生的生活經驗不只是記憶性的知識，同時也培養學生的社會技巧和處理文化問題的能力。因此，課程教材應能配合時、空或情境的改變，允許學校和教師主動地選擇、修正、或創新活潑的教材或活動以配合教師教學和學生學習的需求。九年一貫課程綱要中，可以窺見此一精神的具體作法如（教育部，2000）：（一）課程規範的鬆綁，以「課程綱要」取代「課程標準」，以目標性、原則性的規範取代鉅細靡遺的規定，並全面開放民間參與國民中小學教科書編輯。（二）中小學課程銜接，打破國小國中分別設計課程的模式，將課程作全面和綜貫的考量。（三）學習領域的整合，將學生學習內容的結構，合併為七大領域，並試圖結合學科知識與學生生活經驗，培養學生的基本能力。（四）社會新興議題的融入，配合時代及社會趨勢，將重要的新興議題，例如，資訊、環境、兩性、人權、生涯發展、家政，融入學習領域中，以提供學生完整現代生活的知識與能力。

二、學位本位的決策權

以往國家課程發展或現行民間出版商進行課程發展，而學校則被指定或受邀為其實驗場所，因此學校角色只是被動地接受控制。學校本位主張如果課程要配合學生的需要，強調地方及學校的文化特色，那學校應作為課程發展中心。以往由上而下的課程發展模式也須以由下而上的草根模式來取代。學校同時具有行政階層和專業兩種角色。學校本位課程發展強調後者的角色，以展現學校動態的特性以因應複雜的環境脈絡。在學校本位的課程發展中，學校由中央和地方教育行政機構取得合法的權利和責任，

因此學校得以獲得更多的自主專業權威，來管理課程發展的過程。學校本位的基本精神主張課程革新是永續的活動，而學校本身則是改革的主體，傳統由上而下的課程革新，視學校爲實施外在課程決策的單位，忽略學校本位在課程改革中主動關鍵性的角色，因此革新的阻力重重，學校本位主張由學校自主地發揮或展現學校角色的重要性及決策性，更能落實革新的理想。此理想表現在九年一貫課程中，如由學校及教師自行決定選擇、改編、或研發新課程教材，由學校自由定奪彈性時間的運用，和課程委員會的自主運作等。

三、協同合作的機制

九年一貫課程中，所強調的學校本位課程發展和課程統整，須突破教師本位的限制，鼓勵結合群力。在傳統的國定課程結構下，教師疲於完成教材的內容，雖然教師也必須轉化既定的教材以因應班級教學需要，然而他們的活動也多侷限在自己的教室活動中，很少走出教室和學校以外，和其他的教師、行政人員、及社區家長分享個人對課程的關心和價值觀。課程革新鼓勵教師要走出教室外，結合學校內或校際間教師的智慧，共同發展適用於校內或社區內的教學教材。課程統整更需藉由集體的討論才得共同發展課程教材或學習方案；而協同教學的精神更在共同磋商形成一個教學團隊，共同規劃課程發展，進行專長分工和教學。

四、教師專業能力的展現

傳統上，國定課程是由中央行政機構所主導，課程發展人員多爲行政人員及學校系統外的專家和學者。九年一貫課程主張教師應發揮其課程專業權威，主要的理由有（林佩璇，1999，2000）：第一，認爲如果課程要配合學校的需要，教師應主動參與課程發展，在參與中，他們對學校的情境會發展出更深的洞察

力，並獲得更多的資源。亦即，當教師愈有權力參與時，他們愈能控制決定權而影響課程的運作與實施。其次，主張教師比其他的人更瞭解學生需要，因此他們的知識在協助處理課程發展上所遇到的問題是必要的寶貴資源。再者，參與課程發展是一種解放，促使教師從新的角度來瞭解不同資源的價值，以及重新審視自己的角色。第四，認為當學校及教師參與課程發展時，他們比較能考慮到課程使用的情境脈絡，而增加課程的可用程度及品質。最後，在參與過程中，教師必須從教育實踐學習自我反省，將實踐知識作有系統的呈現，學習與人分享經驗，表達自己的專業判斷，如此促進行動研究的機制，以減少理論與實踐間的鴻溝。

五、評鑑機制的活絡

九年一貫課程綱要舉列了「基本能力指標」，而瞭解各學習領域的能力指標，成了教師必備的專業能力，此能力一方面作為選擇、修正和研發課程的依據；一方面也以據此檢視學生的學習成效。然而，在過去教師在傳統習慣的約制下，很習慣地將能力指標和學習結果進行一一對應關係的陳列，如此，反而陷入以往「行為目標」的窠臼，忽略課程教學動態的活潑特性。因此，教師在分析能力指標時，應以十大「基本能力的培養」作為前提，才不致於走入行為目標的迷津中，失卻九年一貫的基本精神——培養學生作為一個有生命有智慧的個「人」，而不是只具備一些知識能力的個「體」。進行評鑑時，也應超越以往紙筆測驗的單一模式，從學生實作的過程，動態的活動中規劃能真正代表學生學習的評量方式。

教師在課程革新中的定位

　　九年一貫課程誘因於對傳統課程的反省、教育改革的啓發和教師專業地位的提昇。要突破課程革新的僵局，有賴教師重新自我定位，首先，教師要重新詮釋課程的概念。課程革新窒礙的原因之一是僵化的課程概念。長久以來，在中央控制學校課程的情況下，教師少有機會參與課程發展。雖然現行的課程政策提供了學校彈性的教學時間，然而，學校及教師採取的行動相當有限，主要的原因在於狹隘地將課程定義爲學校的教科書。教科書不僅有效地規範了教師及學生的學習活動，同時也是家長用以瞭解學生學習和評定教師教學效能的主要工具。因此，教師寧可依賴教科書，以免遭受社會和家長的質疑；同時也誤認課程發展即發展所有的教科書，當教師以教科書劃地自限時，課程的活潑性自然也受到嚴重的挑戰。

　　其次，從自主的立場運用行政的支持，擺脫行政的束縛。九年一貫課程中，學校本位課程發展的理想在於將課程決策權由中央轉移到學校；由學者及行政人員轉移到教師。然而長久以來，在層次分明的行政體系下，課程決策和課程實施是屬於不同的單位。換言之，由教育部負責課程決策，而學校作爲最基層的行政單位，只負責執行既定的決策。因此，在教育部將課程決策權交給地方教育局，地方教育局再交給學校的過程中，學校及教師認爲自己是在「完成上級所交代的任務」。對學校及教師而言，參與課程的發展或加入課程發展委員會，執行行政任務的意義遠勝於表現課程的自主。也就是，在行政層級的運作下，國家課程決策權釋放到學校層級時，又被窄化爲行政命令和措施，如此反而容易斷喪革新的本意（林佩璇，1999）。

　　最後，要以熱心與感動取代冷漠與觀望。任何課程革新並非

一平順的過程，課程改革會對舊有的課程結構帶來挑戰，因此帶給學校不安和焦慮，甚至產生抗拒。九年一貫的課程是課程革新之一。然而研究發現（林佩璇，1999）課程變革對學校教師的行動激勵仍相當有限。主要的原因在於教師在繁忙的工作中，已無暇再去關照教室或是學校之外的變革。同時，許多教師認為課程革新不過改朝換代的一些形式口號，因此，他們寧可靜觀其變，以不變應萬變。

任何課程革新都是一種變革，有賴政策、學校，以及其他資源的支持，然而這些條件更取決於教師的專業態度和信心。從過去的經驗中，不難發現，有政策不一定有執行的成效；即使沒有政策的推動，有些學校及教師投入的課程革新，反而領先於政策的擬定，為新的政策作了最佳的詮釋。而這些學校教師在自己的學校脈絡中，為了學生的需要，掌握了必要的資源，主動地多投注了一些時間和精力，他們要的不是上級的喝采，不是些許的補助，只不過是要自己的理想多發揮一些，學生的學習更更好一些。教育的感動不在於政策訂得多有周延，而在於教師思索政策背後的教育本質，超脫形式上束縛，給學生多一點愛，多一點用心罷。

參考書目

中文部分

司琦（1971）。小學課程的演進。台北：正中。

林佩璇（1999）。學校本位課程發展的個案研究：台北縣鄉土教學活動的課程發展。國立台灣師範大學教育研究所博士論文，未發表，台北。

林佩璇（2001年，1月）。台灣學校本位課程發展的背景與理念。論文發表於國立台北師範學院主辦之「兩岸三地學校本位課程之比較」研討會，台北。

林清江（1998）。國民教育九年一貫課程規劃專案報告。論文發表於立法院教育委員會第三屆第六會期，台北。

教育部（1968）。教育部實施九年國民教育籌備工作報告。

教育部（1993）。國民小學課程標準。

教育部（1998）。國民教育階段九年一貫課程總綱綱要，民國87年9月30日。

教育部（2000）。國民中小學九年一貫課程試辦工作輔導手冊：Q&A問題與解答篇。

教育部（2001）。國民中小學九年一貫課程暫行綱要。

陳伯璋（2001）。邁向新世紀的課程？——九年一貫新課程的理念、內涵與評析。轉錄於九年一貫課程理念與精神（頁32-40）。教育部台灣省國民學校教師研習會。

許雪姬（1990）。鄉土教材的檢討。人文及社會學科教學通訊，**1**（1），121-129。

教科書「全面民營化」。（1993年，10月31日）。聯合報，6版。

黃振隆（1979）。各國義務教育課程比較研究。台灣省國民學校教師研習會。

台灣省國民學校教師研習會（1995）。國民小學新課程標準的精神與特色。

自覺、批判與轉化──從批判教育學中「抗拒」概念之意涵試論其在課程改革中之實踐途徑

劉育忠
英國東英格蘭大學教育應用研究中心博士研究生

摘要

　　本文試圖藉由分析「抗拒」（resistance）與「偏差」（deviancy）概念之差異，釐清「抗拒」概念在批評教育學（ctitical pedagogy）上的意涵，並論述此概念在批評教育學上的重要性以及所謂的邊界教育（border pedagogy）之蘊含，最後探討「抗拒」在課程改革中的實際途徑。

　　本文提出「抗拒」可視爲一種展現在學校中，作爲轉化社會結構的基本動力之形成。「抗拒」正是學校教育中轉化社會結構的基本動能，透過教師作爲一個轉化的知識份子，從轉化自身、轉化課程與教學、到轉化學生，進而轉化社會。眞正的「抗拒」並不單單是只是「爲反對而反對」，否則將只是一種「偏差」。眞正的抗拒是自己積極的展開自覺，具有挑戰現今宰制的價值觀與文化霸權的勇氣，一種醒覺與行動的結合，主動地展開轉化，作爲鬆解壓迫性的社會關係的行動前之準備條件。

　　課程改革提供了學校及教師更多彈教學自主空間，正是台灣教師一次讓主體性覺醒、培養「抗拒」意識，成爲一位具有「轉化能力」的知識份子的最佳時機。從「自覺」而能「自決」進而能「批判」、「轉化」，朝具有「抗拒」意識之理想教師的目標前進。

緒論

一、當課程改革的理想走入學校教育的現實

「九年一貫課程」在一片風雨未艾、喧嘩難息的氛圍中,正式登上小學一年級的課堂。

這一波的課程改革,可以說是變革最大、也是引發最大爭議的一次,更是引起中小學教育工作者最大反對聲浪的一次。不管是在媒體、各種研習、座談會議中所發出的「有聲之聲」,或是在學校裡流竄的「無聲之聲」(范信賢,2001),質疑、觀望、以不變應萬變的心態清晰可見。不可諱言的,台灣的教師不僅是對此次課程改革以「冷漠」及「消極」、「被動」的態度來回應,在以往歷次的「課程標準」修訂以及多次的教育改革浪潮中,許多教師多半採取的是以冷眼旁觀、置身於事外的態度來看待這些由「上級」主導的所謂「改革」。這一次的課程改革自然也不例外。

但是與過去的「課程標準」時代不同的是,過去的課程標準嚴密控制了教師的教學,教師只要依照統一的標準、統一的教材進行教學,忠實的將國家教育單位設計好的一套課程在課堂上好好搬演即可;而這一波的課程改革,「課程標準」成了「課程綱要」,將課程設計的權力做了大幅度的「下放」,給予學校及教師更多的彈性與自主空間,並時時強調著學校教師是課程改革最重要的影響因素(歐用生,2000;范信賢,2000)、大聲疾呼著「課程改革的成敗,繫於教師能否參與改革過程、能否扮演積極的角色」(歐用生,2000:125),希望能夠喚醒教師這股為數眾多而實質影響最巨的改革動力,期盼教師能主動、積極的投入。然而,除非教師的教育專業知能可以同步成長、教學理念能隨之改變,否則我們仍然可以無奈地預見,這一次的課程改革依舊逃避不了

「換湯不換藥」、「無疾而終」的失敗結局；換言之，課程改革若無法在教師間形成共識，激發起教師自身的改革動力，而僅僅透過國家的公權力及教育政策來主導，最後將只剩美麗的幻夢及空盪的口號折疊在歷史的記憶中，教師更難逃背負著因配合無力而導致失敗的罪名之危險。這對於長久以來被去技能化（deskilling）、被「課程目標」重重枷鎖綑綁以致於習慣將教育重責推給上層教育單位、教育政策的教師們而言，如何不人人自危、惶惶不安呢？當然要高舉「反對」旗幟，以捍衛過往平靜的教育生涯了。

誠如許多各國的教育改革經驗及一些學者所言，教育上的改革不一定是正確的，而且具有可預測的失敗（范信賢，2001），然而探究其主要的失敗原因，並非這些改革的「動機」、「理想」不好，而在於支持這些改革的動力置放在何種層級之中。改革的動力及誘因若僅僅是外在因素——如國家的教育政策導向或是社會環境變遷及教育以外的壓力所致，而教師本身並無此種認同，並未形成發自本身內在的「自覺」並隨之發展自身教育專業能力與調整自己的教育觀點及理論，僅憑自身經驗或是因危及既得利益而驟然進行反對，或以「被害者」的姿態被動的等待其他力量的救贖，如此，將無法真正形成「由下而上」的改革力量。教育改革的關鍵與動力始終也必須是在「教師」身上。

當教育上的各種改革「勾勒出美好的教育願景，卻散落飄零在冷漠、無動於衷的學校教育現實中」（甄曉蘭，1999：5）時，當教師一昧指責改革腳步太快、配套措施不足時，是否教師們曾經真正深思過：「我們目前的教育真的沒有問題、真的不需要改革嗎？」，教師是否真正省視過、反省過，知道支持自己本身的教育理念與教育觀點是什麼？是否曾經覺察批判過自己，那個天天站在教育崗位上兢兢業業的我，會不會只是一部聽從於上層命令

的「教學機器」嗎？

　　教育上的改革，誠如歷史上無數次的政治改革與革命一般，應該從基層發出呼聲及生發出原動力，這樣的改革才具有源源不絕的力量，而教育的最基層力量，難道不正是在教師自身嗎？改革的場域，不正是應該在教育最根層的場域——每天的教室中、課堂裡嗎？如果僅是由教育制度中的上層結構——「國家」、「社會」或者是所謂的行政機構、決策單位外來主控學校教育的改革，學校教育終難免繼續淪為一種「再製」與「被宰制」的場所與工具。學校教育應該要從內部自生改革的力量，進而可以影響到國家、社會，而要完成這樣的工作，最重要的關鍵乃源自教師的「自覺」，進而產生「批判」、「轉化」到「自主」、「自決」的力量，化為一股實踐的行動，這正是近代批判教育學所積極呼籲而渴望在教師身上實現的。

二、批判教育學對學校教育的呼籲與啟示

　　所謂的批判教育學（critical pedagogy），指的是那些嘗試與希望去改變允許不平等學校結構的方法與途徑（Kanpol, 1994）。以批判教育學的角度來檢視當前的學校教育，學校教育早已在不知不覺中淪為社會結構再製的重要工具，甚或是意識型態霸權的宰制場域。

　　B. Bernstein曾檢視了階級結構透過學校教育而再製（reproduction）的過程，認為階級結構主要經由學校對「符碼」（code）的控制而重生。他認為，「群體符碼將學生社會化，而這些社會化符碼進入教育架構，不只是為了轉化成知識，同時也為了社會控制偏異的目的」，而「教育言說與教學實務總是建構出一個在符碼控制本質間的掙扎之場域」（Bernstein, 1971:242-243）。P. Bourdieu也指出，教育歷程即是社會秩序與個人之間的「溝通

體系」（communication system），教育體系藉著傳遞知識——也就是反映支配階級世界觀的「文化資財」（cultural capital）——使社會秩序「再生」和「合法化」（Bourdieu & Passeron, 1977）。因此，學校教育不但無法減少已存在的不平等，反而被指責在強化這些不平等。S. Bowles and H. Gintis更指出，「通過『合法化』，在個體間概括化的意識，批判性意識被控制住，教育系統於是合法化了經濟上的不平等」（Bowles & Gintis，1976：104）。H. A. Giroux則同樣批判到，通過再製，知識、技能與社會關係為了使資本主義經濟管制下的社會發揮功用，公共教育從不提供一種批判思考或轉化行動的工具（Aronowitz & Giroux, 1987:70）。

以上這些觀點與傳統上結構功能論（structural-functionalism）者對教育與社會結構關係的看法恰是大相逕庭的。一般而言，結構功能論者多強調在教育對社會結構的正向功能。持此信念者一般認為，教育能促進社會平等，實現社會正義，並有分配、保護等功能（林清江，1986）。由於結構功能論者以為教育的發展能有效促進社會結構的合理轉化，也因此正當化了公共學校教育的擴充，使得學校教育沉浸在一片樂觀主義的迷霧中——認為教育是偉大的平等平衡器。

在這樣二極對立的看法中，我們必須重新思考學校與社會結構的關係。難道學校教育當真是純然地再製既有的社會結構，為階層化工作場所不斷製造階層化學生群體的場域嗎？M. Apple認為學校絕不只是經濟的反映而已，他認為學校乃是經濟、國家和文化相衝突的場域，是不同階級互相鬥爭和調適的場所之一，他更指出學校調節並改變來自競爭階級和階級內部的經濟、政治和文化壓力（Apple, 1982）。Giroux也主張說，「人類絕非被動的腳伕，學校亦不僅是再製性的機構」（引自黃嘉雄，1995：4）。換句話說，學校教育可以繼續無知地「被動」成為不平等的再製與窄

制工具，也可以「主動」地「抗拒」成爲社會結構再製的場所。有一派的教育學者，如Giroux，Apple等人，即積極地肯定了學校所可能具有的自主性與人類對文化生產的主動性，並注意到學校教育中的衝突、緊張和抗拒現象所可能產生的正向改革力量，而提倡了所謂的批判教育學（critical pedagogy）。批判教育學正是要將師生帶入一種對知識的交互創造與再創造的氛圍之中（Shor & Freire, 1987），因此提供了一個「另類」與富「積極創造性」的角度，讓我們再度去思索學校與社會結構二者間的張力關係。

在批判教育學中，「抗拒」（resistance）是一個相當重要而且常見的概念。然而，對於抗拒的意涵與另一個相關的概念——偏差（deviancy）之區辨，卻常是讓人混淆不清的（Kanpol, 1994）。因此，本文試圖藉由分析「抗拒」與「偏差」概念之差異，釐清「抗拒」概念在批判教育學上的意義，並論述此概念在批判教育學上的重要性及以及所謂的邊界教育學（border pedagogy）之蘊含，最後探討「抗拒」在課程改革中的可能實踐途徑。

「抗拒」概念在批判教育學上的意涵

「抗拒」是批判教育學上一個極爲重要的概念，然而「抗拒行爲」與「偏差行爲」卻是極爲不同的。抗拒是一種包含了自覺與不自覺（conscious and unconscious）的企圖，是個人對當今社會上宰制性的（dominant）或霸權性（hegemonic）的價值標準（values）進行挑戰，被批判理論學者視做一種促進社會與文化轉化（transformation）的可能行動。而偏差則通常發生於某些規範（rules）、限制（boundaries）或道德界線被逾越時。換言之，當事物不符合其通常被定位的狀況時，就被視爲偏差（Kanpol, 1994）。偏差行爲有二大要點：其一是這些行爲都是不合宜或不應

當的（out-of-place）；另一個特點是這些行為對原先的社會結構而言，是一種威脅。有些批判教育學者將反對行為誤認為抗拒行為，事實上，並非所有的反對行為都是對社會上宰制力量（forces of domination）的一種回應，或是以此作為其基本意圖與訴求。因此，有時被視為抗拒行為的反對行為，其實可能只算是一種偏差行為。

所謂的「抗拒」指的是理論上與實踐上的努力，也反映出個人的主體性，以及個人在種族、階級、性別等各種界線中的多元認同。「抗拒」同時也繼承了反文化霸權（counter-hegemony）的觀念——反對各種不平等的種族、階級、性別等刻板印象，並向個人主義、激烈競爭、爭贏導向、威權等宰制性結構標準挑戰（Kanpol, 1994）。由於，我們在學校中共同承受了一套文化再製的符碼霸權，諸如：語言、規定、規範與符號，因而把社會關係視做自然、正常、無庸置疑，並且必須是正確的，在此情況下，我們也就消極地接受了宰制及社會控制的邏輯（Aronowitz & Giroux, 1987）。因此，教師（知識份子）只有進一步使學校教育成為一種轉化的機制，透過自身主體性的彰顯，來控制教育機器，讓自己成為轉化的媒介，來改變學生。

所以，「抗拒」可以說是鬆解壓迫性的社會關係的行動前之必要條件。批判教育學的任務之一，正是企圖在那些承擔著轉化壓迫性社會結構可能性的師生行動中，探索其激進與「抗拒」行動的可能性（Kanpol, 1994）。「抗拒」代表著一種醒覺與行動的結合，也具有一種轉化的意涵。誠如I. Shor & P. Freire所指出的，透過抗爭，我們可以獲得自由，從追求自由的抗爭明白我們並非是自由的。這裡正賦予了轉化的意涵（Shor & Freire, 1987）。

我們可以來反省在此次台灣的課程改革中，教師群所發出的諸多反對聲浪，算不算是一種「抗拒」行為？首先，教師並未覺

知過去教育對教師自身的束縛與壓迫，甚至並不覺得不自由，反過來對課程改革所給予的「鬆綁」與「自由」感到恐慌、不知何所適從？換言之，教師並未做到所謂的「自覺」；其次，教師這次反對的重點，並不是為反抗社會結構的壓迫或是為自身教育理想與課程改革相左而予以抗衡，而是為不想改變教師舊有文化及逃避現實生活所必須產生的壓力而反對，提出的訴求如「縮減教師上課節數以便有更多時間進行課程設計」、「增加進修管道提昇教師進修意願」、「提供硬體與軟體方面的配套措施」，實際上是C. Taylor與美國政治理論家A. Bloom所批評的目前人類社會中「充滿自我中心的『自戀主義的』形式實際上是膚淺而瑣碎，它們是『平庸和狹隘的』。……悍然罔顧真實性的要求，將自我之外的要求拒之門外恰好隱埋具重要性的條件，並由此招致了瑣碎化。……這種自我閉塞是自愚的；它摧毀了能夠實現這個理想的條件」（程煉譯，2001：47）。如果教育應該以「理想與正義」為中心，應該有促進學生自我實現與潛能激發的崇高之理想，那麼我們很遺憾的發現，在這次課程改革裡反對的教師群所提出的理由裡是鮮有所聞的。為了讓教育改革真正動起來，能夠真正具有改革的動力，我們應該激發教師真正的抗拒行為，若只是為了反對而反對，那麼充其量這些反對很遺憾的只是一種「偏差」行為。

「抗拒」概念在批判教育學上的重要性

什麼是真正的抗拒行為，抗拒行為在教育與課程改革以及批判教育學中又具有何種重要性呢？我們回顧自一九七〇年代末期以來，那些特別重視教育與社會結構間、學校間與學校內的緊張衝突矛盾與抗拒現象分析的學者，通常被歸類為抗拒論者。抗拒論者希望以教育和課程作為轉化社會結構的基本動能。藉由學校

裡抗拒的形成，挑戰學校內既存的不平等與刻板印象，進一步讓學校成為轉化差異的場域，而不再是不平等的社會結構之再製（黃嘉雄，1996）。換言之，「抗拒」可視為一種展現在學校中，作為轉化社會結構的基本動力之形式。然而，「抗拒」如何可能產生？一般認為，抗拒欲產生，「批判」與「自覺」都是必要的因素。「抗拒」之前，必先「批判」與「自覺」；「批判」與「自覺」之後，「抗拒」正是將二者落實於具體的行動。

「自覺」意味著一種對現狀的覺醒與再思考。由於學校教育所生產的知識可能正如Shor and Freire所謂的，只是在於符應一種資本主義的意識型態我們必須重新反省與思考潛藏於知識中那些內建好的社會結構與意識型態霸權，更要覺察到教育除了是一種認知的行動之外，也是一種更政治的行動，因而教育根本不可能是中立的。（Shor & Freire, 1987）。教師更需明白自己也是一個「政治家」，沒有一個教育研究者或教師可以對自身立場保持價值中立或客觀…不可能有一種客觀的課程（Kanpol, 1994）。因此，自覺正開啟著「批判」、「抗拒」，甚至進一步「轉化」社會結構的可能性，因為存在於經濟因素或社會結構的壓迫現象，這不但是因為他們身為勞動者，同時也是受到心理感受狀態的影響。（Aronowitz & Giroux, 1993）

「批判」則是法蘭克福學派（Fankfurt school）常用的一個概念。根據法蘭克福學派所謂的「開放的辯證法」和「否定的辯證法」：沒有一個因素是可以被看成為基本的、決定性的條件，一切因素都應被列入批判的對象和批判的範圍，因此，沒有任何界限可以阻止施展其批判的鋒芒。並且認為只有不斷地否定，事物才有希望得到無限的發展（高宣揚，1991）。法蘭克福學派認為，個人自由的獲得必須倚靠對社會不合理現象的不妥協、不間斷的批判。只有清除社會不合理現象，實現真正的真理，才有個人自

由。批判教育學繼承了法蘭克福學派對「批判」的觀點，並更強調其實踐的意義。

批判教育學主張，批判教育學需兼含二種語言——批判的語言（a language of critique）與希望的語言（a language of possibility）。換言之，批判教育學在「批判」之外，更重視其實踐之「可能性」，也就是希望的展現與成眞。除了企圖喚醒學校場域裡教師與學生的「自覺」，意識到存在於學校教育中種種的不合理，並要「批判」那些深藏在教育歷程裡各式的刻板印象、文化霸權與意識型態上的宰制，更要能由「自覺」進而能「自決」，並以自身的力量「轉化」那些不合理，尋求意識型態上的解放。正如Freire所言，人可以用不同的方式發出自己的聲音，在特殊的歷史情境和壓迫之下，確認其自身的反對經驗。資本主義理性和其他壓迫形式的再製只是在政治或理論下的壓迫歷程，不是所有人類存在的本質。因此，人只有透過一種不斷的論辯、經驗和他們自己被壓迫的歷史，才能夠解碼、挑戰以及轉化。（Freire, 1987）

因此，「抗拒」正是學校教育中轉化社會結構的基本動能。經由「批判」喚醒「自覺」，因「自覺」而「抗拒」，終能「自決」，最終獲致意識狀態上的「自由」。清除目前存在於學校教育中的不自由與壓迫，甚而轉化目前壓迫性的社會結構，走向眞正「民主」的可能。這正是B. Kanpol所指出的，批判教育學提供了我們進一步探索民主可能性的希望。（Kanpol, 1994）

「抗拒」概念與邊界教育學

除了批判教育學外，Giroux曾經提出所謂的邊界教育學（Border Pedagogy）的理論。而事實上，若我們細究所謂的邊界教育學，即可發現其與批判教育學有許多觀念是可以互相發微的。

在邊界教育學中，「抗拒」概念雖不明言，卻多可見於意詮。

　　邊界教育學的理念主要可從二方面來瞭解：其一是反文本（counter-text），另一則是反記憶（counter-memory）。文本（text）是當代後結構主義一個常用的術語，意指「創造者用語言或符號向人傳達其思想、感情或反映有關現實的東西。」（孟樊，1997：266）學生便生活在這些複雜的語言或符號之中，構成了「不同的文化符號、經驗和語言的複合性指稱關係」（張文軍，1998：134）。然而，由於所有的文本都有所偏，生活在這些文本之中，教師應鼓勵學生持批判性的態度來閱讀這些文本並瞭解這些文本的限制。學生對待知識，應如同一個邊界的跨越者（border-crossers），學生應跨越現存意義的領域，重寫這些組構意義的符碼（文本），更可以透Gadamer所提倡的對話（dialogue）概念，由不同視域（horizon）的融合出一個創造性的詮釋與意義，或者以Derrida更爲徹底的解構（deconstruction）策略，揭露出其中的中心主義以重新置放出更爲自由與遊戲化的詮釋可能性。此外，我們也不應壓抑那些由對立的他者（oppositional others）所形成的知識，雖然是傳統菁英文化的「他者」（the other），但亦不應漠視，而對於那些基於白人、父權、特定階級的世界觀所建立出來的宰制性敘述，我們更應積極地加以挑戰。教師應提供學生新的語言，重劃新的邊界，結合那些主流外的邊緣性知識，重新界定複雜的、多元的、異質化的現實（reality）。這些現實正是差異的來源形成學生不同的各自經驗。因此，應重劃過去政治、社會及文化的疆界，解構傳統的文本，對以往被認爲是「他者」或「反」的文化予以開放，讓不同文化的差異性同時穿梭在學校中（孟樊，1997）。

　　而所謂的「反記憶」，則是鼓勵學生去質疑傳統的意義，重新理解。認同（identity）常常來自記憶，而反記憶即是要鼓勵師生

要勇敢反對原來的認同。反對過去以歐洲為中心，偽裝為替全人類說話的傳統歷史，因為事實上，歷史本質上即存在著多元與不確定性，眾聲喧嘩，歷史應該是開放的，而不是封閉的一元論。教師應強調在民主的傳統中，本來就具有對立性、異質性、開放性和不確定性，教師必須讓學生瞭解，民主作為一種生活方式，需要持續不懈的去爭取，並要被積極地重寫，對過去政治的反對者。反記憶試圖恢復抗爭的敘述（narratives of struggle），因為這是「真正記憶的來源」，給予各種不同宰制性及被宰制性的團體一種關於場所、位置和身份的意義。改變壓迫性的權利關係，「同時教育著教師與學生，不能成為支配性權力關係的共犯」（孟樊，1997：269-270）。

從以上簡略的說明，我們不難發現，在邊界教育學的二大理念中，抗拒其實是理念中的核心概念之一。反文本，即是在「抗拒」文本的既有意義；反記憶，就是「抗拒」傳統上封閉式的歷史與其「被宰制」的認同。其目的亦是企圖轉化原有的既定宰制性力量，承認多元與差異，尊重不同的「他者」，而能獲致真正的自由與平等，這也正是批判教育學強調的理念。

「抗拒」在課程改革上的實踐途徑

「抗拒」在課程改革的實踐上如何可能？教師是一個重要的切入點。H. A. Giroux曾以轉換社會結構的知識分子（transformative intellectuals）描繪出理想的教師角色（黃嘉雄，1996）。所謂的轉化的知識分子、一種可能的教育，這都是期待讓教師成為一個改變的行動者（Shor, 1992）。因此，期許教師成為轉化的知識份子，正是「抗拒」在課程改革實踐上的可能途徑。

教師如何能成為轉化的知識份子？首先，教師必須轉化自

己。承認自己的無知是轉化一切的出發點，透過批判與反省，明白自己的無知，才能自身轉化，這正是所謂的「無知之知，方是真知」。接著，是課程與教學方法的轉化，也就是所謂的「再訓練化」（re-skilling）。當教師開始醒覺到並對各種形式的「去技能化」（de-skilling）──諸如：教學方法的呆滯、對「他者」價值觀的再製等展開批判時，這種「再訓練化」便發生了──教師開始挑戰既定的刻板印象，尋找替代的教學方法推翻舊有的教學模式，以開放而富批判性的精神建構課程，並開始參與教育部門的政策決定，形成團結的群隊。（Kanpol, 1994）。接下來，則必須「轉化」學生的意識。不再是灌輸學生既定的價值觀，促進學生瞭解自己具有的差異性，並讓學生注意到自己差異的價值，並突顯其價值。最後，更要進一步轉化社會、轉化文化。教師是人類社會的一份子，自然有責任努力讓整個族群變得更好。這些轉化自當需耗費漫長的時日，但作為轉化性的知識份子，教師自當有自覺的企圖，朝實踐的道路行去。

此次的課程改革提供了學校及教師更多彈性教學自主空間，正是台灣教師一次讓主體性覺醒、培養「抗拒」意識，成為一位具有「轉化能力」的知識份子的最佳時機。在改革過程中，教師本身自覺與批判的發展應該是最大的關注點，促使教師對自身的教育理念、教育專業進行一次「再概念化」，重新對置身於教育工作中的自己進行省思，因此舉辦的相關研習，除了在實務工作上的著重，以求迅速為教師「增能」（empowerment），更應該導引教師去思索自身、培養自省能力，並創發教師對自身工作投入與奉獻的熱忱，使教師的沉睡的主體性覺醒，從「自覺」而能「自決」進而能「批判」、「轉化」，朝具有「抗拒」意識之理想教師的目標前進。

結語：從應然到實然的理想必要性

在教育實務工作場域中最常聽見的一句話，就是：「這太理想化，不可能實現，人還是要現實一點。」也因為有許多教師篤信這句話，而使得台灣的教師成為一群迷失在教育日常瑣碎工作中的「無夢者」，不敢提理想、講理論，深怕被嘲笑、被視為空談者。此次的課程改革就因為從概念、教育觀點、教學方法與教師習以為常的文化及生活方式相違背，而引發基層教師一股徹底的反對聲浪。但是這些反對聲浪背後所呈現，是台灣教師對自身專業能力的質疑及害怕改變現狀的恐慌心態。本文並非為此次課程改革搖旗吶喊，也不認為其做法或實施過程、決策毫無可議之處，更不反對教師對其採取「抗拒」的態度。然而，真正的「抗拒」並不單單只是「為反對而反對」，否則將只是一種「偏差」。真正的抗拒是自己積極地展開自覺，具有挑戰現今宰制的價值觀與文化霸權的勇氣，一種醒覺與行動的結合，主動地展開轉化，作為鬆解壓迫性的社會關係的行動前之準備條件。

批判教育學承襲著批判理論的傳統，自然也強調著對自身的反省。經由意識的作用，透過思考與理性，產生自覺，進而尋求自決，以達到自由與民主。在此過程中，彰顯著人的主體性。經由不斷的實踐與反省來顯露人的主體性，也因此批判教育學強調的是「批判」的語言與「希望」的語言，除了「批判」更要「實踐」，而產生「希望」。因為希望正是來自在面臨被壓迫之下，採取抗爭行動所獲得的自由經驗（Freire, 1993）。而「抗拒」更可視為一種展現在學校中，作為轉化社會結構的基本動力之形式。也因此，「抗拒」正是學校教育中轉化社會結構的基本動能，透過教師作為一個轉化的知識分子，從轉化自身、轉化課程與教學、到轉化學生，進而轉化社會。

成爲轉化的知識份子的教師，扮演的自然是課程改革裡積極參與的角色。只有專家學者規劃的課程改革，最終將只留下一堆廢紙般的文件；只從政府、學校、家長的利益去考量的課程改革，最後只是不得已的妥協；只有能從教師專業文化及學校文化脈絡進行變革，形成共識並分享共同教育願景及理念，才能使課程改革獲得成功的希望。理想的課程改革，並不是「由上而下」、由「行政命令」主導產生的，而是由教師對教育問題的省思、對社會上不公平的壓迫及制度及爲了追求教育理想而產生的「抗拒」行動，這種經由教師本身的「自覺」、「批判」、「轉化」後所形成的課程改革，才具有源源不絕的改革動力，進而能轉化社會結構，並將學校教育的影響力發揮到極致，這不僅是批判教育學所繪製的理想，也是所有教育工作者所期待、所樂見的結果。

　　理想不只是應然，更是一種必要，人們應該致力將其化爲實然。身爲教育工作者，更應該經由「自覺」、「批判」與「轉化」，擁有自己建構的教育理想，當與現實狀況產生衝突時，可以產生「抗拒」的行動，如此，教育才能眞正成爲身繫人類未來的希望工程。

參考書目

中文部分

林清江（1986）。教育社會學。台北：國立編譯館。

孟樊（1997）。後現代學科與理論。台北：揚智。

高宣揚（1991）。新馬克思主義導引。台北：遠流。

張文軍（1998）後現代教育。台北：揚智。

張銀富（1989）。當代教育思潮。台北：五南。

黃嘉雄（1996）。**轉化社會結構的課程理論：課程社會學的觀點**。台北：師大書苑。

范信賢（2000）。教師身份認同與課程改革：後殖民論述的探討。**國教學報**，**12**，275—287。

范信賢（2001）。無聲之聲：從教師的觀望與冷漠再思九年一貫課程改革的進路。**第三屆課程與教學論壇課程改革的反省與前瞻學術研討會論文集**，（頁 15-31）。（未出版）

甄曉蘭（1999）。九年一貫課程改革的理想與挑戰。**台灣教育**，**581**，2-8。

歐用生（2000）。**課程改革**。台北：師大書苑。

Taylor ,C.著，程燎譯（2001）。**現代性之隱憂**。北京：中央編譯出版社。

英文部分

Apple, M. (1982). *Education and Power*. Boston: Rouledge & Kegan Paul.

Aronowitz, S., & Giroux, H. A. (1987). *Education under Siege: the Conversation, Liberal and Radical Debate over Schooling*. Massachusettes: Bergin & Garvey.

Aronowitz, S., & Giroux, H. A. (1993). *Education Still under Siege*. South Hadley, Mass.: Bergin & Garvey Publishers.

Bowles, S., & Gintis, H. (1976). *Schooling in Capitalist America*. New York: Basic Books.

Bourdieu, P., & Passeron, J. C. (1977). *Reproduction in Education , Society and Culture ,Trans. by R. Nice*. London & Beverly Hills: Sage.

Bernstein, B. (1971). *Class, Code and Control*. Suffoll:Paladin.

Freire, P. (1993). *Pedagogy of the oppressed.* New York: Continuum.

Kanpol, B. (1994). *Critical Pedagogy: an introduction.* South Hadley, Mass.: Bergin & Garvey Publishers.

Shor, I., & Freire, P. (1987). *A Pedagogy for Liberation : dialogues on transforming education.* South Hadley, Mass: Bergin & Garvey Publishers.

Shor, I. (1992). *Empowering education: Critical Teaching for Social Change.* Chicago: University of Chicago Press.

以實用典範啓動九年一貫教育

周珮儀

國立中山大學教育研究所助理教授

摘要

　　長久以來，我國的課程模式循著一種「理論典範」來發展，課程設計由專家學者主導，學校教師被定義成「官定課程的執行者」，被剝奪了發展課程的權力和能力。九年一貫課程鬆動了課程發展的「理論典範」，然而，典範的危機也是另一種典範興起的溫床，本文將闡述與九年一貫精神相近的「實用典範」，作為學校與教師發展課程之參考。本文將以Schwab的理念為參照架構，首先比較課程的實用典範與理論典範，繼而說明實用典範的課程「慎思」的內涵，以及如何透過課程小組進行慎思，如何透過慎思維持課程的「共同要素」的互動與均衡，如何透過「折衷的藝術」來運用課程理論，結論並討論實用典範對九年一貫課程的啟示。

關鍵詞：實用典範、九年一貫課程、課程慎思

前言

　　九年一貫課程已經於九十學年度開始實施了，它的精神與特色包括：課程鬆綁、學校本位、課程統整、空白課程、基本能力、績效責任，亦即以學校本位課程發展為主要模式，統整學科知識成為學習領域而取代現行分科教學；落實教師專業自主，提供發展課程設計及更多彈性教學空間；以培養現代國民所需的基本能力為課程設計的核心，並加強學校教師的績效責任（曾志朗，2000；陳伯璋，1999）。

　　九年一貫課程的變革幅度之大，使得無論是教育當局、各研習中心和各學校，都在努力地舉辦研習，以培育教師的新知能。然而，當基層教師參與相關研習時，他們卻又強烈表達需要的是第一線實際教學的教師作實務示範，而不喜歡教授的講解（陳香吟，2002；陳秋蓉，2002）。因為教授總是講一些抽象的理論、術語和模式，無助於實際問題的解決。課程理論與研究為何脫離了教師的生活世界，變成一種對教師無用的東西？或是一套僵化的技術模式？除了不容質疑地接受或不加思索地排斥，教師與課程理論之間是否還可能形成其他新的關係？在九年一貫課程的種種特質中，我們感受到課程決定權力核心的「去中心化」與課程發展的「局部化」、「在地化」，是否有某種課程理論更能充分地描述出這些特質？學校成員如何加以組織、要考量哪些要素來因應這些變革？

　　上述問題突顯出在實施九年一貫課程時我們可能面對一種課程理論與發展的危機，這種危機感經常促動課程典範的轉移；從國外的經驗觀之，這種危機感也曾經出現。早在1969年，Schwab就已經宣告：「課程已死」（moribund）（Ornstein & Hunkins, 1998; Schwab, 1969）。當時他聲稱課程領域由於充斥著技術導向

和行為取向的理論研究典範，所以已經瀕臨了死亡。他認為許多教育研究者偏離了他們的研究對象——真實的教育情境，教育領域充斥著各種專業領域的論述，卻沒有辦法解決實際問題，而是將課程的問題交由其他領域的專家來解決。因此，他呼籲課程領域要從理論典範轉向實用典範。

自從1970年代以來，實用典範在課程研究和發展的領域引起廣大的討論與迴響，其代表人物包括Schwab，Reid，Pereira，Roby，Walker等人，其中尤其以Schwab 最受矚目，1983年美國教育研究學會還特意安排一個「如何進行課程慎思」的研討會，探討Schwab的模式的理論與實務問題（施良方，1999）。在當前實施九年一貫課程之際，他的許多論述與九年一貫課程的精神相近，而多有啓發之處，因此，本文將以Schwab 的論述為主，首先比較課程的實用典範與理論典範，繼而說明實用典範的課程「慎思」（deliberation）的內涵，以及如何透過課程小組進行慎思，如何透過慎思維持課程的「共同要素」（commonplaces）的互動與均衡，如何透過「折衷的藝術」（arts of eclectic）來運用課程理論，結論並討論實用典範對九年一貫課程的啓示。

課程概念的重建

雖然九年一貫課程已經由理念演化出諸多的政策、方案、計畫和配套措施，歸根究柢，課程的「概念重建」（re-conceptualize）仍是影響課程改革的重要因素，因為這波的課程改革不只是枝節上的技術或內容的更新，而是要從整體層面透過個人的知識啓蒙與解放，發展新的集體意識，形成新的集體行動；不只是基層教師需要課程概念重建，教育行政當局和師資培育機構更是如此。

在中外課程史上，課程的發展與研究都具有相當明顯的理論

導向；然而，許多理論導向的課程往往簡化了教育現場的複雜性、多樣性、偶發性與創造性，或是脫離師生真實的感受與需求，而這些正是九年一貫課程希望改革的地方。正如Aristotle所言，理論知識和實用知識具有不同的特質；而Schwab等實用典範的課程學者更直言，實用是課程領域的核心特質。要重建課程概念，必須從理論典範轉向實用典範，Schwab以Aristotle的「四因說」來說明這兩種典範的不同（參見表1），以下進一步說明之：

表1 理論典範和實用典範的比較（資料來源：摘自Schubert, 1986）		
	理論典範	實用典範
課程研究的問題來源（形式因素）	心智狀態或研究者的抽象概念	事務狀態或體會到的兩難困境
課程研究的方法（動力因素）	現象歸納和假設演繹 分離孤立的研究者	與事務狀態的互動 生活經驗的交遇和蘊意
課程研究的對象（資料因素）	推論 如同法則的陳述 一般性的知識或資料訊息	特定情境的洞察 意義和方向感的增進
課程研究的目的（目的因素）	為知識而知識 為發表而知識	作決定 意義 方向感 行動

一、形式因素

理論典範的問題來源是研究者的心智狀態（state of mind），雖然研究者知覺到的只是問題中的片段，然而卻企圖涵蓋到廣泛甚至全面性的問題，例如，教師需要具備什麼特質，才能教出成

績通過基本學力測驗達一定比率的學生？相對地，實用典範的問題來源是事務狀態（state of affairs），研究者關注的是某個特殊的情境，希望能超越表面的癥狀，深入根本解決問題。例如，甲校所安排的九年一貫課程研習活動，對教師而言是否有意義？是否能增進他們的成長和課程規劃與實施的方向感？

二、動力因素

理論典範採取物理科學的模式，尋求可廣泛應用的推論；實用研究則針對情境中特定的問題尋求洞察（insight），希望透過與事物狀態的互動瞭解生活經驗的蘊意。

三、質料因素

理論典範的研究者與研究情境分離而尋求客觀性的模式，實用的研究者則認為浸潤在充滿問題意識的情境中是必要的，生活在班級中的教師，要比花一兩個小時蒐集資料而累積一般性知識的理論專家對他們的課程有更好的理解。可以廣泛推論的班級知識是相當有限的，每個班級之間都有深刻微妙的不同，如果忽略這種豐富的獨特性而作出一般化的解釋，只能提供一種扭曲、貧瘠和無生命的描述。

四、目的因素

理論的研究是為知識而知識，將個人和情境視為廣泛普遍的類型，未曾深入瞭解他們的獨特性和興趣。而實用的研究者感到興趣的是意義和方向感、決定和行動的改善，注重生活品質和從實際兩難困境中開展有價值的經驗；此外，他們批評理論研究者真正的目標不是獲得知識，而是發表知識。

綜合上述，所謂的實用典範的課程具有四種主要假設

（Schubert, 1986）：

一、實用的研究問題來源是「事務的狀態」（state of affairs），而不是來自研究者以抽象思考從無法歸併的情境中想像其相似性。

二、實用的研究方法是與所研究的事務狀態「互動」（interaction），而不是與事務狀態分離的歸納和演繹。

三、實用的研究過程中所尋求的主題是「情境的洞察和瞭解」，而非適用於各種情境的推論。

四、實用的研究目的是「增進教育情境中具有道德和效率的行動能力」，而不在於產生可推論和公布發表的知識。

實用典範的課程發展——慎思的模式

根據上述實用典範的基本假設，Schwab認為：課程的研究發展是一種「慎思」（deliberation）的過程，在教育的現場與實際事務狀態互動，掌握現象背後的洞察和意義。生活於教育情境中的人即是研究者，教師從個人的導向、信念和日常生活的哲學之中，不斷萃取出互為主體的意義，與在相似的歷史、政治和社會中的人們互動。他們是知識的創造者，他們所創造的知識指引自身在所處的情境中採取行動；他們在追求群體意義的過程中，不斷地改進自身的價值、目的和手段。

慎思主要在於廣泛地考量各種變通方案，同時以不同的觀點檢視各個方案，分析各方案所形成的後果，藉以提供良善而有價值的決定，促使課程決定所影響的人們不斷成長。Walker基於Schwab課程慎思的理念，將其更具體地轉化成以下的「寫實模式」

（naturalistic model）（參見圖1）：

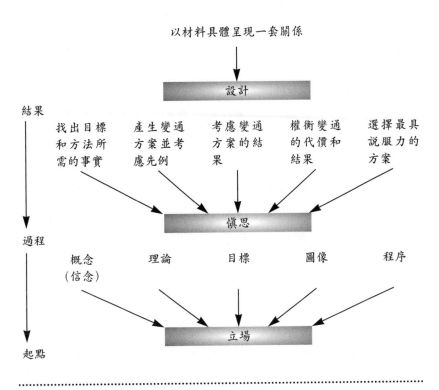

圖1 Walker的寫實模式（資料來源：Marsh, 1997:130）

一、立場的層面

　　立場是課程發展的起點，它包含各種「概念」，例如：教師關於課程現有的理念是什麼？未來可能的理念又是什麼？也包含各種描述現存實體之間關係的「理論」，以及學校所設定的「目標」、「願景」和理想的「圖像」，並規劃執行的程序與步驟。

二、慎思的層面

當課程小組在立場上達成某種程度的共識，就可以開始進行慎思，釐清目標與方法，蒐集所需的資料和資源，建構各種變通方案，分析其優劣得失，從中選擇最具有說服力的方案。

三、設計的階段

根據慎思所作的課程決定透過設計的行動具體化，這些課程計畫可能包括某種課程、教材、教學策略、或活動的設計。

課程慎思的組織——課程小組

人員組織與發展也是課程慎思重要因素，既然慎思是由置身其中的局部層次人員所進行，所以Schwab建議由校長、社區代表、教師和學生共同組成一個「課程小組」，並推選一位良好的小組主席。他對課程小組的組織有下建議：

一、課程小組的主要成員是教師，教師代表應該涵蓋各學習領域的優秀教師二到三名，因為二到三名教師在討論與合作時可以互相激盪和補充，名額視學校規模大小而有所調整，當然小型或迷你型學校可能就只有一位代表。

二、在各領域之下設立領域的課程小組，納入這個領域的全體教師，並包含一兩個其他領域的代表，因為學校的課程是一個整體，任何領域課程的改變都會牽涉到其他領域，而從其他領域也可以提供一些不同的洞見。

三、校長的參與有其必要，因為校長通常比較資深，具有相當的教學與行政經驗，能夠超越個別班級的侷限，熟悉學校文化與生態，瞭解校內外可運用的資金和資源；有

他的參與可以強化課程小組的決定，避免造成教學系統
與行政系統的雙頭馬車。

四、課程小組成員之間要有平等對話，教師對學生或校長對
教師，都應該在一種「理想的言談情境」中相互溝通，
真誠地去聆聽對方的心聲。

　　課程小組的主席是學校課程發展的靈魂人物，必須將各種課
程發展所需的素養教導給小組成員，因此，Schwab認為他必須具
備以下的知能：

一、具備溝通表達與修辭的能力，能夠針對不同場合、不同
對象，包括：教師同儕、上級長官、行政人員、家長、
學生、社區、各種大小團體和集會等等，將學校的課程
發展作深入淺出的解說。

二、具備課程慎思過程所需要的技巧和情境智慧，能善用
「折衷的藝術」，將理論轉化成適合實際課程問題的有用
工具。

三、熟悉和引導同僚學習課程、教育和各學科的專業期刊，
使得實務人員和專家學者之間的思考與研究可以溝通和
分享。

四、熟悉國內從以前到現在的課程實施的概況與優良範例。

五、通曉引導課程實施的學科，例如：各種心理學、社會
學、俗民誌等等。

六、具備通識教育和學校科目的學術領域的素養，以九年一
貫課程為例，要對各學習領域的內容與方法具有素養。

　　此外，Schwab更呼籲：課程學者必須勇於接受挑戰，超越學
術象牙塔的範疇，從一個理論者轉型為實踐者，進入學校情境

中，培訓課程小組的主席及成員，甚至加入其中實施課程領導；而師資培育機構要規劃課程來培育上述課程小組主席所需的知能，而所開設的課程要透過一種情境模擬的方式，讓學生在學校情境中以課程小組的方式進行慎思（Schwab, 1983）。

慎思的內容——課程共同要素的互動

在課程發展的過程中，究竟要針對哪些要素進行慎思？Schwab認為課程有四個共同要素，包括：教師、學生、教材和環境，這些共同要素都是相互交織而無法以單方面為優先，任何課程都必須保持它們之間的均衡（參見表2），例如，一種良好的教

表2 課程共同要素的互動（資料來源：摘自Schubert, 1986）

	教師	學生	教材	環境
教師	1	5	9	13
學生	2	6	10	14
教材	3	7	11	15
環境	4	8	12	16

學應該在學生適當的發展時機導入知識，這不但是一門科學，也是一門藝術；一門牽涉到彈性運用理論的「折衷的藝術」。

在歷史發展上，課程決定常會偏於一隅，某個時期會有某些要素特別受到重視，例如，進步主義所倡導的兒童中心課程偏重學生，而回歸基礎學科的課程偏重教材，而我國的九年一貫課程所衍生的種種爭議，也有許多是環繞著課程究竟應該以前者或後

者爲重心；然而，Schwab強調：任何課程都應該賦予這四個要素同等的權重，它們之間的關係是共同協調的（co-ordination），而非上位—從屬的關係。以下將近一步闡述實用典範對這四個課程的共同要素的界定，以及在九年一貫課程中這些要素將產生何種改變。

一、實用典範與教師

　　實用典範認爲教師深度沉浸於班級的「事務狀態」中，經由與學生、教材和環境的互動而引導班級建立教育經驗，這些因素不斷重塑和影響教師的課程與教學決定。沒有人比教師更瞭解班級互動的力量，他們的實用知識是塑造班級生活品質的主力，教師透過課程愼思在教學中反省他們對學生施爲的意義，以及下一步應該做什麼，從而使他們的目標不斷地更新，採取有意義的決定和行動，並引出其他有待解決的問題、需求和意義；而非將這些反省標定一個學術的名稱、建構普遍的教學知識，或是可以應用到其他學校和情境的課程。

二、實用典範和學習者

　　實用典範認爲學生在課程發展中扮演著主動的角色，他們經由自身的經驗和意識去傳達、詮釋和連結課程的內容。學生對課程不是被動地接受，而是去思考以下的問題：「這種學習經驗對我而言具有什麼價值？」「我要如何朝向那個方向？要如何確知我已經在朝那個方向前進？」因此，學生和教師是課程的共同創造者，在過去、在未來與個人的環境敏銳地不斷互動，共同參與對這些問題的對話。

三、實用典範和教材

　　課程政策文件、教科書和其他的教學材料等等都是由人們所

創造出來的，必須經由師生互動才會獲得生命，因此，它們也是課程慎思的一部分。

　　相較於理論典範教材設計所著重的產品、規則或操作形定義，實用典範的教材選擇強調情境導向的需求與興趣，讓學習者置身於廣泛豐富的經驗領域中，像是經歷一趟新奇的旅程。教材的選擇是依據特殊事物狀態的需求和興趣，它隨著整個學習的進展而充滿了整個情境中的生活，一旦所牽涉的人不同，個人的生活事件和環境改變，學習經驗就會不同。教材、作業單、或媒體都會因與其互動的人或團體之不同而產生不同結果。當教材被置於獨特的教師、學生和情境中，自然會產生調整（tailoring）的作用。課本中的某個故事對某些學生可能是幽默的，對其他學生可能是非常嚴肅的，對其他人又是沒什麼感覺的。

　　雖然教材應該是從課程共同要素互動的公共空間所產生的，但是這並不是說出版商所提供的套裝教材本身不好，也不是要教師編寫所有課程，而是意味著學習情境中的問題、需求和興趣應該作為教材選擇、修訂與發展優先考慮的規準。教師要透過充分思考來運用、調整或創造，估計它的結果，嘗試變通方案，反省他們所作的結果是否有助於學習者的成長、意義和方向感。

四、實用典範和環境

　　實用典範的課程環境具有以下特質：它允許所有參與者去考量各種可能選擇的行動方案，它鼓勵師生去選擇能夠增進他們教育成長的行動過程。課程環境本身即是「事物狀態」發生的空間，課程所啟發的洞察力和意義必然受到環境的影響。物理空間的寬裕或狹窄、設備的良窳、桌椅的排列，師生團隊之間所發展的班群特色或班級風格，管理班級生活的規則，專制、民主或放任的班級型態，教師與同儕期望和其他層面的潛在課程等等，都

會對學習產生影響。以班級空間規劃爲例：傳統的班級以教師爲教學的指導者（director），教師的講桌經常是居於中心和重要的位置，而學生的位置則整齊地排成行列式，無論是桌椅或是家具的安排，都顯示以教師的教導爲核心，閱讀和查詢資料的角落安排在班級的後方，在空間上處於次要的地位。相對地，以教師爲學習的促進者（facilitator）的班級空間中，教師的座位居於參考諮詢的隱匿位置，而不是在中心控制一切。學生座位及家具的安排有利於小組合作和學習，具有開放的動線，多樣的討論、工作、查詢、展示的空間（周珮儀，2001b；Wolfinger & Stockard, 1997）。

愼思的理論──折衷的藝術

實用探究雖然批評理論典範,但是並非反對理論,而是反對理論的僵化與誤用，因此，Schwab（1971）提出三種「折衷的藝術」來運用理論：

一、使得理論知識切合情境需求和興趣的能力。
二、調整理論知識，使其適應於情境需求和興趣的能力；因爲現存的理論祇能解釋世界上一小部分的現象，所以必須從目前有限的理論中加以整合。
三、產生變通的行動過程和預期行動結果的能力；因爲許多理論即使以各種方式縫補、調適、結合、擴展、修正，但是它們對於世界上的現象還是不相關的。

要使用這三種折衷的藝術來實施實用的課程探究，必須具備與情境有關的直接經驗，以及廣泛的人文素養，例如，文學、藝

術、哲學、心理學、自然科學、社會科學和行為科學，甚至醫學、法學、工程學等。這些人文素養亦即Eisner所稱的「教育鑑賞」能力（周珮儀，1995； Eisner, 1985, 1991），使課程發展者洞察微妙的人類本質，決定哪些知識值得保存，幫助學生從參與對話中開啟終生的學習歷程。

「折衷的藝術」使得師生嘗試去解決問題或需求時，可以運用適當的知識來輔助行動。教學和學習團隊是學習和研究的核心，從學生興趣和師生對話中產生問題和需求，再以學科知識來支援。教師必須嫻熟各種基本的教育理論，並根據情境的需求加以調整、縫補或結合。隨著學生的人格特質、教材的性質、環境的變遷，靈活運用各種理論，甚至當教師所學的理論無法符合實際的需求時，他們必須能夠結合和創造各種適合班級生活的實用理論。最終，他們根據過去經驗去解決實際問題、產生意義和行動的變通方案、判斷學習結果的價值，從而形成了實用的知識。

Schwab認為：美國歷次的課程改革多半是僅僅接受某一種理論，緊接著便全面「掃蕩式」地更換新課程。這令他感到十分憂心，他認為課程改革不應該只以一種理論為依據，而是要廣泛地採擷各種理論；更重要的是，不是所有理論都可以直接拿來用，只有透過「折衷的藝術」加以轉化，才能適合各個班級情境的需求。對各種理論的折衷，則必須考量課程的四個基本要素的平衡和協調。

結語：以實用典範啟動九年一貫課程

實用取向的課程並非沒有缺點，誠如許多人對Schwab的質疑：要求教師具備廣泛的理論與人文素養，考慮眾多的相關理論才做出課程決定可行嗎？尤其對課程小組主席的要求過高，學校

教師中能夠符合資格者並不多。而課程「愼思」的過程耗時費力，課程決定過程因辯護產生的衝突、理論的矛盾、成果的不確定性，並不是那麼容易就可以「折衷」的。然而，如果我們不以那麼高的標準來要求，而能依照我國當下的課程情境加以調整（Schwab不也鼓勵我們課程改革不應該只以一種理論爲依據嗎？），他的理念還是可以帶給我們許多啓示，特別是它的許多蘊意和九年一貫課程的精神相近，而所提供的許多策略和建議也頗具實用性。

就課程概念的重建而言，九年一貫課程賦予教師課程設計的權責，對教師而言，主要的目的並不在於循著理論典範，爲知識而知識，發表而知識，以艱澀的理論或一知半解的術語來包裝教改的理念，或是以少數明星學校的個別經驗推廣爲普遍化法則；而是以「愼思」爲課程的核心，引導他所屬的「班級社會」或班群，共同追尋意義、理解和方向感的過程。

就課程愼思的過程而言，在九年一貫課程中，教師必須參與學校的課程發展委員會，規劃全校之課程方案與課程結構，包括：各年級、各學習領域、彈性教學時數的課程內容與節數之分配、協調並統整各學習領域和跨領域的內容與活動及學校行政業務，規劃並執行課程評鑑事宜。他也必須針對任教的學習領域，研擬學年課程計畫，包括：各年級各學習領域的課程目標、每月與每週教學主題與進度、領域內或跨領域的統整方式、使用的教材（自編或選用）、教學活動與教學評量之設計（饒見維，2000a，2000b）；這些工作的每個項目都涉及課程的愼思、立場的澄清與變通方案的評估與選擇。

就課程愼思的組織而言，九年一貫課程使得課程決定的主體逐漸轉移到個別的學校和班級。「課程發展委員會」的設計和Schwab的「課程小組」極爲類似，都是學校本位課程設計的權力

核心，其成員代表與組織方式相仿。然而，兩者之間仍有不同，Schwab強調委員會主席與成員的相關知能與資格的育成，在「課程發展委員會」中則未多著墨；Schwab強調校長要加入課程小組，使得課程決策與行政決策不至於脫節，「課程發展委員會」所指的學校行政人員代表並不一定要包含校長；Schwab強調課程學者去加入、培訓和引導「課程小組」，而在「課程發展委員會」中僅規範：必要時得聘請專家學者列席諮詢。此外，Schwab強調課程慎思中的對話，因此每個領域在課程小組中最好有兩名以上的代表，甚至領域內的小組也包含其他領域的代表來激發不同的觀點，這也是一項特色。再者，「課程發展委員會」是一種組織，這種組織的運作是否能夠真正發揮「慎思」的功能，仍有待成員的專業發展。

　　就課程慎思的內容而言，要著重課程「共同要素」的互動與均衡。在九年一貫課程中，教師從「官定課程的執行者」轉換成「課程的設計者」；從「被動的學習者」轉換成「主動的研究者」；從「教師進修研習」轉換成「教師專業發展」；從「知識的傳授者」轉換成「能力的引發者」（饒見惟，1999）。學生成為學習的主體，課程以培養學生的十大基本能力為核心，以各學領域的能力指標為架構，從「內容」導向轉為「能力」導向。學校得因應地區特性、學生特質與需求，選擇或自行編輯合適的教科用書和教材，以及編選彈性學習時數所需的課程教材。這些要素都一起在朝向實用典範的精神發展，然而，其可能性是否能夠落實，仍在於教師的轉化。教師對於班級情境中的自我、學生、環境和教材，都要能敏銳地掌握到它們的特質與交互作用，據以調整或發展課程；過去以教科書為中心、照本宣科的方式固然造成課程發展的偏頗，當前某些學校的課程實施流於學生表淺的遊戲或是忽略教師是否具備相關知能亦有待商榷。

就課程慎思的理論應用而言，教師要透過慎思發展屬於自己學校與班級的實用知識；建構知識的過程要比結果更重要。無論是課程設計模式、教科書和教學策略等的選擇與運用，不要墨守某一種權威理論或是完全訴諸常識經驗而排斥理論，也要避免不加思索地沿用或套用出版商或其他學校的模式，而是要依據情境特質善用「折衷的藝術」。因此，建議師資培育機構可透過一種情境模擬的方式開設課程，讓學生在學校情境中以課程小組的方式進行慎思，配合複雜的課程現象和脈絡，運用多元的理論進行課程設計而達成問題解決。

　　Schwab（1983）認為：課程改革的失敗，在於課程學者和實務人員不會運用課程「慎思」和「折衷的藝術」。面對九年一貫課程，我們是否準備好了呢？

參考書目

中文部分

周珮儀（1995）。艾斯納教育批評理論之研究。台灣師範大學教育研究所碩士論文。

周珮儀（2001a，10月）。教學創新了嗎？文本權威的省思。論文發表於國立高雄師範大學主辦之「九年一貫課程改革下創新教學」研討會，台北。

周珮儀（2001b）。課程統整的理論與實施。屏東師院學報，**14**，1-36。

施良方（1999）。課程理論。高雄：麗文。

曾志朗（2000，10月）。國民中小學九年一貫相關問題專案報告。立法院第四屆第四會期報告。

陳伯璋（1999）。九年一貫課程的理念與理論分析。載於中華民國教材研究發展學會（編印），邁向課程新紀元（頁 10-18）。

陳秋蓉（2002）。九年一貫課程實施現況檢討：教師心聲篇。**教育研究月刊，93**，28-31。

陳香吟（2002）。九年一貫課程實施現況檢討：教育行政篇。**教育研究月刊，93**，11-19。

饒見維（1999a）。九年一貫課程與教師專業發展之配套實施策略。載於中華民國教材研究發展學會（編印），**邁向課程新紀元**（頁 305-323）。

饒見維（1999b）。如何培養教師之課程設計能力以因應九年一貫課程。**教育資料與研究，34**，1-16。

英文部分

Eisner, E. W. (1991). *The enlighted eye: Qualitative inquiry and the educational practice*. New York: Macmillan.

Eisner, E. W. (1985). *The art of educational evaluation*. London: The Falmer.

Marsh, C. J. (1997). *Planning, Management and Ideology: Key concepts for understanding curriculum 2*. London: The Falmer Press.

Ornstein, A. C., & Hunkins, F. P. (1998). *Curriculum: Foundations, principles, and issues*. Boston: Allyn And Bacon.

Schubert, W. H. (1986). *Curriculum*. N.Y.: Macmillan.

Schwab, J. J. (1969). The practical: Art of eclectic. *School Review, 78*,1-23.

Schwab, J. J. (1971). The practical: A language for curriculum. *School Review, 79*, 493-542.

Schwab, J. J. (1983). The practical 4: Something for curriculum professors to do. *Curriculum Inquiry, 13*(3).

Wolfinger, D. M., & Stockhard, J. W. (1997). *Elementary methods: An integrated curriculum*. New York: Longman.

學校課程發展與學校整體課程經營的理念

蔡清田
國立中正大學教育學程中心副教授

摘要

　　作者提出「整體課程」與「課程經營」理念,重視學校整體課程的總體營造;一方面呼應行政院教改政策與教育部九年一貫課程綱要要求學校呈報課程計畫;另一方面協助學校落實「教師共同經營課程」的理念,促成學校課程發展的永續經營。

　　依課程綱要的規定,將學校課程計畫呈報教育當局核備,不一定保證帶來進步,除非相關人員瞭解「整體課程」的理念,並具備「課程經營」的能力,以確保優質的課程發展過程與結果。而且學校「整體課程」,不應該只是個別學習領域的拼湊,或個別年級課程計畫的資料彙整,而應與教育人員、課程方案、學習對象、學習時間、課程發展等因素變項,皆有密切關聯,宜透過整體規劃,結合整體學校人力物力資源,促成學校課程的水平統整與垂直連貫。

　　整體課程的永續經營,重視學校經營團隊,特別是學校課程發展委員會與各課程小組等課程經營團隊,透過:一、課程研究。二、課程規劃。三、課程設計。四、課程實施。五、課程評鑑。六、課程經營,等課程發展的慎思熟慮構想與實踐行動,群策群力共同經營學校整體課程的動態歷程。

關鍵詞:課程經營、學校本位課程發展、整體課程

前言

　　課程經營，重視學校經營團隊進行的學校課程發展，特別是學校的課程發展委員會與各課程小組等課程經營團隊，透過課程研究、課程規劃、課程設計、課程實施、課程評鑑等慎思熟慮構想與實踐行動，群策群力共同經營學校整體課程的動態歷程，不僅可以實踐我國教育部國民中小學九年一貫課程綱要的學校總體課程計畫精神（教育部，1998，2000），更合乎行政院教改會總諮議報告書（1996）期望，落實學校層次課程發展，建構學校課程計畫，進行學校課程的共同經營，促成學校課程的永續發展（蔡清田，2002）。

　　行政院教改會（1996），針對學校教育現況分析，指出我國傳統學校各科教學與各項活動的獨自分立，各處室實施計畫欠缺協調與統合，導致學生承受零散的課程內容，學生經驗無法統整，學生人格發展無法統整，全人教育無法實現的弊端。因應當前課程改革的需要，教育部於1997年4月召開「國民中小學課程發展專案小組」（林清江、蔡清田，1997），達成了未來中小學課程應朝彈性、多元、統整及九年一貫方向發展的共識，於1998年9月公布「國民教育階段九年一貫課程總綱綱要」（教育部，1998），1999年9月試辦九年一貫課程，2000年9月公布「國民中小學九年一貫課程暫行綱要」（教育部，2000），並於2001年8月逐年自國小一年級全面實施。

　　這可說是我國國民教育課程的重大變革（黃政傑，1999；陳伯璋，2001；歐用生，2000），在合乎課程綱要原則之下，以學校為課程發展主體，給予學校進行課程改革實驗的空間（蔡清田，2001），根據教育行動研究精神（蔡清田，2000a），發展適合地方社區與學生經驗的教材（黃光雄、蔡清田，1999），避免過去一味

追尋統編本教科書的天上彩虹，而踐踏了學校教育人員的教育專業創意。然而，面對目前九年一貫課程，許多學校教育人員仍舊習慣遵照中央政府統一公布課程標準的科目與時數，沿用國立編譯館統一編審的教科書進行教學，缺乏「學校課程發展」（或稱「學校本位課程發展」school-based curriculum development）的動態理念，對鬆綁解嚴授權政策感到無所適從，或不知為何需要研擬學校課程計畫，因而有的委託出版社代為捉刀，有的東拼西湊急於呈報上級備案應付了事，造成學校願景與目標不一致，未能真正進行情境分析的現象。因此，如何建構一套有效的學校課程發展之推動策略與行動綱領，以供學校參考，乃是重要課題。

作者根據親自參與教育部九年一貫課程改革規劃的理念，並根據實際擔任九年一貫課程改革輔導小組委員的實務工作經驗，提出了「整體課程」（whole curriculum）與「課程經營」（curriculum management）理念，重視學校整體課程的總體營造（蔡清田，1999c），從整體的觀點，進行學校總體課程計畫與統整課程的規劃設計；一方面呼應行政院教改政策與教育部課程綱要要求學校呈報的課程計畫方案（教育部，2000）；另一方面協助學校落實「教師共同經營課程」的理念，促成學校課程發展的永續經營。作者首先說明學校課程發展的時代意義，進而指出「整體課程」與「課程經營」的學校整體課程經營之行動策略。

學校課程發展的時代意義

「國民中小學九年一貫課程暫行綱要」（教育部，2000），要求各校組織「課程發展委員會」，發展學校課程，除了七大學習領域的教學節數外，學年度總節數尚有「彈性學習節數」留供班級、學校、地區進行適性發展或個別教學的彈性運用時間，而且上下

學期亦可依實際需求，彈性調整週數及日數。這種授權學校的彈性做法，可激發學校改革的機制，鼓勵各校規劃特色課程，進行學校課程發展（王文科，1997；黃光雄、蔡清田，1999；黃政傑，1999；陳伯璋，1999；歐用生，1999），這是合乎「學校本位經營」（school-based management）理念與學校課程發展的改革潮流。

一、學校課程發展的理念

過去中央對中小學課程具有權威性的控制，亦即「中央—邊陲課程發展」，然而此種課程發展產生許多困境，如課程內涵無法顧及學生差異、學校社區的需要，導致教育僵化；教師成為教材的傳遞者或宣傳者的角色，造成課程發展與實施的隔閡，使教師對課程產生抗拒與誤解，因此成效不彰（Marsh, Day, Hannay & McCutcheon, 1990）。

「學校本位經營」的理念，近年來不僅在行政革新方面發揮重大的影響，同時也在課程研發中成為新的課題，此即所謂「學校本位課程發展」（陳伯璋，1999），此種改革方式，授權學校進行專業自主經營，透過教育人員的專長，考量學校教育情境，發展學校特色。學校本位課程，源自各國學校教育的反思，與「學校重建運動」。1973年愛爾蘭阿爾斯特大學（The New University of Ulster）舉行「學校本位課程發展」的國際研討會，會中Furumark與 Mcmulln兩人揭櫫學校本位課程發展的意義。「學校本位課程發展」是以「學校本位」的「課程發展」，是回應全國課程發展方案缺失的權力擺盪，而將學校自主的權力加以擴充，強調學校人員參與學校課程的經營管理。這在台灣雖屬新興議題，然早在1970年代，英美澳等國在全國課程發展方案失敗之餘，體認到學校與教師才是課程發展的關鍵，從此以學校為課程發展主體的論

述大量萌生。

1970年代早期學者認為課程發展「需要學校與教師加入計畫小組，從事課程的建立、試用評估和重建等工作，它也需要校長之類的權威人士，放棄某些權力，並且學習去分攤責任」（Skilbeck, 1976）。其他學者主張「學校課程發展是以學校的自發活動或學校的課程需求為基礎的發展過程，在此過程中，對中央及地方的權力、責任和控制，重新加以分配，學校也獲得行政的自主與專業的影響力，而能自行經營發展」（Eggleston, 1979）。

Skilbeck於1984年重申學校課程發展是「由學生所就讀之教育機構對學生的學習課程方案所做的規劃、設計、實施與評鑑」。相似的論點則強調「由欲參與做課程決定的所有成員，包括：校長、教師、學生與家長等涉入發展計畫、實施、評鑑整個學校方案活動的過程」（Sabar, 1985）。

1990年代Marsh等人認為「學校本位課程發展是一種強調『參與』『草根式』的課程發展，是一種重視師生共享決定，創造學習經驗的教育哲學，也是一項課程領導與組織變革的技術」（Marsh, et al., 1990）。因而擴展課程發展的內涵，將學校課程發展視為整體學校文化與組織改變的動力，其引發的變革不僅止於課程領域，尚且包括：教師專業參與、行政決定的權力分享、學校教育哲學的創造、學校領導的變革與學校組織發展。

綜上所述，學校課程發展，是以學校自發的活動或課程需求為基礎，而且學校課程發展人員對課程的定義較廣，包括學校為達成教育目的所採取的方案，與學校指導下學生所具有的一切經驗。

二、學校課程發展的要義

學校課程發展，是學校創始的發展活動，以學校為中心，以

社會為背景，透過中央、地方和學校三者的權力與責任之再分配，賦予學校教育人員相當權利和義務，使其充分利用學校內外的各種可能資源，主動、自主而負責地去規劃、設計、實施和評鑑學校課程（王文科，1997），甚至尋求外來的專家顧問之協助，以滿足學校師生的教育需要 （黃政傑，1999）。學校課程發展的要義，主要包括：

（一）就目的而言

學校課程發展可分為「學校內部自發」與「回應外部命令」兩種類型，其目的不在於發展出共同的課程成品，而在於達成學校全體共識的願景目標或解決學校的教育問題。

（二）就權力而言

學校課程發展是中央、地方教育當局與學校三者間課程權力的重新分配，也是學校內部課程決定權力的共同分享（黃政傑，1991）。

（三）就人員而言

在參與成員方面，以學校人員為課程發展的主體，可以是個別教師、少數教師、教師小組或全體教職員（Brady, 1987），還可包括：校長、行政人員與學生，甚至家長、社區人士與校外學者專家也是課程發展的經營者。

（四）就方式而言

學校課程發展，源於學校的教育方案或實驗的課程教學架構，可能只發生於一個學校，可能注重某一學校的教育方案或某一科目之教學，也可能包含新教學策略的試用與評鑑（Skibeck,

1984）。此種類型的課程包括兩種發展方式，第一種方式源於學校長期需要爲基礎的發展，採用獨特方式讓某科目的教學得以運作，因此學校爲了達成特定教育目標的計畫就必須自己發展新式的課程；第二種方式則是因應學校的短期或立即需要爲基礎，因此較少具有預定的詳細計畫者，也缺乏詳盡深入的評鑑策略。

（五）就項目而言

　　Marsh等人（1990）以「活動類型」與「參與人員」、「投入時間」三個向度，構成學校本位課程發展的64個類型，其中活動的型態包含：「課程創造」、「現有課程改編」、「現有課程選擇」、「課程探究活動」。範圍包括：課程計畫與執行、特殊需要方案的規劃、個別差異適應課程的規劃、學校特色課程的規劃、選修科目或校訂科目的開設、各科教學內容的調整、教科書的選用、教材編制、各科教學計畫、學校各項教育活動的辦理、潛在課程的發現與規劃、課程實驗的推動、課程評鑑的實施等（黃政傑，1999）。

　　學校課程發展是由學校來規劃設計與實施，將學校當成課程改革的基地或根據地，重視學校教育人員的專業自主權與責任。不管學校課程發展的類型是在全國課程發展方案容許的範圍下自由發展出來的，或基於現成的課程材料加以修正，或接受全國性方案，或基於學校的特殊教育目標，或源於學校立即需要，都是以學校爲主體的運作方式。

三、學校課程發展對當前台灣教育的時代意義

　　學校課程發展，在台灣的教育部課程綱要授權下，學校爲了實踐教改願景，以學校爲課程發展的基地，學校教育人員爲課程設計的參與決定者，對於學生的學習內容與方法，結合校內外的

人力物力資源，進行學校課程的研究、規劃、設計、實施、評鑑與經營，這是台灣課程改革的一個里程碑。

學校課程發展雖是草根模式，卻不應該是草莽模式（歐用生，1999），應該合乎國家教育的期望與規範。學校人員根據中央政府提供的政策指示與課程綱要，進行民主協商與理性互動，是學校課程發展的必要過程。學校課程發展並非相對於中央課程控制的極端，它仍然受到中央課程政策的指引，同時保留較大的自主空間，可視為一種課程發展的分工與互補。

國家主導之課程改革與學校課程發展並非兩不相容，可以互相補充。因為學校是教育改革的基點，而學校課程發展就是教育改革的內在機制之一（陳伯璋，1999）。學校課程發展是以學校自發活動或學校課程需求為基礎的發展過程，在此過程當中，透過中央、地方和學校三者的權力與責任之再分配，賦予學校教育人員相當權利和義務，主動自主而負責地去規劃設計、實施和評鑑學校課程。

此種課程改革途徑，結合國家政策本位的課程發展、教師教學本位的課程發展、行動研究本位的課程發展等進路（黃光雄、蔡清田，1999），強調「教師即研究者」的課程發展理念（歐用生，1996；蔡清田，2000a；Stenhouse, 1975; Elliott, 1992），說明了教師不僅是國家層次課程改革的實施者，更是學校課程的發展者（蔡清田，2001）。

學校整體課程經營

我國教育部公布「國民中小學九年一貫課程暫行綱要」，其實施原則要求各校組織「課程發展委員會」，呈報學校總體課程計畫。其實施原則更明確指出：應充分考量學校條件、社區特性、

家長期望、學生需要等相關因素，結合全體教師和社區資源，發展學校課程，並審慎規劃全校總體課程計畫（教育部，2000）。

　　但是，學校總體課程計畫的意義與內涵為何？有待探討；學校總體課程計畫是否相當於「整體課程」，也有待進一步研究。特別是學校進行課程發展，依規定將學校課程計畫呈報教育當局核備，也不一定保證帶來學校進步，除非相關人員瞭解「整體課程」的理念，並具備「課程經營」的能力，進行整體課程的研究、規劃、設計、實施與評鑑，掌握整體課程的推動策略、行動綱領與配套措施等行動策略，方能確保優質的課程發展過程與結果。

一、整體課程的重要意義

　　「整體課程」或稱「學校整體課程」，可以用來說明學校課程之「整體」（wholeness）特色。學校的「整體課程」是從學校教育機構的整體觀點，進行學校課程發展（蔡清田，2000b）。就理想而言，整體課程的概念，涵蓋學生的整體學習經驗（Holt, 1980），其內容包括正式課程與非正式課程，以及可能的「潛在課程」（陳伯璋，1997；Horton, 1983）。潛在課程是指學生從物理環境、學校政策、學校教育過程當中所獲得的可能學習。由於潛在課程的發生是一種可能性，而沒有必然性，學校必須因應實際發生情境加以處理（黃政傑，1997），不宜事前統一規範。

　　學校的「整體課程」，應該經過整體規劃設計，不應該只是個別學習領域的拼湊總和，或個別年級課程計畫的書面資料彙整，而應該是透過整體規劃，整合七大學習領域之正式課程內容與彈性學習節數的學校行事非正式課程活動，並設法融入六大議題的內容，規劃全校的「整體課程」。一方面不僅要改變科目本位的窠臼，避免學校科目林立與知識分離破碎的現象，另一方面，更要結合整體學校人力物力資源（蔡清田，1999c），促成學校課程橫

面的水平統整與縱向的垂直連貫，進行整體課程的永續經營。學校整體課程，與教育人員、課程方案、學習對象、學習時間、課程發展等因素變項，皆有密切關聯。茲就其重要意義，說明如次：

（一）重視學校整體的教育人員

就參與人員而言，學校課程發展，重視由學校教職員所共同參與，透過全體教職員工的共同努力，整合學校人力資源與地方社區資源（黃政傑，1999；歐用生，1999），透過「整體學校」的組織發展（Fullan & Hargreaves, 1992），發揮團隊精神並打破個人孤離主義（陳伯璋，1999）。特別是邀請家長與社區人士或學者專家，參與學校課程發展委員會的經營團隊運作，激發討論與深思熟慮構思的過程，不僅可以獲得外在觀點的課程觀，更可進一步發展自己的內在課程觀，使學校課程發展的願景明確化，以建構具體的學校課程發展目標。

（二）重視學校整體的課程方案

就課程方案而言，個別教師或課程小組所進行的統整，可能只是針對某一學習領域科目或活動所進行的課程計畫，而未能顧及學校行事其他面向與全校課程計畫的整體規劃。因此，站在學校的立場，有必要從學校整體的觀點，透過學校整體課程目標，整合七大學習領域正式課程方案與學校行事活動的非正式課程方案，顧及六大議題內容，並考慮可能發生的潛在課程影響（黃政傑，1997；陳伯璋，1997），透過學校教師的團隊合作，合力進行學校層面之整體課程規劃，結合各課程方案，成為學校整體課程，而非個別課程方案之拼湊總和。

（三）重視學校整體的學習對象

　　就學習對象而言，個別教師或課程小組所進行的統整，可能只是針對某一年級或班級學生，而未能顧及其他學生。因此，站在學校整體的觀點，有必要從學校層面，進行全校性或全年級的課程計畫之整體規劃，整合學校教師力量，進行學校整體課程規劃設計，使個別學生或個別教室班級層面的主題統整，成為學校整體課程之一部分。

（四）重視學校整體的學習時間

　　就學習時間而言，個別教師或課程小組所進行的統整，可能只是針對某一節課、日、週、月、學期，而未能顧及國小六年或國中三年甚或國民教育九年一貫的統整與銜接。因此，有必要從學校層面，同時考量學生的領域學習節數與彈性學習節數，研擬近程、中程、與長程的計畫，進行學校整體課程規劃設計，使近程的節、日、週、月等主題，成為學期年度或跨年度之中長程計畫的整體課程之一部分。

（五）重視學校整體的課程發展

　　就動態歷程而言，整體課程，重視學校機構整體的教育目的、課程目標、課程方案設計、課程實施與課程評鑑等學校整體的課程發展之動態歷程與結果，而不在於個別班級或單一科目年級的片面課程現象描述，或靜態的書面課程計畫。一般而言，課程的範圍包括了：理想課程、正式課程、知覺課程、運作課程與經驗課程（Goodlad, 1979），如果未能致力於學校整體課程發展，將導致學校課程理想與課程實際的落差過大的現象，因此，有必要進行學校整體的課程研究、規劃、設計、實施、評鑑，連結不同層次的課程，以縮短課程理想與實際之間的差距。

學校「整體課程」，重視學校整體的教育人員、整體的課程方案、整體的學習對象、整體的學習時間與整體的課程發展，透過學校課程的總體經營改造（蔡清田，1999c），進行學校課程發展的永續經營；藉由中央政府教育政策的倡導，與地方政府的支持，發展學校特色，彰顯學校課程的整體性。簡言之，學校整體課程經營，旨在透過學校課程發展的行動策略，喚醒學校教育專業工作人員與社區居民對學校教育的認同感，透過學校教育專業人員與地方熱心人士組成課程經營團隊積極參與學校課程發展，進行學校整體課程的經營改造，經由課程發展具體行動，發揮學校課程發展的理念，培養具備人本情懷、統整能力、民主素養、鄉土與國際意識，以及能進行終生學習之健全國民（教育部，2000）。

二、整體課程的理論建構與行動策略

為達成教育目的或解決學校教育問題，以學校為主體，由學校成員所主導進行的學校課程發展行動，其發展結果可以是針對課程目的、內容與方法進行選擇、組織、實施與評鑑，也可以是課程發展模式的創造。「模式」即實際運作狀況的縮影，或是理想運作狀況的呈現，希望透過介紹、溝通或示範發展的藍圖，使未來的行動獲得指引（黃光雄、蔡清田，1999；黃炳煌，1994；黃政傑，1998）。因此，課程發展模式，即有呈現理想的課程發展過程、介紹相關的影響因素、溝通相關課程發展人員、示範行動進行策略的含意。

學校整體課程發展的理論建構與行動策略，具有課程發展的參考價值：首先，可作為擬定學校課程發展的願景建構計畫書；其次，可以協議的行動方案作為基礎，以減少武斷的決定；第三、透過圖表加以簡化的行動策略，對於課程發展的進行是具有

實用價值；第四，課程行動策略將有助於呈現與溝通課程發展的各個部分（蔡清田，2002）。

　　整體課程的理論建構，包含（一）課程研究（二）課程規劃（三）課程設計（四）課程實施（五）課程評鑑（六）課程經營，等課程發展慎思熟慮構想（deliberation）與行動策略的實踐（praxis）。「課程研究」、「課程規劃」、「課程設計」、「課程實施」、「課程評鑑」、「課程經營」等理論建構的慎思熟慮構想，相對應於「情境分析」、「願景建構」、「方案設計」、「執行實施」、「評鑑回饋」、「配套措施」的實踐行動歷程，綜合歸納要點如圖1。

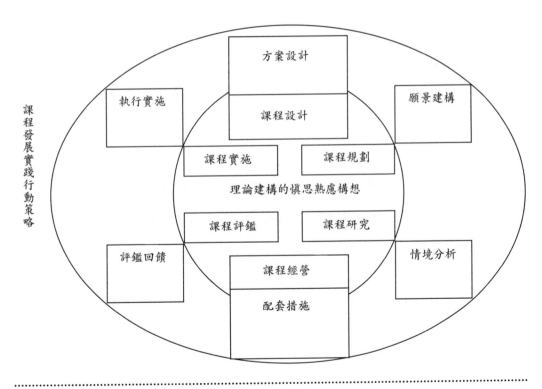

圖1 學校整體課程理論建構與行動策略的互動模式（蔡清田，2002：25）

（一） 課程研究：學校整體課程的情境分析

　　學校整體課程研究，是研究影響學校課程發展的優劣機會與威脅等內外在的動態情境因素，進行學校課程發展的需求評估，以瞭解學校課程發展的問題與需要是什麼？進而指出學校課程發展的未來可能行動方向。

　　就課程研究推動策略而言，可以透過學校課程發展委員會，進行課程研究的情境分析與需求評估、分析過去與現行課程發展狀況、分析當前學校課程發展需求、分析學校課程發展影響因素、分析學校課程的發展方向特色。

　　就行動綱領而言，可以參考國民教育階段九年一貫課程總綱等法令依據或相關理論，研擬學校課程發展委員會組織，成立學校課程發展委員會；分析過去課程發展經驗的利弊得失，分析現行課程發展經驗的利弊得失；分析當前課程改革的規模與範圍；分析官方政策對學校課程發展的要求，分析社會變遷對學校課程發展的衝擊，分析學科知識對學校課程發展的影響，分析學生特質對學校課程的需求，分析地方文化與地區特性對學校課程發展的可能影響，分析學校組織文化、學校氣氛、師資特色、場地設備、時間經費等對學校課程發展的可能影響；根據情境分析，瞭解學校優劣機會與威脅，列出課程發展可能方向特色。

（二） 課程規劃：學校整體課程的願景建構

　　學校整體課程規劃，是透過課程研究的情境分析，導出學校共同願景與整體課程目標的慎思熟慮架構與行動策略。學校共同願景，引導整體課程目標的前進方向，整體課程目標的陳述，則包括教師與學生的行為與預期的學習結果。

　　就課程規劃推動策略而言，學校可以透過課程發展委員會，規劃學校課程發展共同願景、規劃學校整體課程目標、規劃達成

整體目標的學校整體課程計畫架構、規劃學校整體課程計畫進程、確立學校整體課程之可行性。

就行動綱領而言，校長可以透過課程發展委員會，組成學習型組織，透過提名小組技術，形成學校教育願景共識；草擬可實踐共同願景的學校整體課程目標；明確指出可以實踐共同願景的學校整體課程目標；規劃落實學校願景目標的各處室正式與非正式方案計畫架構，區分為正式與非正式等不同的方案目標；規劃學習節數的整體分配計畫與彈性學習節數的課程方案；草擬可能達成整體目標的學校整體課程計畫進程；組織年度計畫；確定學校整體課程願景、目標與課程架構，並重視各課程方案目標計畫的整體貢獻。

（三）課程設計：學校整體課程的方案設計

學校整體課程設計，包含成立學習領域與活動課程的各課程方案設計小組，進行教學活動的設計、教材的編選設計、學生的分組、教學內容的範圍、順序與組織，以及空間、資源與設備的配置等。

就課程設計推動策略而言，學校必須成立課程小組；設計各課程方案目標；設計各課程方案教學大綱與進度；設計各課程方案教材；設計各課程方案教學活動；設計各課程方案評量工具；設計教學相關配套資源；課程設計試用修正；確定學校整體課程的內容；確定整體課程後，完成報備。值得注意的是課程設計，並非要求教育工作者都要創造新課程，也可以因應學校需要，選擇調整已經校外設計的課程，或者做好校外課程在校內實施的各種準備。

就行動綱領而言，學校必須成立各課程方案小組，特別是成立學習領域課程小組與處室活動課程方案小組，共同設計學校整

體課程；必要時成立學年小組，進行跨領域方案設計；依據學校整體課程目標，確立各學習領域或各處室活動課程目標，結合整體學校教師專長，進行學校課程方案設計；依據整體課程目標，確立各學習領域或各處室活動課程目標；依據整體課程目標，確立課程方案年級目標；設計中長程的課程方案大綱進度主題內容綱要，設計短程的課程方案大綱進度主題內容綱要；參考課程設計原則，進行方案教材設計，設計各課程方案主題的教材；設計課程方案教學活動流程；組織各課程方案所需師資；編選傳統的測驗，考量實作評量；考慮相關支援人力、經費、教具資源、設施器材等配合措施；統整課程的相關資源設計；試用與考量可行性並加修正，進行小規模課程實驗試用；結合各學習領域與活動課程方案，確定學校整體課程內容；檢核年度計畫的規準，實施前，學校應將年度整體課程呈報主管機關備查。

（四）課程實施：學校整體課程的執行實施

學校整體課程實施，是為減少對改革的誤解與抗拒，在此階段需透過教育人員在職進修與學校組織發展，進行專業反省與溝通，化解歧見，充實課程實施必要的知能，以使方案順利實施。

就課程實施推動策略而言，學校宜進行相關教育人員研習，溝通並裝備新課程的知能；完成實施前的行政支援準備；向學生家長進行宣導；實施教學過程與課程連結；實施行政支援與課程視導。

就行動綱領而言，學校宜辦理教育人員在職進修，進行理念溝通，認識新課程，一方面透過教育人員在職研習新課程，提昇其關注焦點，另一方面更透過教育人員的工作坊，提昇其新課程的使用層次；進行行政人員的協調準備；進行教學資源準備及教學實施情境的佈置，完成學生編組；向學生家長進行新課程之宣

導，引導家長參與學校教育活動；按課程方案設計，實施教學與專業監控，並參考課程類型，進行課程實施的連結；實施各項行政支援措施，透過視導，監控行政支援課程實施。

（五）課程評鑑：學校整體課程的評鑑回饋

學校整體課程評鑑的意義，在於蒐集適當而充分的證據，以判斷並改進課程過程與成效，結合教育行動研究，建構不斷循環的評鑑系統，以發揮評鑑與回饋功能。

就課程評鑑推動策略而言，這是一種以學校為個案研究焦點的課程評鑑，其評鑑包括：評鑑學生學習效果，評鑑教師教學成果，評鑑行政支援成效，評鑑課程方案效益，評鑑整體課程成效。

就行動綱領而言，學校宜進行形成性與總結性之學生學習成效評鑑；善用多元方式進行學生學習成效評鑑；評鑑教師的個別方案教學成效；評鑑教師的整體教學表現；內部行政自評；外部行政評鑑；評鑑課程方案教材；評鑑課程方案設計；評鑑潛在課程可能影響；透過行動研究評鑑課程方案；綜合各項課程評鑑成效資料；根據評鑑結果改進學校整體課程；總結課程發展成果與經驗，做為審查新學年度課程計畫之依據。

（六）課程經營：學校整體課程的配套措施

課程經營，是為了獲致學校課程發展永續經營的一系列領導管理行政之行動策略配套措施。學校整體課程經營，包括：課程研究、課程規劃、課程設計、課程實施與課程評鑑等的配套措施。

課程研究的配套措施，旨在透過需求評估，發現學校課程的問題與需求，此階段為學校課程發展的初期，重視校長的課程領

導角色，但是仍應充分廣納各種意見，重視過程的專業化與民主化，而且學生的參與，應考量其認知能力是否勝任。

就課程規劃的配套措施而言，在透過課程發展委員會建構願景與整體課程目標計畫的過程當中，學校課程發展的共同願景應經課程發展委員會討論通過，而且此階段的學校整體課程規劃，應注意整體目標與計畫的明確性與可行性，而且課程整體目標與整體計畫也應該經課程發展委員會討論通過。

就課程設計的配套措施而言，鼓勵教師依據專長，善用資源，配合學校地區特色，引導教師進行課程選擇調整創造，進行方案設計。重視課程方案設計小組之間的分工與合作，兼重正式課程與非正式課程等學校整體課程的總體課程方案設計。透過各課程方案設計小組的連貫統整，注重課程方案領域目標與內容的縱向連貫與橫向統整，合力進行整體課程設計。

就課程實施的配套措施而言，宜配合進修研習，提昇學校教育人員課程實施知能，認識課程理念與內容，改變心態，樂於接受新課程；配合溝通宣導，塑造積極的課程實施之組織氣氛；配合學校組織發展，落實課程實施。

就課程評鑑的配套措施而言，宜配合評鑑小組進行整體課程評鑑，並在研究、規劃、設計、實施等其他階段進行形成性評鑑，隨時提供回饋；同時配合教育行動研究，實踐課程改革願景。

在上述程序中，學校可從任何一個或同時數個步驟著手，發展學校課程，系統地考慮學校情境的特定內涵，並將其決定建立在較廣的文化和社會的脈絡之上（黃光雄，1996；黃政傑，1998；蔡清田，2001），回應大環境中政治、經濟、社會的動態情境變化。

結語

學校課程發展，不只是一種教育改革的技術，而且涉及社會價值與學校文化的革新，必須要有周密的配套措施（呂木琳，1999；黃政傑，1999；陳伯璋，1999；歐用生，2000），注意人員、組織、政治、社會、文化環境等等因素，善用技術觀、政治觀與文化觀的課程發展策略（黃光雄、蔡清田，1999），重視校長課程領導、學校共同願景、教師專業合作、學校組織發展、教育行動研究等配套措施，有效促成整體課程經營，提昇教育品質。

學校整體課程發展的永續經營，包括了：課程研究、課程規劃、課程設計、課程實施、課程評鑑與課程經營的理論建構與行動策略。特別是課程經營，是指課程研究、課程規劃、課程設計、課程實施與課程評鑑等行動策略的配套措施。當學校進行課程發展時，有必要透過推動策略、行動綱領與配套措施，進行優質的學校整體課程發展之永續經營（蔡清田，2002）。

學校整體課程經營的理論建構與行動策略，並非僵化固定的步驟。因為課程發展是一種斷續增進的決定過程，課程發展人員宜根據學校情境，不斷進行課程研究、規劃設計與實施評鑑的經營發展。作者希望本文，可作為推動學校課程發展的參考。一方面，希望學校課程能避免科目林立與知識分離破碎；另一方面，更期望學校依據課程綱要的基本理念、課程目標、基本能力、學習領域，結合學校整體人力物力資源，進行學校整體課程發展的永續經營。

參考書目

中文部分

王文科（1997，3月）。學校需要另一種補充的課程：發展學校本位課程。論文發表於「中日課程改革」國際學術研討會，南投日月潭中信飯店。

行政院教育改革審議委員會（1996）。教育改革總諮議報告書。台北：作者。

呂木琳（1999）教學視導與學校九年一貫課程規劃。課程與教學季刊，**2**（1），31-48。

林清江、蔡清田（1997）。國民中小學課程發展共同原則之研究。嘉義：中正大學教育學程中心。教育部委託專案。

教育部（1998）。國民教育階段九年一貫課程總綱綱要。台北：作者。

教育部（2000）。國民中小學九年一貫課程暫行綱要。台北：作者。

黃光雄、蔡清田（1999）。課程設計：理論與實際。台北：五南。

黃炳煌（1994）。試爲我國建一適切可行的課程發展模式。台北：心理。

黃政傑（1991）。課程設計。台北：東華。

黃政傑（1997）。課程改革的理念與實際。台北：漢文。

黃政傑（1998）。教室本位的課程發展。載於台北教師研習中心（主編），教師天地（93）。台北：教師研習中心。

黃政傑（1999，12月）。永續的課程改革經營。論文發表於國立高雄師範大學教育系主辦「迎向千禧年─新世紀中小學課程改革與創新教學」學術研討會，屏東悠活飯店。

陳伯璋（1997）。潛在課程研究。台北：五南。

陳伯璋（1999） 九年一貫新課程綱要修訂的背景及內涵。教育研究資訊，**7**（1），1-13。

陳伯璋（2001）。新世紀課程改革的挑戰與省思。台北：師大書苑。

歐用生（1996）。教師專業成長。台北：師大書苑。

歐用生（1999，12月）。落實學校本位的課程發展。論文發表於國立高雄師範大學教育系主辦「迎向千禧年—新世紀中小學課程改革與創新教學」學術研討會，屏東悠活飯店。

歐用生（2000）。課程改革。台北：師大書苑。

蔡清田（1999a）。九年一貫課程改革之行動探究。台灣教育，**1999**（581），9-21。

蔡清田（1999b）。九年一貫國民教育課程改革與教師專業發展之探究。載於中華民國課程與教學學會（主編），九年一貫課程之展望（頁145-170）。台北：揚智。

蔡清田（1999c，12月）。推動學校本位課程發展，進行學校課程總體營造。論文發表於國立高雄師範大學教育系主辦「迎向千禧年—新世紀中小學課程改革與創新教學」學術研討會，屏東悠活飯店。

蔡清田（2000a）。教育行動研究。台北：五南。

蔡清田（2000b）。學校整體課程之設計。載於中華民國課程與教學學會（主編），課程統整與教學（頁289-313）。台北：揚智。

蔡清田（2001）。課程改革實驗。台北：五南。

蔡清田（2002）。學校整體課程經營。台北：五南。

英文部分

Brady, L. (1987). *Curriculum development.* Sydney: Prentice Hall.

Eggleston, J. (1979). School-based curriculum development in England and Wales. In OECD *School-based curriculum development* (pp. 75-105) Paris: OECD.

Elliott, J. (1992). *Action research for educational change.* Milton Keynes: Open University Books.

Fullan, M., & Hargreaves, A. (1992). *What's worth fighting for in your school.* Milton Keynes: Open University Press.

Goodlad, J. I. (1979). The scope of curriculum field. In Goodlad, J. I. et al., *Curriculum inquiry: The study of curriculum practice.* N. Y. McGraw-Hill.

Holt, M. (1980).*The Teritary Sector.* London: Hodder and Stoughton.

Horton, T. (1983). *The Whole Curriculum.* Buckingham: The Open University.

Marsh, C. J., Day, C., Hannay, L., & McCutcheon, G. (1990). *Reconceptualizing School-based curriculum development.* London: Falmer.

Sabar, N. (1985). School-based curriculum development: Reflections from an international seminar. *Journal of Curriculum Studies, 17* (4), 452-454.

Skilbeck, M. (1976). School-based curriculum development. In J. Walton & Welton (Eds), *Rational curriculum planning: Four case studies.* London: Ward Lock Educational.

Skilbeck, M. (1984). *School-based curriculum development.* London: Harper & Row.

Stenhouse, L. (1975). *An introduction to curriculum research and development.* London: Heinemann.

九年一貫課程之課程管理策略分析

許育健

台北市立師範學院課程與教學研究所研究生

摘要

　　「課程管理」是指教育行政機關透過現行的課程行政制度與機制，發布課程相關政策作為策略，進而管理國家所頒布的正式課程，以逐行國家的課程目標。政府無論是以有形或無形的策略，對於正式課程都有一定的管理或控制意圖，至於實際的影響如何，則須經由政策的頒布與執行是否有效可行來進行評估。其中，課程管理策略是否運用適切是重要的關鍵。

　　本文由課程管理策略的相關意涵探討開始，旨在探討九年一貫課程政策的研議與執行階段，主要的政策內容有哪些？對於這些內容，教育部採取了哪些的課程管理策略？最後，則針對這些策略的一致性、指示性與權威性進行綜合的評析。

關鍵詞：九年一貫課程、課程管理、課程政策、課程管理策略

前言

　　課程管理主要是指教育行政機關，針對所制訂或修訂的課程政策，爲了遂行其課程控制（curriculum control）的意圖，以相關的政策或措施進行課程的管理（management）或統治（governance）（高新建，2000）。以我國課程管理的發展史而言，以往課程政策的制訂與實施，在威權的體制下，中央的控制權力極大，通常一紙政策命令之下，上至地方教育行政機關，下至學校、教師莫不惟命是從，十分「忠實」的傳達國家所賦予的任務。直到民國七十六年，政府宣布解嚴伊始，民主社會的氣息漸漫，多元開放的思想播散，社會結構面臨轉型改變，在教育方面，也抵不住這股風潮。是以，課程政策的發布與執行，在此政治社會條件之下，不得不改變以往「一條鞭式」的管理方式，而以相關政策與措施的制定，以達成課程管理之效。

　　自解嚴迄今十餘年間，我國中央教育行政主管機關──教育部發布了多次的重大課程政策，如82年國小課程標準的修訂頒布、83年國中課程標準的修訂頒布，乃至於目前正如火如荼進行中的國民中小學九年一貫課程暫行綱要等。吾人亦可發現國民中小學課程的演進，受到人本思潮、民主化、鄉土化與國際化等因素的引領，正朝向多元開展的方向前進。尤其，九年一貫課程的推行，影響層面廣大，被視爲重大的課程改革事件。因此，本文將以「九年一貫課程政策」[1]爲主要研究對象，企圖針對該項歷史性課程政策的管理策略與措施，作初步的探討與檢視。

　　以目前政府的教育行政組織而言，課程管理的層級至少可分爲中央、地方及學校等三個層級。由於我國教育行政的體制，是採中央集權式的管理模式，亦即教育部爲主要課程政策的發布與管理單位。因此，本文即以我國中央層級的教育行政機關──教

育部為主要探討的對象。

　　另外，由於政策主要以書面的形式發布與紀錄，為求資料的信度與效度故採用文件分析法，分析我國教育行政主管機關——教育部於九年一貫課程的醞釀、研議及定案公布後的期間（1995～2001），曾經公布的諸多政策以及相關的方案計畫[2]。在研究步驟方面，本文由課程管理策略的相關意涵探討開始；其次探討九年一貫課程政策的研議與執行階段，主要的政策內容有哪些？對於這些內容，教育部採取了哪些的課程管理策略？最後，則針對這些策略的一致性、指示性與權威性進行綜合的評析。

課程管理的意涵

　　長久以來，課程一詞的定義不僅眾說紛紜，其潛在的權力分配，也往往是課程學者關注的焦點。以學校所實施的正式課程而言，教育部為了做好課程控制，便會制定課程標準或課程綱要，要求學校照著實施（黃政傑，1998）。就廣義的課程控制而言，政府為了控制課程的實施，除了以頒布課程標準或綱要的方式控制以外，也會透過政府的法定權力，以多種的方式，進行課程的控制與管理，其中，課程相關政策的頒定即是其具體的作為。高新建（2000：11）認為「課程相關政策」意指政府的領導者或教育權責機關試著操弄一連串相互關聯的政策，以便達成其在課程上的意圖。

　　因此，政府為使其正式課程能順利而且完整的在學校及教室情境中實現，中央教育行政主管機關必須透過有效的課程政策，以其教育行政的管理策略，經由地方層級的教育機關轉化執行或宣導，並影響地方教育主管機關、學校層級、教室層級等，促使其正式課程儘可能如願的實現。就歷史的脈絡而言，我國在中央

集權的教育行政制度下，各項有關課程事務，地方教育人員均瞭解這是教育部的權責，而不敢稍越雷池一步。教育部制定新課程之後，即通令全國實施，透過行政和視導等力量，使各校奉命唯謹地接納（黃政傑，1985）。

若將「課程」視爲學校對學生所施予之一切有計畫、有企圖的教材與活動。則學校的課程便成爲教與學的隱形框架，看似不存在，卻深深的影響著學校教育成果的展現。誠如艾波（M. W. Apple）所言，學校的課程往往潛藏著六種不同的角度，其中第二項即爲：「以政治的角度而言，誰控制知識的選擇與分配？」（黃政傑，1999；Apple, 1976）。因此，當國家對於其正式課程有控制或管理的權力時，將透過各項政策、方案或計畫措施等策略，以達成其所預定的課程目標。

近年來，國家層級課程管理者的教育行政主管機關——教育部，爲了推行九年一貫課程，使這項重大的國定課程變革能貫徹執行，陸續頒布了諸多九年一貫課程的相關政策。九年一貫課程本身及其相關政策，除了象徵政策結構的完整性外，更重要的是，其中隱含著課程管理的意圖。

課程管理策略

有關課程管理的探討，可從兩方面來著手：其一，課程管理的實際作爲；其二，其背後潛藏的政治性意義。課程管理的實際作爲，可從教育行政機關所發布的各項公開訊息中，瞭解其政策與相關政策間的內涵與關聯；課程管理的政治性（politic），則須以政策的內容爲對象，透過政治學、社會學、歷史學等社會科學的角度，深入的探討與批判。以下將從公共政策的相關理論出發，嘗試爲課程管理策略的主要內涵，作一簡要的說明。

一、課程管理策略是政策的工具與手段

在探討「管理策略」之前，可以由「政策是什麼？」來進入這個主題。簡單的說是：「凡是政府選擇要作或者不要作的決定，即是公共政策」（Dye, 1978:3）。因此，公共政策通常被泛指政府對公共問題的一切作為。政府一旦界定政策問題，確立政策目標，其次要考量的問題便是：我們究竟應運用那些政策手段，才能產生最大效益。這些政策手段或策略，以政策設計的術語來說，乃是指政策工具（policy instruments）、治理工具（governing instruments）、政府工具（tools of government）。因此，政策工具或策略手段可以定義為「將實質政策目標轉化為具體政策行動的工具或機制作用」（丘昌泰，1995）。更明白的說，政策工具是政府進行行政管理時，所採用的各種方法與策略。

依此，欲進行課程管理策略的內涵分析之前，有必要對公共政策領域「政策工具」的概念，作一簡單的分析比較，以釐清課程管理策略的內容概念與類別。

在國外學者的研究中，針對「政策工具」的類別多有著墨，以下整理丘昌泰（1995：255-258）所歸納三種主要的分類，如下表1。

由上表分析之，大致上可分為三種類別：權威、命令、管制規定或契約等，具有「強制」性；誘因、誘導、勸勉、財政補助等，具有「支持」性；能力建立、學習等，則具有「發展」性。

若從國外學者Porter，Smithson and Osthoff（1994:138）的觀點視之，認為課程管理的策略（policy instruments）大致上可以歸納為幾個方向:獎賞、制裁、法律、規範、專門知識、魅力的領導等。另外，Brady（1992:163-171）認為課程管理可由學校資源設備、經費、人員發展、教學方法、時間、評量、教學資源、溝通連絡系統等方面加以探討。這些策略與上述公共政策領域的看

表1 政策工具的種類

Schneider and Ingram 1990	McDonnell and Elmore 1991	Linder and Peters 1990
權威（authorities）		權威
	命令（mandates）	命令條款
誘因（incentives）	誘導（inducement）	
能力建立（capacities building）	能力建立（capacities building）	
	系統改變（system-change）	
象徵勸勉（symbolic and hortatory）		勸誡
學習（learning）		契約
		管制規定
		徵稅
		財政補助

法，除了名稱上的不同外，其基本內涵有許多可互相參照之處。

在我國課程管理策略的研究方面，尚屬新興領域，目前並未有太多的論述。高新建（2000：75）在《課程管理》一書中，則歸納了美國聯邦政府與州政府課程管理策略的比較，如表2。

其中，「一致性」是指課程政策與課程相關政策之間，是否能交互參照、協調配合以及互相增強，屬於政策「關聯性」的分析；其二，「指示性」意指政策本身的明細清晰度與範圍的廣泛程度而言，是屬於政策內容「敘述」程度的分析；其三，「權威性」是指政府運用法律、領導者魅力、專門知識或規範等權威的來源，使在其行政層級之下的政策執行者與團體對象，皆能依循順從；最後，「權力性」意指政府的法定獎懲權，是屬於政府積極性的作為。在政策分析中，「權威性」與「權力性」可以說是管理策略運用最重要的指標，是屬於政策或策略「強度」的分析。

表2 美國聯邦政府與州政府課程管理策略的比較

	州	聯邦
一致性	交互參照 協調配合 互相增強	
指示性	明細度 廣泛度	
權威性	法律 領導者的魅力 專門知識 規範 傳統	制度的變更或建立服務的提供 法律命令的發布 經費的補助 知識和訊息的發現和散播 忠告善導
權力性	獎勵 制裁	

資料來源：高新建（2000）。課程管理，（頁75）。台北：師大書苑

二、課程管理策略的分析

　　基於上述，課程管理策略可以定義為：政府為了進行正式課程[3]的管理與控制，透過課程政策的制定與頒布，以課程相關政策的形式，進行課程的管理。這些課程相關政策，企圖以政策間的一致性、政策內容明顯的指示性以及政策內容的權力性與權威性等，作為課程管理的策略，以提昇正式課程的要求與目的。

　　是以，本文依據高新建（2000：80）所提出的課程管理分析架構，依政策分析的不同角度，嘗試修正為三大方向，以利本文

進行九年一貫課程政策的分析。

(一) 課程政策內容的指示性分析

指示性（prescriptiveness）主要是針對課程政策的內容作分析。可以分為政策內容的明細度與廣泛度。「明細度」（specificity）指內容的表達是否能面面俱到、具體明確，使政策執行者或接受者能瞭解該政策的目的為何？有哪些具體的目標、執行要項以及成效的預期如何？換言之，政策的執行者能清楚明白的瞭解「該如何執行？應該有什麼樣的成果？」；政策的對象也將瞭解「將會受到什麼影響？現況會有什麼改變？」。

「廣泛度」（extensiveness）則是指政策規範或影響課程的範圍而言，當範圍廣泛時，其政策執行的難度也相對提昇，如九年一貫課程綱要的頒布，內容由課程目標至各領域學習評量，項目眾多且廣泛，其政策執行的難度則相對的高於其他單一課程相關政策（例如，教科書的選用）。

(二) 課程政策內容的權威性分析

政策的分析，除了上述的指示性外，其內容所明確表達或隱含的權威性（authority）或權力性，往往是政策執行者或政策接受者考量其「順從程度」的重要依據。

在高新建（2000：52-56）的分類中，權威性（authority）包括了法律（制度的變更或建立、服務的提供、法律命令的發布、經費的補助、知識和訊息的發現和散播）、領導者的魅力（忠告善導）、專門知識、規範及傳統等，皆是重要的課程管理策略。

至於權力性（power）係指政府的「獎懲權」。根據《牛津辭典》（張芳杰主編，1992）以及《朗文辭典》（Summers D.主編，1990）的解釋，authority與power在字義上並無顯著不同的意涵；

另外，由行政學相關學者如Max Weber、J. R. P. French、B. Raven、G. A. Yukl 等人對authority與power在使用上，除了用詞不同外，定義與內涵並未有太大的差異[4]（吳清山，1999；謝文全，1997）。此外，就其實質內容來說，政府的獎懲權並非口說無憑，皆應有其法源基礎，與權威來源中的「法律」關係密切，因此，本文擬將政府運用「獎勵與制裁」的策略併入「權威性」中的一項，以便於政策的分析。

（三） 課程相關政策間的一致性分析

　　課程相關政策泛指與課程事務相關的政策。這些課程政策可能針對一個重大的課程事件或課程議題，依時間先後陸續頒布的（如圖1）；抑或是，同一時期以不同相關政策來呼應或配合一個主要的課程政策，以收政策實行之效（如圖2）。

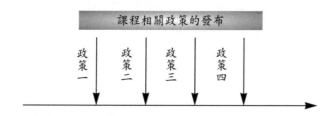

圖1 課程政策前後相關性示意圖

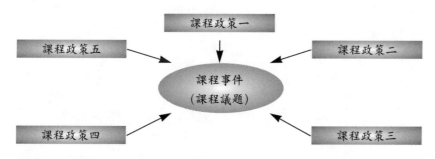

圖2 同時期課程相關政策關係圖

當課程相關政策間能具有高度的一致性（consistency）、能彼此配合，就課程管理的角度而言，即可能擁有較高的政策執行成效，換言之，多項針對同一核心政策而提出交互參照，互相增強的政策時，課程政策將能具有較高的效率與效能。因此，一致性分析是課程管理策略分析的重要項目。

　　為了使本研究進行政策分析時，能有相關的指標作為評估依據，故根據前述探討的結果為主要參考依據，擬出如下檢核項目表（表3），作為分析時的參照。

表3 九年一貫課程管理策略檢核分類表

課程管理策略	指標		說明
一致性		高	與九年一貫課程綱要內容一致
		低	與九年一貫課程綱要內容不一致
指示性	廣泛性	高	涉及的綱要內容項目多。如包括目標、內容、師資、教材、評量等
		低	僅針對單一層級發布政策。如教科書開放審定本的政策
	明細度	高	具體陳述政策的目標、執行方法與要項或預期的成效等
		低	政策內容不明確，僅有觀念、想法
權威性	制度變革		變更舊制度或建立新制度
	服務支援		政府資源的提供與協助
	法律命令		以法律命令的形式發布
	經費補助		經費的補助新課程的推展
	忠告善導		政策訊息的預告與政策的宣導
	專門知識		以專門知識協助能力或觀念的轉變與提昇
	規範建立		強調應遵循的規範
	傳統權威		以傳統的權威來號召新課程的推展
	獎勵		以獎勵的方式誘導相關人員進行課程的推展
	制裁		以制裁的方式強迫依循政策的方向進行

九年一貫課程相關政策內涵

　　教育部為了管理九年一貫課程的推展工作，不僅於民國八十八年訂定了國民教育九年一貫課程配合工作計畫，其後經過部分修正，於九年一貫課程與教學網路成立的同時，也公布了相關的「配套措施」。主要目的是為了進行九年一貫課程的管理，因此其內容皆針對九年一貫課程政策而設計，可視為九年一貫課程最「顯著」的管理策略，其內容摘要如下[2]：

一、課程宣導

　　以新課程識別標幟、文宣資料、通訊、錄影帶、光碟片為主要宣導媒材。另外，並製作廣播節目及辦理座談會以進行課程的宣導。

二、課程研習

　　分成三大研習內容：「新課程介紹」、「教學輔導與教學評鑑」及「教師自我成長與學習」等，另有相關專題如統整課程、協同教學等，計畫全國同步實施辦理。

三、課程試辦

　　以課程的試辦，經費的補助促使許多學校能積極參與九年一貫課程的研究與發展。至於主要的方式，首先由成立相關組織開始，如教育部設「國民中小學九年一貫課程試辦工作輔導小組」；各縣市政府教育局設「國民教育九年一貫課程試辦輔導小組」；各試辦學校須設「課程發展委員會及各學習領域課程小組」。各校在實施一年的試辦期後，則須提報相關資料，供行政管理單位備查。

四、教學設施充實

九年一貫課程除了是課程內容的革新外，相關軟硬體的配合則不可少。主要的政策規劃如下：（一）充實各校圖書設備；（二）建構英語學習環境；（三）提昇教學媒體製作環境。

五、課程專屬網站設立

在教育部方面，首先成立「九年一貫課程教學網站」。其次，責成各縣市網路中心設立「資訊同步功能」，並於各級中小學成立「資訊同步功能」，以建立全國九年一貫課程完整資訊網。在硬體方面，將普設「班級教室電腦化及校園網路」的設置，使能教學教材能直接在教室教學中應用，增進老師自編多媒體教材的興趣及能力。

六、教科用書編輯與審定

首先訂定「教科用書審定辦法暨審查規範及編輯指引」，使民間出版業者能依據九年一貫課程綱要編輯教科用書。在審查方面，由籌組審查委員會開始，分為「受理送審書稿」、「進行書稿審查」及「公告並選用教科用書」等三程序進行教科書的審閱。

七、測驗評量

進行教學評量理論與實務之研究與應用相關的研習進修活動，並進一步探討基本能力指標評量方式與策略。

八、法令增修

透過調查、分析現行行政法令對九年一貫課程實施是否有所限制，以及成立「法規研修小組」，研判既有法規中應修正或補充者。例如，教師授課時數表、教師登記相關科系表、學生成績考查辦法…等。

九、師資培訓與在職進修

分為教育部、師資培育機構、地方主管教育行政機關及國中小學校四個層級。分層負責師資培訓與在職進修相關具體措施，詳見九年一貫課程與教學網站－配套措施。

十、高中入學

委託成立國民中學學生基本學力測驗研發單位，委請國立台灣師範大學成立「國民中學學生基本學力測驗推動小組」，積極研發國民中學學生基本學力測驗。在規劃完成後，即辦理各項宣導活動，加強與社會各界之溝通。九十學年度起停止辦理傳統式聯合招生考試，改以國民中學「學生基本學力測驗」取代。

除上列項目外，尚有一些特定主題的課程相關政策，如「英語教學」、「母語教學」、「兩性平等課程」、「人權教育課程」等，皆因應九年一貫課程多元的精神，而列入或融入九年一貫課程的規劃中，並有其特定的要求與需求。這些單一的課程相關政策與九年一貫課程政策的關係，也將在以下的綜合分析中，說明其策略與影響。

九年一貫課程管理策略分析

在綜合評析中，本文將針對九年一貫課程政策本身──課程綱要，以及官方文件資料中所呈現的課程相關政策的一致性、指示性與權威性進行綜合探討。由於可供探討的內容相當多，限於篇幅，本文就僅一致性、指示性與權威性三項指標的導引下，各列出數項提供參考。

一、一致性

(一) 實施期程一再修正、綱要內容遲遲未現──缺乏合理的政策規劃程序

　　九年一貫課程的實施期程，由教育部公報上來看（教育部公報，第287、290、294、295期）至少在兩年內宣布了四種不同的版本，造成政策的動向不清，無論是地方教育局或學校單位皆無法有充分的準備。尤其，較為明確的一次公布是在88年6月的立法院報告中提出（教育部公報第295期），此時，距其正式實施時間，不過兩年的時間，更何況在課程綱要內容方面，僅有所謂的「總綱」，學習領域的內容皆在研議中，猶如只聞樓梯響，卻不知將面臨何等境遇…。

　　此外，以與「綱要頒訂」作一致性的比較，可發現早在88年7月即開始全台二百所學校的試辦工作，而其較完整的「暫行」綱要內容，竟然到89年9月才正式公布…。因此，其政策規劃程序的邏輯性是令人懷疑的。

(二) 評量、師資培育及升學方式等相關政策，未能一致性的配合實施

　　九年一貫課程在實施內容上，雖然有詳盡的說明，但有些關鍵性配套措施，卻未見及時同步採行實施。以成績評量方式為例，直到90年3月才正式公布「國中小學生成績評量準則」（教育部公報316期），其內容也僅是「準則」而已，至於詳細的多元評量方式則授權地方教育局再規劃，在時間的配合上稍嫌不足，導致許多縣市在90學年度的上學期才陸續公布。由於評量的方式與教師的教學、學生的學習紀錄，甚至國中的升學方式息息相關，因此，有關評量的政策未能及時公布，即造成課程實施上的困

難。

　　另外，在課程綱要中第十六頁提到「師資培育機構應依師資培育法之相關規定，培育九年一貫課程所需之師資」，雖然教育部數次公布師資培育機構調整的方向（教育部公報，第287、292、304、311、313、318期），但迄今仍未見師資培育機構為因應九年一貫課程而有大幅度的調整（如將學系改為領域的師資培育等政策）…。此外，諸如「學生基本學力測驗」於課程及升學制度中的角色定位等重要且急切需求的配套方案，應有一致性的改變，方使九年一貫課程政策能順利推行。

（三）教育行政機關執行課程宣導主題一致，但宣導內容不一致

　　依政策計畫的規定，各教育行政機關應辦理課程宣導、研習與座談會，而各單位也配合預算的編列執行該政策，在課程管理策略的運用上，是屬於積極的策略。唯負責政策宣導的人員（如一些教育部指派的專家學者），在課程內容的重要概念，如統整課程為何？協同教學為何？如何落實新觀念於現有的學校情境中？其認知見解並不一致，可能是因為欠缺基礎研究，使宣導者意見分歧（余霖，1999）。甚至，對於政策內相關用語，亦未能明確顯示其意旨和範圍（許銘欽，1999），造成解讀不易。因此，在實質上的課程宣導，雖有具體行動，但其宣導的成效值得再探討。或許，正如林殿傑（1999）所言，課程改革幅度太大、研討時間太短，其成效實難有所成。

（四）各學習領域的編碼與內容安排方式不一，造成閱讀與理解困難

　　在課程綱要的內容中，學習領域的能力指標內容佔了整本暫

行綱要的97.6%（506頁／524頁）。以九年一貫的精神而言，學習領域內容主要的閱讀對象應是中小學老師，然而，其中七大學習領域與六大議題所呈現的形式並不一致，尤其在指標的編碼方面，各有其特色，對於身處教育前線的教師而言，若欲閱讀或應用能力指標，便可能產生了困難。或許，各學習領域內容的編撰者或有其專業的考量，然而，就政策內容的一致性與使用的便利性而言，至少「形式」的一致能讓教師較易遵循。因此，若要貫徹「九年一貫」課程政策的執行，至少應於「形式」上講求統整一致，再謀求「內容」一貫與整合。

二、指示性

（一）各領域指標的內容說明明細度不一

　　或許，「課程綱要」有別於以往的「課程標準」，學習領域的內容不再是制式的規定，而以較具彈性的「能力指標」來引導教師的教學與學生的學習。然而，政策的施行除了明確的方向外，也應提供具體的做法。如果說九年一貫課程鼓勵教師發揮專業能力，除了參考教科書的內容外，能更進一步的依學生的需求而自編教材，那麼「課程綱要」的指引更顯得重要。因此，本文依學習領域指標內容的明細度爲準規，分析後發現數學領域、生活課程、社會領域以及綜合活動等四個學習領域，爲了使閱讀者能更清楚的瞭解該領域的規劃理念與作法，大致上都爲能力指標提出更具體的說明，甚至提供了教學活動設計示例，有助於教師能有較多的瞭解。至於，語文領域及藝術與人文領域因爲沒有附錄說明，能力指標與以往課程標準中的教材大綱差異性頗大，又難以直接轉化爲教師教學的主題，因此，就教師應用的實用性而言，則有待調整與修正。

（二）為「基本能力」提出說帖，明細度高。唯較缺乏簡單、具體明白的全面性宣導

「十大基本能力」到底為何物？是許多教師與家長心中的疑問。因此，教育部為了使「基本能力」能獲得老師及家長們的瞭解與認同，便由專家擬出說帖（見http://teach.eje.edu.tw/），對基本能力的重要性、名詞定義、基本能力定義、內涵（特色、原則、層面…）、教學轉化策略、教學活動實例設計等皆有詳細的說明。在相關政策的明細度方面，可謂典範。

然而，既稱之為「說帖」，理應透過宣導文件或媒體，以較具全面、多元的宣導方式，說服所有的老師及家長有關基本能力的意涵。可惜的是，這份文件雖置於網站上，就傳播的效果而言，未若多元方式的呈現來得有效果，在這方面，可再加以調整，以達成其政策宣導目的。

（三）成立小組太多，若無良好的整體規劃，則管理不易

除了課程綱要研修的相關小組外，在配套計畫中，共成立「課程宣導小組」、「新課程研習規劃小組」、「試辦工作輔導小組」、「教學評量研發小組」、「法規研修小組」、「基本學力測驗推動小組」等六個小組來協助九年一貫課程的推展，其後也陸續成立一些相關任務小組，如90年10月成立的「教學創新九年一貫課程服務團隊」等，以課程管理的角度而言，應屬積極有效的策略運用。

然而，有些方案卻沒有小組負責，或者未能提出其具體工作內容。以「績效責任」的角度來說，若教育部賦予這些小組推負責推展九年一貫課程的相關任務，則應有具體工作內容或成效的監控機制，否則徒有各小組各自推行，其管理實屬不易。

三、權威性

(一) 教育行政單位以「備查」的方式，管理各校的總體課程計畫

　　根據課程綱要所規定的課程實施要點：「各校應於每學年開學前一個月，將『整年度』學校總體課程計畫送所轄教育行政主管機關『備查』後，方能實施。」（頁14）。因此，依現行的學年度的劃分（每年的八月一日至隔年的七月三十一日），學校必須於七月底完成所有的學年課程計畫，換言之，學校的行政人員與老師們必須於七月份這一個月內完成全校的總體課程計畫。這可能存在兩個問題：其一，通常學校的年度行事運作在七月份進行學年度教學活動檔案的總整理，待七月底人事定案後（例如，校長、主任、教師等），方於八月初開始針對新的學年度作出校務的總體計畫；其次，由於九年一貫教科書全面開放民間出版商編輯，以90學年度為例，大部分的教科書出版商在一年之內（因89年9月才公布課程綱要），在教科書審查制度嚴格的把關下，學校幾乎是在開學前後才拿到新版的教科書，若教師想參考教科書內容而調整原本規劃的課程計畫，在時間上來說，略有急迫之感。

　　此外，就課程管理的策略強度而言，「備查」僅是消極性的管理，意指只要學校有送件即可，其內容由學校自主決定與評估。雖然這是「自由化」的象徵之一，但令我們憂心的是——如果其內容良莠不齊，該有何種機制以保證課程設計的品質？這的確也值得我們思考。

(二) 以行政命令的形式頒布政策，法律地位有待提昇

　　教育部於八十九年九月三十日以「台（89）國字第89122368號令」發布「九年一貫課程暫行綱要」，雖然暫行綱要僅是九年一

貫課程相關政策中的一項，但以內容而言，便是最核心的課程政策，其他的相關政策的研擬規劃大致上皆須依其內容而定，也為配合其實施採用了許多的課程管理策略（例如，獎賞、經費補助等），可見其政策地位的重要性。

　　然而，以我國的法律層級的區別而言，可分為憲法、法律、行政命令三級。前兩者皆經過立法程序修訂而成，行政命令則由行政權責機關依其職權或法源依據而逕行擬定公布（謝瑞智，1996）。因此，九年一貫課程綱要以「函令」的方式公布，在立法的嚴謹度上，或許有其改善的空間。換言之，若課程政策的制訂能依照法律制訂的程序，透過民意代表的審議，其內容的考量上較能兼具多元與公正客觀的特性。雖然我國課程政策目前仍由教育部主導，也請許多專家學者參與，然而，就法制化的觀點而言，似乎可以更嚴謹與周延一些，以呼應民主法治社會更高的需求。

　　另外，「行政程序法」已於民國九十年底立法院三讀通過，代表往後政府的政策決策的系統，皆應依法制化的程序，將許多政策法令的位階提昇。九年一貫課程政策，就法律的位階而言，如前所述，只是一項「行政命令」，其地位是法律中的最低層。然而，在政策配套方案中有一項為「現行教育法規的修訂與補充」，依此，吾人即可思考一項法制的邏輯——以課程政策而言，正當的修法程序，應是由相關母法的修訂開始，再由行政單位「依法」發布命令，通令執行之。是故，以法制的觀點，當九年一貫課程制訂完成後，再討論修訂教育法令（例如，國民教育法、師資培育法）事宜，似乎有些前後倒置，也會造成九年一貫課程政策執行時，法源不足的窘境。

（三）要求檢視教師研習紀錄－強制性高，但未必有實質成效

教育部要求地方教育行政機關辦理至少三十小時的研習活動（教育部公報，325期），而地方教育行政機關也依此要求學校比照辦理，當然，學校便積極舉辦各類與九年一貫有關的研習講座。教師們在如此多樣的研習講座中，理應能達到觀念的改變與知能的提昇，然而，若仔細從其研習實質內容分析，由於教育部所推薦的指導教授，個個分身乏術，能實際蒞校指導的學者專家十分有限。學校為因應研習時數三十小時的規定，便將各類的研習皆冠上「九年一貫」四字，例如，「九年一貫書法研習」、「九年一貫躲避球研習」、甚至有「九年一貫陽明山之旅」等有趣的名稱，造成諸多名實不符的研習活動。

另外，在老師方面，也為了達到這三十小時的研習時數，到處聽演講，只要有「九年一貫」一詞者，皆趨之若鶩重點是——教師可能不知為何而聽？是否確實吸收其內容大要，尚待考證，但已經使得平日辛苦教學的老師身心俱疲…。因此，以研習時數來監控教師研習的狀況，或許是一項具強制性的管理策略，但教師參與研習活動若非出自於「自願性」，僅以所謂的研習時數的多寡來判斷其瞭解教師理解九年一貫課程的程度，就指標的效度而言，是令人感到懷疑且擔憂的。

結語

九年一貫課程政策的頒行，在歷經五位教育部長七年的長期規劃與推行下，去年九月已正式實施，其中的是是非非，散見於教育人員的言談與論文之中。雖然，以政策評估的角度觀之，在政策未完全執行前，不宜輕信言論定其優劣如何。然而，本文所

持的觀點，是從課程相關政策的內涵本身可能面臨的困境或問題，試著提出幾點評析，並不意味著它註定失敗。只是，教育是百年大計，學生的學習不能重來，教育政策的規劃當正視其可行性、正當性及價值性，教育的未來方能朝向更美好的境地邁進，相信，這也是所有教育者的共同心願。

註釋

1.本文所指涉的九年一貫課程政策是教育部以「89.9.30 台 （89）國字第89122368號令」所頒布，以九十年一月出版的「國民中小學九年一貫課程暫行綱要」爲主要內容。至於相關政策的內涵，除了散見於教育部公報、教育部公文書函外，由教育部所建置的九年一貫課程與教學網站http://teach.eje.edu.tw/呈現了九年一貫課程大部分的官方訊息。

2.文件資料來源

　*九年一貫課程與教學網站－配套措施（教育部，2001a）。

　　網址:http://teach.eje.edu.tw/

　*立法院公報（民84年1月～民90年12月止）

　*國民教育九年一貫課程配合工作計畫（教育部，民88）

　*國民教育法規選輯（教育部，民89b）

　*教育部公報（民84年1月～民90年12月止）。

　　網址:http://www2.edu.tw/secretary/

　*教育部網站（教育部，2001b）。

　　網址:http://www.edu.tw/

3.古德拉（J. I. Goodlad）將課程的分爲五種類型：專家學者層次的理想課程；中央層次的正式課程；教師詮釋的知覺課程；教室中實際發生的運作課程以及學生的經驗課程（黃政傑，

1998；Goodlad, 1979; McNeil, 1990）。本文所指的「正式課程」
為中央層級所制定的課程綱要或相關的課程指引。

4.行政學者對「權力」的來源，歸納分類如下表（吳清山，
1999；謝文全，1998）。

Max Weber	J. R. P. French & B. Raven	G. A. Yukl
1.精神感召的權威 charismatic authority 2.傳統的權威 traditional authority 3.法理的權威 legal authority	1.參照權（reference power） 2.法職權（legitimate power） 3.獎賞權（reward power） 4.專家權（expert power） 5.強制權（coercive power）	1.職位權（position power） 2.個人權（personal power） 3.政治權（political power）

參考書目

中文部分

丘昌泰（1995）。**公共政策**。台北：巨流。

余霖（1999）。能力指標之建構與評量。載於中華民國教材研究發
　　展學會（主編），**九年一貫課程研討會論文集**。台北：編者。

吳清山（1999）。**學校行政**。台北：心理。

林天祐等編撰（2000）。**台灣教育探源**。台北：國立教育資料館。

林殿傑（1999）。九年一貫新課程之政策規劃與因應策略。載於中
　　華民國教材研究發展學會（主編），**九年一貫課程研討會論文
　　集**。台北：編者。

高新建（2000）。**課程管理**。台北：師大書苑。

張芳杰等（主編）（1992）。**牛津高級英英英漢雙解辭典**（第六版）。台北：東華書局。

教育部（1999）。**國民教育九年一貫課程配合工作計畫**（草案）。台北：教育部。

教育部（2000a）。**國民中小學九年一貫課程暫行綱要**。台北：教育部。

教育部（2000b）。**國民教育法規選輯**。台北：教育部國教司。

教育部（2001a）。http://teach.eje.edu.tw/。

教育部（2001b）。http://www.edu.tw/。

許銘欽（1999）。從教學節數的配置構想－談九年一貫課程學習領域的實施問題與建議。載於中華民國教材研究發展學會（主編），**九年一貫課程研討會論文集**。台北：編者。

黃政傑（1985）。我國教育部課程行政的檢討與改進。載於中華民國比較教育教育學會（主編），**教育行政比較研究**。台北：台灣。

黃政傑（1998）。**課程設計**。台北：東華。

黃政傑（1999）。**課程改革**。台北：漢文。

謝文全（1998）。**教育行政－理論與實務**。台北：文景。

謝瑞智（1996）。**教育法學**。台北：文笙。

Summers D.等人（主編）（1991）。**朗文英漢雙解活用辭典**（第二版）。台北：朗文。

英文部分

Apple, M. W. (1976). Making Curriculum problematic. *The Review of Education, 1976, 2*(1), 52-68.

Brady, L. (1992). *Curriculum Development*. (2th ed). Brunswick, Australia: Prentice Hall.

Dye, Thomas R. (1978). *Understanding Public Policy*. Englewood Cliffs, New Jersey: Prentice-Hall.

Goodlad, J. I. (1979). *Curriculum Inquiry*. N. Y.: McGraw-Hill.

McNeil, J. D. (1990). *Curriculum: A Comprehensive Introduction*. (4th eds) Scott, Foresmam : Little, Brown Higher Education.

Porter, Smithson, & Osthoff (1994). Standard Setting as a Strategy for Upgrade High School Mathematics and Science. In R. E . Elmore & S. H. Fuhrman (Eds.), *The Gonvernance of curriculum: 1994 yearbook of the Association for Supervision and Curriculum Development* (pp.138-166). Alexandria, VA: Association for Supervision and Curriculum Development.

敘事式課程之探究及其對當前課程實踐的啓示

楊智穎◎著
台南縣新化國小教師

摘要

　　分析國內近幾年的課程改革與研究趨勢，可發現敘事性課程逐漸受到重視，因此本研究乃針對敘事與課程的關係，以及敘事對當前課程實踐的啓示進行深入探討，本研究主要分爲四個部分：首先，探討敘事的意義；第二部分分析敘事在課程領域的應用；第三部分探討敘事在課程研究上的發展與限制；最後提出對當前課程實踐的啓示。

關鍵詞：敘事、故事、教師知識

前言

    從課程權力結構的角度分析國內近幾年課程改革的發展趨勢，可發現我國課程改革已逐漸從過去由上而下的制式化課程運作型態，逆轉爲以教師爲主體的個殊論述型態，尤其隨著九年一貫課程的發展，強調「教師個人立論」、「學校本位課程發展」、或「課程自主」等課程語言紛紛出籠，許多教師更企圖透過各種管道讓自己「發聲」，課程領域的論述空間不再只有學院的學者專家或官方行政人員能夠參與，做爲過去課程生產線下游的教師，更不願只在充當課程劇場中的觀衆，他們希望自己也能夠成爲課程劇場中的表演者，有權上台去書寫他們所要的課程文本（text），而這些文本所反映出的課程世界，不是一種「以台北看天下」式的世界觀；相反的，它是多元的、個殊的、合於脈絡的，每一個人都是課程實踐過程中的主角，同時每一個課程事件的發生（happening）也都有其特殊的歷史意義。

    從上面所描述的課程現象，對照目前課程理論的發展趨勢，似乎有相互呼應的情況。分析課程理論的歷史發展，早期的傳統課程論受到Tyler和Bobbit等學者的影響，對於課程的論述較多從科學實證的角度去詮釋課程，一九八〇年代以後，Pinar、Green和Apple等學者，有感於課程的探究過於重視課程表層的「技術面」與「和諧面」，反而忽略課程本質的「對立面」與「衝突面」，因此他們分別從存在主義、現象學、詮釋學或批判理論的觀點，重新對「課程」進行詮釋，「課程」不再是事先已經規劃好的「跑馬道」（currere），而是不同個體在跑馬道上賽跑所獲致的經驗，一般學者將上述學者的論述概括爲「再概念化」學派。而當時序即將邁向二十一世紀，課程領域也因爲加入新的學術元素與生命，更呈現出一種極爲活絡又具多元的新樣貌，如果我們試圖再

對課程內涵進行詮釋，可發現它隱然又有不同的樣貌，如同Pinar（1998）所言，課程在新政治世界，疆界一直是被爭論的，論述疆界將被跨越，而新的混合物（hybridities）將出現。Pinar在1995年便曾從八種文本去論述課程，在1998年編撰的《課程：朝向新的認同》（*Curriculum: Toward New Identities*）一書中，更是企圖從不同的觀點為當今的課程描繪出新的圖像，其中本書的第一章就特別刊出Goodson的一篇文章——「說自我的故事：教師生活和工作的生活政治及研究」（Storying the Self：Life Politics and the Study of the Teacher's Life and Work），這篇文章主要是從敘事與故事的角度對課程實踐進行反省與分析，而將本篇文章放在本書的第一章更突顯出本論題的重要性。本研究為了更深入探討敘事與課程之間的關係，以及對當前課程實踐的啟示，茲分別從四個部分加以分析之。首先，探討敘事的意義；第二部分分析敘事在課程領域的應用；第三部分探討敘事在課程研究上的發展與限制；最後提出對當前課程實踐的啟示。

敘事的意義

有關敘事的意義，Clandinin and Connelly（1990）指出，敘事不僅是一種現象，也是一種方法，其中現象是指所要研究之經驗的性質，方法則是指進行經驗了解的模式。將敘事視為一種現象，可用來理解課程實施過程之相關人員的價值觀、行為表現及實施歷程的體驗等；而將敘事視為一種方法，則可做為探究教師進行課程實施的研究方法。

其他學者也指出，有關敘事意義的詮釋主要二，第一種詮釋是採取較結構式的定義，提倡者如Culler（1975）、Chatman（1978）、Scholes（1981）和Whyte（1981）等人，他們將敘事

（narrative）、故事（story）和論述（discourse）三者進行清楚的界定，其中敘事包括兩個部分，分別是故事和論述（discourse），而故事則是指建構敘事內容的事件、人物、場景等，論述則是指故事的論述、表達、呈現及敘述，論述能夠在戲劇、動畫或舞蹈等方式下被述說、被書寫和被表演，在這個觀點之下，故事做為敘事的一種特殊型式，有明顯的開始——中間——結束，或情境——轉變——情境等面向。但Herrenstein-Smith（1981）卻認為敘事的結構式定義是具限制性，他提出另外一種敘事的變通（alternative）定義，敘事不只具備文本的結構性特色，同時它還深藏在人類的行動當中，是為了說明某一事件的發生而進行的一連串言辭、符號或行為表現，其中與敘事有關的事物、敘述者說故事的理由、敘述者敘事的能力、和聽眾的性質都是發展敘事理解的重要因素。

而本研究認為為了掌握敘事的全貌，敘事的意義應兼具結構性的定義，以及非結構性的定義，也就是人類為了述說某事所表現出來的各種符號表徵，也可以是敘事的內涵。

敘事在課程領域的應用

一般人在閱讀或探討敘事式課程時，通常會疑惑敘事與課程之間有何關係，這樣的問題在研究者參與多場與課程有關的研討會之後，頓然有所領悟，研究者發現每一個學校教師在論述其自身的課程故事時，總有幾個共同的特徵，也就是他們大多是學校教育人員生活經驗或價值信念落實在課程實踐的過程；其二，每個教師的課程故事雖然不同，但都同樣包含人與人，以及人與課程之間的共融、喜悅、衝突或矛盾，而深思每一個教師的課程論述，若將其拓荒時期、奮鬥時期及分享時期的每一個事件串聯起

來，其實便是一個極富生命力的課程故事，其中故事內容又同時包含學校的故事、校長的故事、教師的故事和學生的故事，這些課程故事會隨著教師的生活背景、族群、性別或價值信念而有所不同，也就是原住民教師、女性教師、或是即將退休的教師，他們的故事必不相同，因此如果我們將課程實踐史比喻為教師個人生活史，事實上並不為過，既然教師在教育實踐過程中扮演如此關鍵性的角色，他們的聲音是應該被聽見，他們也應有權力去論述他們的課程經驗。

至於敘事在課程領域的應用為何，本研究分別從課程知識的認知、教師知識的內涵、課程實施的內涵、教師的自我認同和課程研究的發展等五方面加以說明之。

一、在課程知識的認知方面

Bruner（1985）曾將知識的獲得來源區分為範典的認知（paradigmatic knowing）和敘事的認知（narrative knowing），前者是根植於目前的科學思考模式，採用抽象、去脈絡的思考，以及邏輯和預測的方式來獲得知識；後者則是將社會世界所發生的具體事件，以敘事的方式來組織成故事，並藉由故事的溝通與思考來理解世界，它關心人類意圖在經驗、文化及行動脈絡中的說明。就課程知識的內涵而言，它不僅是人的知識，同時也是文化的知識，因此要認知課程知識，便不能純靠課程理論或教科書中的知識，因為課程知識是無法脫離文化脈絡與個人因素。基於這個道理，每一個個體在課程實踐過程中的敘事或書寫出來的故事，都是個人對生活世界經驗的獲得與體會，藉由敘事或說故事的過程，更能對課程知識有進一步的瞭解，因此教師有必要透過不同的敘事或故事去瞭解課程知識的本質。

二、在教師知識的內涵方面

　　相關文獻指出，課程潛能的識讀不僅視材料原有的特性而定，更有賴於教師的詮釋能力及其專業想像力（甄曉蘭，2000；Ben-Peretz, 1990），我們也可以這樣說，課程實施本身亦可視為是教師知識的實踐過程。既然教師知識在課程實施過程中扮演如此重要的角色，那麼教師知識的內涵為何？則有必要深入的探討，Connelly and Clandinin（2000）曾指出教師知識有三種特徵，分別是暫時的，它是指教師知識發展包括過去、現在與未來；個人／存在的，它是指教師知識受到個人內心世界與外在環境脈絡的影響；地方的，它是指在教師知識會隨著教師所在的地方不同而有所不同；其他相關學者如Olson and Craig則提出敘事權威（narrative authority）與知識社群（knowledge community）的概念，敘事權威反對知識是在實證主義下，是外在於認知者的宰制權威，它認為知識與教育工作者，及其所在的工作脈絡是一體的，這樣的知識是來自於經驗，同時是可以彼此分享的；而知識社群是互為關係，且是述說故事的地方，在這裡人們述說他們的原始經驗，協商經驗的意義，以及尊重自己與他人的經驗詮釋（Olson, 1995; Craig, 1999）。

　　由以上的論述可得知，教師知識並非是固定的或永恒的，它是會受到教師的教學情境脈絡與個人過去生活史的影響，因此這種知識的內涵及建構過程即是一連串不斷演化之故事的展現，透過敘事的方式可以用來理解與建構教師知識，同時洞識其在課程實施過程中所扮演的角色。

三、在課程實施的內涵方面

　　課程實施過程包含一連串教師教學信念與假設的轉變，以及個人課程實踐經驗的累積，而這些假設的轉變與經驗的累積是屬

於個人所擁有，當教師退出經驗之外，用敘事的方式對個人課程實施經驗進行回溯，更能對自己課程實施過程有更深入的理解，這樣的過程也能協助教師從自己的敘事中獲得改革的力量及啟示，這也是「教師即研究者」的真意。分析國內課程實施現況，一般人常將教師窄化為操作套裝課程的技術性工人，是課程實施過程中的勞力者，因此教室中的課程圖像是專家所建構的，專家必須發展防範教師的教材（teacher-proof materials）供教師使用，是課程實施過程中的勞心者。這樣的課程實施現象基本上是忽略教師的存在，而以敘事做為課程實施的一種方式，能夠祛除國內長久以來以Tyler工學模式為尊之課程實施取向所帶來的弊病。

敘事式課程除了應用在教師身上，也可應用到對於學生的教學，例如，Wood and Jeffrey（1996）曾對具創造力的教師進行研究發現，這類的教師常把敘事當作是學習與詮釋的一種形式，在這個研究中，教師會使用故事去教導與回應生活，以及理解重視每一個學生之個別故事的重要性。在這個過程中，教師與學生，以及學生與學生之間是合作的關係，他們分別提出他們所認識的生活世界，然後經由修正後，對新世界再建構新的意義。其他的方式還可包括：論述（argument）、說明（account）、故事、傳說、傳記，或者個人閱讀或經歷的講述，而每一種型態在形式、內容、長度和來源等方面各不相同，它們同時跨越時間和文化界限提醒我們，我們是誰以及我們要如何生活（葉淑儀譯，Lambert等著，1999；Lyle, 2000）。

由此可知，以敘事做為課程實施的一種方式，能夠讓每一個班級成員的故事都具備鷹架的（scaffolding）作用，而透過班級同儕對彼此的故事進行意義的溝通或分享，將更能建立班級成員間相互的信任，同時塑造成為一個學習社群，在這種情境之下，教師、學生與家長在課程實施過程中不是彼此孤立，而是相互關連

的。

四、在教師自我認同方面

　　故事最重要功能是讓自身被他人知曉，故事同時也直接或間接的傳達了說故事者所處的社會地位與文化脈絡（張慈莉，1999：30）。由於每一個人所代表的種族、階級、性別及文化各不相同，因此教師在敘事他自己的課程故事時，必會從自身經驗的角度去詮釋，同時從故事內容中也可透視教師或學生的身份背景，例如，在教師進行統整課程實施經驗的敘事時，教師描述：「我在進行統整課程實施時，我會應用師院時曾經修過有關圖書館有關的課程，教導學生應用圖書館的資料」（訪談89/08/23）。由這段話可得知教師過去在師院時期曾經修習過與圖書館有關的課程。基於這個理由，為了讓教師瞭解自己及他人的過去、現在和未來的演變過程，以及現在的我在整個社會脈絡與個人生命史中的定位，學校應規畫充分的時間與空間，讓成員從彼此的敘事或故事中建構出自我的身份認同。

五、在課程研究的發展方面

　　Short（1991）曾綜合相關文獻，提出包括：分析性、擴充性、推測性等十七種不同的課程探究方法，其中一種即為敘事式的探究方法。長久以來由於課程研究受到實證研究取向的影響，較重視量化或數字資料呈現，事實上課程不應簡化為可計算的課程成品，它還與人的信念，以及文化脈絡有關，是攜帶情感的人類生活史，這也就是為何近幾年課程的敘事性探究取向在相關期刊雜誌中倍受關注的原因，相關研究如Craig便提出「平行故事」（parallel story）的探究方式，它是建立在說故事的方法論（Craig, 1999），主要包含兩種意義回復的形式，第一種是從一所學校到另一所學校之故事的建構，第二種是教師經歷不同脈絡之故事的個

人建構。就課程研究而言，因為每一所學校的規模、教師素質與社區資源各不相同，因此每一所學校所發生課程故事也就不會一樣，而教師身為學校的一員，除了是學校課程故事中的一個角色，同時因為每一位教師生活背景的差異，他們也會有屬於自己的課程故事；如果用地圖的探究作比喻，我們除了可以從距觀的角度，研究全世界的課程地圖，也可以深入每一所學校或教師，探討他們在課程實踐過程中所抱持的課程地圖佈局為何。

敘事在課程研究中的發展與限制

　　敘事的研究通常是跨學科領域的，包括：人類學、文學、哲學、心理學和歷史等，在人類學方面，敘事的研究在呈現不同文化團體有關敘事的不同陳述方式與不同的觀點；在文學研究方面，為了瞭解敘事的基本問題，研究的焦點放在詳細的檢驗由團體成員所產生的口述故事；在心理學方面，則在發現記憶的建構本質，無論是在實驗的情境，或是在自然的脈絡下說故事；在社會學與社會語言學上，則注意在互動中故事產生的方式（Kyratzis & Green, 1997）。目前在課程領域，與「敘事」有關的文獻已愈來愈多，敘事研究已廣泛被接受，並視為是從內去了解教師文化的工具（Cater, 1993; Goodson, 1991; Schon, 1991），加上這些敘事或故事背後蘊藏極為複雜的價值觀、文化觀與道德觀，因此Goodson（1991）指出，教師敘事（narratives）的研究也就是教師擁有之經驗的故事，它有助於對教師思考、文化與行為的瞭解。而目前以敘事方式對課程進行研究的相關文獻中，以教師知識的探究較多，較偏向分析不同教師在不同文化脈絡下之課程實施的知識，例如，Beattie（1991）即透過兩年的質性和合作研究，探究教師如何理解教室情境，以及透過反省實踐和合作探究再建構

他的專業知識。Craig（1999）則研究新手教師分別在一所十三歲和一所六十四歲的學校，不同的學校脈絡如何影響教師知識的發展。

至於敘事研究必須注意的事項為何，Mcewan（1997）認為主要有三，一是權威（authority），它是指在敘事研究中，我們必須反省誰的聲音被呈現？無論是教師或是研究者都必須維持一種相互主體性（intersubjective）的關係；二是過程，包括反省與批判的看法；三是詮釋，教師與研究者必須具備詮釋的技能，能知覺到敘事中的潛在特色，以及意識到我們心智的運作。

另一學者則指出，當研究者欲以敘事的方法進行課程領域的研究時，應避免下面的危險：（Conle, 1999:18-24）

一、生硬的故事（hardened stories）：它是指視故事為非暫時性的法規，同時缺乏與生活經驗的連結。

二、全知的敘事者（the all-knowing narrator）：它是指帶著權威或控制面對故事中的人物或聽眾。

三、冷凍的故事（frozen stories）：它是指故事缺乏聽眾的回應，未具備改變的潛能。

四、複印的肖像（print portrait）：它是指一種通則或原理進入經驗敘事，而終止故事經驗不斷的前進，而造成一種固定的特殊觀點。

五、正典的存在（the viability of a canon）：它是指我們所提出的故事是在朝某種特殊優勢領域發展，以做為最好的文本或典型。

六、理論的權力（the power of theory）：它是指理論的聲音被視為是權威或真理，而與課程實踐過程中敘事相衝突。

而學者Goodson（1998）也指出，敘事或生活故事對於一般生活世界與特殊教學的研究而言，是一重要的來源，他們是獨特的、選擇性的與特殊的（在時間和脈絡），然而對敘事和生活故事的信賴，卻也可能限制我們對社會脈絡和關係的瞭解，以及社會和政治目的的能力。單方面的信賴敘事會變成一種政治寧靜主義的方便形式，我們可能繼續說我們的故事（無論是生活故事或研究故事），但我們的探照燈卻無法照亮生命和生活環境的社會與政治的結構。因此我們必須同時捕捉主體（agency）和結構：生活故事與生活歷史。以三個腳來比喻生活故事與生活歷史，三個腳中的一個腳是生活故事，另外兩個腳是與他人生活有關的文件、複本或檔案。我們必須同時掌握二者，才不會使個人的生活故事成為一種自我陶醉或孤芳自賞的獨白。

　　由上述學者的論述可得知，敘事研究提供當前課程領域另一個思考的取向，它可以補充量化研究或大樣本研究的缺失，然而我們在採用此一研究取向時，更重要的是不要武斷的只看到它的優點，而盲目的忽視它可能產生的陷阱；再者，這樣的課程研究取向對於課程改革的意義為何，也是我們必須關注的地方。

對當前課程實踐的啟示

　　綜合上述可得知，敘事性課程的價值在開發另一種課程探究型式，協助教師從敘事中找到自己的身份認同，包括定位、優勢和限制，落實教師個人立論的建立與呈現，讓課程的內涵更具生命力與人性化，同時敘事也可以成功的扮演教師專業成長過程中的鷹架角色，提供教師認識自身課程知識，以及突顯教師也有改變或建構學校或社會脈絡的能力。然而無論是把教師的敘事當作是一種研究方法或現象，都必須注意以下問題，包括：一、敘事

的內容是否為「原聲」；二、為何要「敘事」；三、是誰在「敘事」；四、敘事本身的意義為何；五、是透過何種方式「敘事」；六、敘事是否已被落實（enacted）。

目前國內課程改革的重要工作即是九年一貫課程，其中又以統整課程與學校本位課程倍受重視，然而反省國內統整課程與學校本位課程發展的實際狀況，雖然表面中央已把課程發展的自主權下放到各校，然而研究者發現下放的層級仍多僅止於學校校長或行政人員，部分教師個人的或集體的課程意識仍未覺醒，許多教師仍期待由外而內提供一個標準的或官方的課程處方，同時課程的實際圖像也常停留在光鮮亮麗的學習單，一種反省的、對話的、或批判的課程故事則甚少出現，究其原因主要在於忽視課程實施過程中的文化與個人因素，為了改善上述的弊病，讓這一波課程改革是充滿生命力、想像力與自主性，有必要將敘事應用到學校課程改革，在教師的課程觀方面，透過敘事讓教師視課程即為其每日的教學生活經驗，而不只是那些無生命的教材；在教師的課程知識方面，讓教師更清楚自己的生活故事對課程實施的影響；在課程改革方面，由於不同學校或教師心中的課程圖像並不相同，因而必會產生不同的課程故事，而我們必須將這些有血有淚的故事放在同一個課程平台，然後透過自我與他人課程故事的互相激盪、學習、反省與批判的過程，將課程改革的流程導向更人性化與專業化的方向；最後在教師進修課程的規劃上，應修正學校或教師之課程實施的孤立主義，教師進修課程也可以是不同學校或教師課程實施之個殊故事的分享與對話。

參考書目

中文部分

張慈莉（1999）。生活主題的敘事理解。國立台灣師範大學教育心理與輔導研究所碩士論文，未出版，台北。

葉淑儀（譯）、Lambert, L等著（1999）。教育領導—建構論的觀點，頁173-192。台北：桂冠。

甄曉蘭（2000）。新世紀課程改革的挑戰與課程實踐理論的重建。教育研究集刊，**44**，61-89。

英文部分

Beattie, M. (1991). *Constructing professional knowledge : A narrative of change and development in teaching.* New York: Teachers' College Press and Toronto : OISE Press.

Ben-Peretz, M. (1990). *The teacher-curriculum encounter：Freeing teachers from the tyranny of texts.* New York：Doubleday.

Bruner, J. (1985). Narrative and paradigmatic modes of thought. In E. Eisner (Ed.), *Learning and teaching the ways of knowing.* Chicago: University of Chicago Press.

Carter, K. (1993).The place of story in the study of teaching and teacher education. *Educational Researcher, 22*(1), 5-12.

Chatman, S. (1978). *Story and discourse: Narrative structure in fiction and film.* Ithaca, NY: Cornell University Press.

Conle, C. (1992). Language , experience and negotiation. *Curriculum Inquiry, 22*(2), 165-190.

Conle, C. (2000). Thesis as narrative or "what is the inquiry in narrative inquiry?" *Curriculum Inquiry, 30*(2), 189-214.

Conle, C. (1999).Why narrative? Which narrative? Struggling with time and place in life and research. *Curriculum Inquiry, 29*(1), 7-31.

Clandinin, D. J., & Connelly, F. M. (1990). Story of experience and narrative inquiry. *Educational Researcher, 19* (5), 2-14.

Connelly, F. M. & Clandinn, D. J. (2000). Narrative understandings of teacher knowledge. *Journal of Curriculum and Supervision, 15*(4), 315-331.

Craig, C. J. (1999). Parallel stories: a way of contextualizating teacher knowledge. *Teaching and Teacher Education, 15*, 397-411.

Culler, J. (1975). S*tructuralist poetics: Structuralism , linguistics, and the study of literature*. Ithaca, NY : Cornell University Press.

Goodson, I. F (1998). Storying the self: Life politics and the study of the teacher's life and work. In W. F. Pinar, (Ed). *Curriculum toward new identity, 3-20*, Garland Publishing, Inc.

Herrenstein-Smith, B. (1981). Narrative version, narrative theories. In W. Mitchell (Ed.), *On narrative, 209-232*. Chicago:University of Chicago press.

Kyratzis, A., & Green, J. (1997). Jointly constructed narratives in classrooms: Co-construction of friendship and community through language. *Teaching and Teacher Education, 13*(1), 17-37.

Lyle, S. (2000). Narrative understanding: developing a theoretical context for understanding how children make meaning in classroom setting. *Journal of Curriculum Studies, 32*(1), 45-63.

Mcewan, H. (1997). The functions of narrative and research on teaching. *Teaching and Teacher Education, 13*(1), 85-92.

Mullen, C. (1994). A narrative exploration of the self I dream. *Journal of Curriculum Studies, 26*(3), 253-263.

Olson, M. (1995). Conceptualization narrative authority: Implications for teacher education. *Teaching and Teacher Education, 11*(2), 119-125.

Pinar, W. F. (1998). *Curriculum: toward new identities*. Garland Publishing, Inc.

Polkinghore, D. E. (1988). *Narrative knowing and the human Sciences*. Albany: State University of New York Press.

Scholes, R. (1981). Language , narrative, and anti-narrative. In W. J. T. Mitchell (Ed.), *On narrative, 200-208*. Chicago: University of Chicago Press.

Short, E. (1991). Introduction：Understanding curriculm inquiry. In E.C.Short, (Ed.) *Forms of curriculum inquiry, 1-25*. Albany: SUNY.

Whyte, H. (1981). The value of narrativity in the representation of reality. In W. J. T. Mitchell (Ed.),*On narrative, 104-124*. Chicago: University of Chicago Press.

Woods, P., & Jeffrey, B. (1996). *Teachable moments: The art of teaching in primary school*. UK : Open University.

國民中小學閩南語課程綱要之評析

黃嘉雄

國立台北師範學院初等教育學系教授兼課程與教學研究所所長

楊嵐智

國立台北師範學院課程與教學研究所碩士班研究生

摘要

　　直到九年一貫課程的實施，始將閩南語課程納入語文領域的學習範圍裡。本文評析了閩南語課程綱要中的兩個重要部分，閩南語課程的基本理念及課程目標。並且，以教學時間分配、音標系統選用和以明確性、正確性、順序性、難易度、繼續性、周延性的原則檢驗閩南語分段能力指標的問題。當然，負載著社會期望與文化記憶的閩南語課程綱要，其理念或目標應兼顧文化的維護與傳承，社群的包容與發展。而關係課程實質內涵至鉅的閩南語能力指標應予修正，如此才有利於教師的解讀，以便於課程的實施。

關鍵詞：閩南語課程綱要、課程理念、能力指標

國民中小學九年一貫課程暫行綱要（以下簡稱九年一貫課程）開宗明義地說：本次課程改革之主要背景乃是國家發展的需求，和對社會期待的回應（2000：1）。除此之外，課程改革卻也牽動了台灣社會新的權力分配與社會控制原則，包括：市民社會活力的興起、邊陲聲音的湧現、場域疆界的跨越⋯等。使得早期被鄙視、醜化的鄉土語言，能跨越家庭和民間的界限，邁入學校教育知識的殿堂（黃嘉雄，2001）。

　　閩南語在台灣的使用人口超出百分之八十，長期以來，卻漸漸地在以國語為主的教育體制和社會中流失。直到九年一貫課程的實施，始將閩南語課程納入語文領域的學習範圍裡。雖然，有人認為這是邁向多元社會的開始，有人讚頌這是平等、尊重的學習；然而，在教室裡所進行的閩南語課程卻仍困難重重，除了近來大家所熟知的鄉土語言師資培訓、音標系統選用的問題之外，其實，許多問題卻是來自閩南語課程綱要本身。

　　本文將評析閩南語課程綱要中的兩個重要部分，首先，是閩南語課程的基本理念及課程目標；其次，以教學時間分配、音標系統選用，和明確性、正確性、順序性、難易度、繼續性、周延性的原則，檢驗閩南語分段能力指標的問題。

理念與目標之評析

　　閩南語原屬於許多台灣民眾母語中的一環，然而，因為學校語言教育的影響，讓台灣原有的語言竟逐漸地脫離家庭教育；相反地，現在卻必須利用學校教育喚回家庭、社會對母語的重視。因此，我們以為「語言的使用是自然的」這種說法是一種錯誤的認知，它除了建立在出於善意的主觀願望外，還反映出政治支配者長期的有意引導（施正鋒，1996）。

當前的九年一貫課程恢復了閩南語在語文教學中的位置，但是，卻無法給閩南語所代表的鄉土文化價值相對的地位[1]。嚴格說來，就本文以下所探討的教學時數[2]看來，閩南語雖爲鄉土語言中的主流，卻仍位於語文領域的邊陲地帶；對於建構多元文化理念的幫助有限，更遑論Halcon and Reyes（1992）所說的，在教學的歷程中，整合雙語或多語的複雜概念和知識。

　　語言與政策，其實是一種互爲因果的關係（施正鋒，1996）。而今語言教育政策的開放，對閩南語課程所隱含的意義爲何？本文將從實施雙語教育的各種理念，反觀當前九年一貫課程中的閩南語課程之基本理念與課程目標。

一、 雙語教育之實施理念

　　學理上認爲雙語現象有兩種，一爲狹義的雙語，即個人或語言社群使用兩種語言，是謂「雙語現象」（bilingualism）；另一種是廣義的雙語，意指個人或語言（方言）社群使用兩種語言（或方言）的現象（王建華，1989；林運來，1989；陳恩泉，1999）。美國學者Ferguson曾在其「雙方言現象」一文中解釋，「雙方言現象」（diglossia）一詞是仿造法語詞「diglossie」所造的。而歐洲其他國家通常也用這個詞來表示「雙語現象」這一特殊涵意（轉引自陳恩泉，1999）。

　　雖然，今日台灣教育所要實施的閩南語，和北京話一樣均爲華語的一種變體，成爲具有區域特性的方言。就廣義的雙語現象解釋，閩南語與今日成爲共同語的北京話，則是不同個人或語言社群所使用的兩種語言。因此，閩南語教育的實施可以參考其他地方推動雙語教育的理念。

　　黃嘉雄（1993）認爲雙語教育一般泛指採用兩種語言作爲教學媒介之教育措施，通常這兩種語言指國家的官方語言和學生的

第一語言（母語）。而九年一貫課程中的閩南語教學正是與雙語教育的理念相仿。是故本文先歸納以下幾種實施雙語教育的理念，以作為閩南語理念的參照。

（一）文化傳承

對語言學而言，語言是探究文化的線索；簡言之，語言的流逝也就是文化的消失，而語言就是文化；所以，應積極恢復正在消失中語言的地位，並鼓勵各民族語言發展以豐富世界更多元的文化。猶如新加坡總統李光耀於1988年開始，體認到「語言即是文化」的重要，是故積極推動星馬地區各族群語言，並保存其特有文化，如華語中的儒家文化。

（二）實現教育機會均等

依據文化再製論的觀點，語言即是文化資本（cultural capital）之一，學童在入學前所具備的文化資本原是不同的（黃嘉雄，1996）。因此，語言的單一僅能圖利於某一族群，使該族群內的學童能以熟習的溝通方式和既有經驗繼續學習；另一方面則造成非主流語族內的學童得要重新學習教育中的語言。而這正是Edwards（1994）所謂的「教育限制了兒童的機會」。語言應均享有平等的尊重與公平，沒有人會因為語言而受到歧視，當然，在教育的計畫中也應考慮不同語族的需求。

以南非為例，在第一位黑人總統曼德拉上任不久後即宣布（劉德勝，2000）：人人有權在公立學校接受官方語言（包含Sepedi、Sesotho、Setswana、siSwati、Tshivenda、Xitsonga、Afrlkaans、English、isiNdebele、isiXhosa、isiZulu）的教育，或他們自己所選擇的語言，為了有效實現此權利，政府教育均應符合公平、可行性，及矯正以往的種族歧視的法律與措施。除此之

外，各官方語言均享有平等的尊重與公平，並認可在歷史逐漸消失的土著語言的使用和地位，政府須採取積極有效的方法以增進其地位與使用。

（三）促進族群的尊重、瞭解

語言能擴大族際間的交流，對於各族群的語言發展應樂觀其成，並讓語言間能相互激盪，豐富彼此的詞彙、語言內容，以及彼此的文化。雙語教育教導學生認識、尊重不同族群文化，並在和諧的多語社會中，使人與人之間學習相互尊重，同時包容不同文化的差異性，促進容納異己的民主精神，使各族群和諧地共存共榮。

（四）對鄉土的認同

語言隨著鄉土的發展而孳長代謝，所以，在鄉土語言中也就蘊含了一個地區的歷史和文化；因此，大部分的人相信：喚起群眾對語言使用的熱情，就能樹立在他們心中對鄉土的認同。

（五）獨立建國

由於語言就是認同，許多獨力建國的領導者均注意到語言所代表的文化資本；所以，鼓吹一種有別於以往獨大或霸權的語言政策，或以鄉土文化的語言教育代替，則能喚起族群間的認同，進一步能同仇敵愾對抗強權壓迫。

如同Hyde，愛爾蘭獨立的第一位總統，他藉由愛爾蘭光榮的民族史來建立人民的信心，鼓勵人民保存本土語言文化，同時強調語言就是認同，語言就是文化語言就是獨力建國的文化資本（張學謙，1998）。所以，愛爾蘭即是以語言運動為其獨立建國的號召，目的在啟發人民的民族意識。

（六）減少政治抗爭

身爲殖民統治者均瞭解語言控制的重要。因此，殖民統治會施以統一（殖民地）的語言，消解各族群間對本族文化的認同，甚至以爲本族文化是次級、不入流的文化，如此一來，則方便統治者的治理。於此，語言則成爲減少政治抗爭的工具。

南非早年曾長期處於「白人政策」的控制底下，那裡大多數的居民（黑人）在政治或經濟等權力均受到限制。爲求生存，大部分人都寧願讓下一代學習英語或多數族群的語言，漸漸地，就有許多珍貴的語言遺產消失了；當然，執政者所代表的主流語言（英語）和高階文化，也就名正言順地成爲社會認同的表徵。

殖民者以語言使被殖民地順服的狀況，亦同樣在台灣發生過。日據時期，新任台灣總督府學務部長的伊澤修二曾提出：「台灣的教育第一應該使新領土的人民從速學習日本語」（陳美如，1998：13）。因此，推廣日語成了國家主義的教育方針。日本殖民政府在語言教育政策上分別進行了台語漢文、台語日語、全部日語的三種同化模式，以逐年減少台灣人的政治抗爭，並增加對日本殖民政府的認同。

（七）語言促進經濟關係的發展

許多強勢語言的背後，如英文、日文或中文等，都代表著龐大的商機；因此，精通語言的另一個重要理念是促進雙邊的經濟關係。

就上述雙語教育的實施理念看來，語言政策往往隨政治情況和背後的意識型態而改變（雲惟利，1998）。透過語言、知識，讓使用階級的結構，被合法化並且再生（Weiler, 1988）。然而，利用語言達成政治的企圖是有限的，對教育的影響卻是長遠的；身爲

政策的決定者，則不可不慎。

二、閩南語暫行課程綱要理念與目標之評析

九年一貫課程暫行綱要中閩南語的基本理念，配合十大基本能力，發展成為閩南語課程目標，其對應關係可見**表1**。除了課程目標第一項與第七項外，其餘之目標均可在基本理念中發現相似的概念。

（一）閩南語基本理念在性質上與課程目標並無二致，基本理念未能象徵實施該課程的深層內涵

就實施雙語教育的不同理念探討發現，在國家官方語言之外所實施的第二種語言通常是基於政治、文化或教育的考量。在政治的目的方面，實施雙語教育能促進經濟的發展、增加對鄉土的認同、促進族群間的尊重或瞭解，甚至是減少政治的抗爭或獨立建國。在文化的目的方面，則是希望透過第二種語言（多為母語）的教育，達成文化的保留和傳承。在教育的目的方面，則促進教育機會均等理想的實踐。

然而，在台灣所實施的閩南語課程，卻無法從綱要的基本理念中瞭解其真正內涵。相反地，基本理念在學習內容的要求上卻與課程目標相似；理念中所欲達到的層次，和課程目標一樣僅止於學生的學習經驗，而非閩南語課程的價值和對整體社會的意義。

（二）理念或目標偏重語文工具性目的，忽略語言教育的潛在功能

誠如上述雙語教育實施理念的探討，實施官方語言以外的第二語言教學，其實有許多潛在的價值和目的。以「實現教育機會均等」的理念來說，以第二語言作為教學的語言，能夠讓該語族

表1 閩南語暫行綱要之基本理念與課程目標、十大基本能力對應表

基本理念	課程目標	十大基本能力
1.培養探索與熱愛閩南語文之興趣，並養成主動學習的習慣。	具備閩南語文學習之自學能力，奠定終身學習之基礎。	三、生涯規劃與終身學習
	培養探索閩南語文的興趣，並且養成主動學習的態度。	九、主動探索與研究
2.培養學生聽、說、讀、寫、作等基本能力，並能在日常生活中靈活運用表情達意。	應用閩南語表情達意並能與人分享。	四、表達、溝通與分享
3.培養學生有效應用閩南語文從事思考、理解、推理、協調、討論、欣賞、創作和解決問題。	培養閩南語創作之興趣並提昇欣賞能力。	二、欣賞、表現與創新
	應用閩南語文獨立思考解決問題。	十、獨立思考與解決問題
4.培養學生應用閩南語文學習各科的能力，擴充生活經驗、拓展學習領域、認識中華文化、面對國際思潮，以因應現代化社會之需求。	透過閩南語文互動，因應環境，適當應對進退。	五、尊重、關懷與團隊合作
	透過閩南語文學習認識文化並認識外國籍及不同族群之文化習俗。	六、文化學習與國際瞭解
5.學習利用工具書及結合資訊網路以擴展閩南語文之學習，培養學生獨立學習之能力。	充分運用科技與資訊進行閩南語文形式與內涵之整理保存，推動科技之交流，擴充台灣語文之領域。	八、運用科技與資訊
6.激發學生廣泛學習的興趣並提昇其欣賞文學作品之能力。	培養閩南語創作之興趣並提昇欣賞能力。	二、欣賞、表現與創新
	應用閩南語言文字研擬計畫及執行。	七、規劃、組織與實踐
	瞭解台灣閩南語文內涵，建立自信，以自我發展之基礎。	一、瞭解自我與發展潛能

的學生能直接透過自己的語言接觸知識；而非要先熟習官方語言，才能輾轉獲得學習。因此，語言教育於此是爲了實現教育機會均等的目的，讓學生享有平等的「文化資本」（cultural capital），不會因爲語言的差異而與教育知識產生斷層。由此可知，語言教育不只有「以語言爲溝通工具」的工具性目的，還應包括「以語言爲實體」的潛在價值。

　　不過，在暫行綱要的基本理念中卻僅將閩南語視爲是「語言的工具」，如基本理念第四條所述：「　培養學生應用閩南語文學習各科的能力，擴充生活經驗、拓展學習領域、認識中華文化、面對國際思潮，以因應現代化社會之需求。」，以及課程目標第五條：「透過閩南語文互動，因應環境，適當應對進退。」和第六條：「透過閩南語文學習認識文化並認識外國籍及不同族群之文化習俗。」將閩南語看做是開闊經驗、適應社會的工具。

　　其他如理念第二條：「培養學生聽、說、讀、寫、作等基本能力，並能在日常生活中靈活運用、表情達意。」、目標第四條：「應用閩南語表情達意並能與人分享。」係屬於語文基本能力的訓練。而理念的第五條：「學習利用工具書及結合資訊網路以擴展閩南語文之學習，培養學生獨力立學習之能力。」和目標的第八條：「充分運用科技與資訊進行閩南語文形式與內涵之整理保存，推動科技之交流，擴充台灣語文之領域。」均爲技能的層面。其他基本理念和課程目標，雖有顧及情意的層面，但卻仍僅將語言視爲「發展情意」的手段，而非以閩南語爲語言實體，透過對閩南語的學習，瞭解語言文化的差異，發展民主與尊重的精神。

（三）閩南語理念與目標忽略閩南語在台灣的特殊發展條件，卻欲達成一般語言教育的功能

就語言的背景而言，屬於鄉土語言的閩南語也是一種曾被社會抑制的語言，過去的語言政策告訴我們「語言的分歧，無助於國家的統一」；因而，在國語大鳴大放的時期，閩南語是不受歡迎的。由於閩南語經歷過語言發展的斷裂，因此，就語言的環境而言，台灣已經面臨「爺孫無法溝通」的困窘；不僅是在家無法完全使用閩南語，甚至在學校、在一般的公共場合也無法聽到閩南語。

閩南語在欠缺語言教育經驗和語言使用環境的條件下，實在難以達成其理念或目標所詳載的語言教育功能。以理念第一條：「培養探索與熱愛閩南語文之興趣，並養成主動學習的習慣。」、第六條：「激發學生廣泛學習的興趣並提昇其欣賞文學作品之能力。」，以及課程目標第二條：「培養閩南語創作之興趣並提昇欣賞能力。」、第九條：「培養探索閩南語文的興趣，並且養成主動學習的態度。」來看，雖然都提到「培養學習閩南語的興趣」；不過，令人不解的是在興趣的培養之前，更重要的應該是「使用閩南語信心」的培養，讓我們的孩子勇於說出閩南語。然而，基本理念或目標並未提高閩南語的價值，卻僅是一廂情願地認為只要實施課程，就能讓學生從一無所知，變得有興趣。

（四）閩南語理念交代不清，導致學校施行上的歧異。

閩南語雖納入語文領域的正式課程中，然而，卻因為基本理念僅說明了「語文工具」的目的；因此，導致閩南語課程因為學校的認知不同，而有許多不同的實施態度。

有些學校以為閩南語課的設置是為了「文化傳承」、「鄉土認同」的目的。不僅在閩南語課程的設計和發展上不餘遺力，甚至

還規劃「閩南語時間」等教學活動，營造語言環境；並且積極參與社區鄉土活動，結合社區的力量共同捍衛鄉土文化。

　　有些學校以為閩南語課程是為了「促進多元文化社會」的理想。於是，透過閩南語讓學生認識台灣，介紹台灣原是多語言、多文化存在的事實，以及各語言、文化相互激盪與豐富的重要性。所以，閩南語課除了教導學生認識自己的文化之外，也要培養學生尊重、包容不同文化的差異，讓各族群和諧地共存共榮。

　　也有學校以為閩南語課程只是「減少政治抗爭」的藉口，是過去國民黨執政時與在野黨的利益交換，或者是現在民進黨政府理念的發揮，當政黨輪替時，閩南語課也會隨之消失。所以，學校會以「閩南語只是暫時課程」的態度執行，通常閩南語課在這些學校裡只會落個名存而實亡的下場。因此，理念的宣示甚為要緊，不然，學校則以各自的意識型態實施閩南語課程，甚至忽略之。

　　閩南語課程的加入，對台灣的教育而言是一個新的里程碑。

　　閩南語課程應該是多元文化教育的開端，但是，在其基本理念中卻只以「語文的工具性目的」為限，而忽略了其維護、發展族群文化的使命，以及培養相互尊重的民主本質。

　　許多人對於閩南語課程的設立，所抱持的理想是關於延續文化遺產、學習相互包容與尊重，最後促成祥和共存的社會。然而，在閩南語課程綱要的基本理念中卻看不到這樣的想望。在此呼籲修訂閩南語課程的理念與目標，擬定閩南語課程「語言、文化傳承」、「族群相互瞭解、尊重」、「達成自由、民主的多元社會」之理念。

閩南語能力指標之評析

　　過去的課程標準強調五育均衡，實際上，卻導致智育的一枝獨秀；九年一貫課程是要培養具有「帶著走的能力」的學生，強調以生活為中心的「能力」，不只是「唸書」就好。至於學生在各階段學習所應完成的能力則詳載於各領域的「能力指標」中，老師的任務在於提供學生有效習得能力指標的學習經驗，使其達成基本能力。

　　九年一貫課程以能力指標代替過去課程標準的年級目標，其意在鬆綁課程的決定權，轉而賦予教師更多專業自主權，使教師能依據學生的背景、學校的條件、家長的需求及社區特色，規劃與實施課程。易言之，能力指標也是課程設計、實施或評鑑的準則；它的存在對於各學習領域是相當的重要。可想而知，若是能力指標出了問題，那麼不只影響課程，還包括老師的教學和學生的學習。

　　能力指標對於課程的不可或缺，因此，即便是首次納入正式課程的閩南語課，對於能力指標的編纂也必須謹慎為之。為了閩南語課程的長遠發展，本文將依明確性、正確性、順序性…等原則檢視閩南語課程綱要中能力指標的問題，並提出建議。

一、閩南語課程能力指標中現存的問題

　　閩南語課程綱要中所欲實踐的分段能力指標主要區分為音標系統應用、聆聽、說話、閱讀和寫作能力等能力類別，依其和十大基本能力的關係、學習階層的分段，發展成為各項指標內涵。

　　然而，從明確性、正確性、順序性、繼續性，以及周延性等基本原則來檢視閩南語課程綱要的能力指標，卻呈現出部分不適當的指標。至於在教學時數和音標系統應用能力方面，則反映了

閩南語課程實施困難的窘境。

（一）能力指標明確性的問題

　　明確性意指能力指標的具體明確，使教師在解讀時能清楚明瞭它的意涵。然而，若干閩南語能力指標在明確性方面卻犯了兩種失誤。

1. 用字不清為第一種失誤，比如：出現在音標系統應用能力指標2-3-4中的「台閩方言」，大概是其他音標系統應用能力指標所指稱的「台灣閩南語」或「閩南語」的訛誤。寫作的分段能力指標也出現了內容敘述不完整，例如，指標5-3-11「能以尊重的態度用閩南語親人、師長或同學的特徵。」，其中的「用閩南語」之後應該漏掉了「描述」兩個字。

2. 指標內涵的目標過多，以聆聽能力中的分段能力指標來說，有許多是同時包含兩個教育目標的。比如：指標2-1-7「能聽辨台灣閩南語口頭表達中的生活感受、想像，並且能從聽辨閩南語語句中，略微欣賞他人日常生活語言的自然之美。」，指標2-2-10「能熟練的辨聽台灣閩南語口頭表達中的內心感受、理智成分、想像能力，並且進而欣賞」這二個分段能力指標皆包含屬於認知能力的「聽辨」，以及屬於情意能力的「欣賞」。同樣的問題也發生在寫作的分段能力指標5-1-7「能初步認識影音的字幕或本事，並用閩南語發表自己對影片的觀感。」包含了兩種教育能力，一是技能的能力，一是欣賞的能力。

　　能力指標的具體、明確，才能讓教師清楚明白其所欲傳達的意念，無須再花腦筋猜測而導致不同的解讀或誤讀。

（二）能力指標正確性的問題

正確性意指能力指標的內容或敘述是否正確無誤；由於能力指標的轉化是課程設計的第一關卡，因此，應儘量避免錯誤的發生。

1. 能力指標號碼重複的問題甚多，在聽、說、作的分段能力中均可發現。比如：在聆聽能力中就有兩條2-2-9，其一在基本能力一、瞭解自我與發展潛能中的2-2-9「加強聽辨閩南語日常語言禮貌的能力」，另一個在基本能力二、欣賞、表現與創新中的2-2-9「能在聽辨台灣閩南語文中，深入瞭解自我的一般生活與別人所談論的生活」。又在說話能力中出現同樣的號碼各代表不同的指標，指標3-1-3「能養成愛用台灣閩南語的態度。」和指標3-1-3「能運用台灣閩南語瞭解自我的一般生活並且能簡單地向別人表白自我的生活。」。也有兩個3-2-26。寫作能力指標也有兩個5-2-2，分別對應不同的基本能力，表示不同的能力。

2. 指標內容的重複：分段能力指標2-1-4「建立聽辨後複述、聽後記錄的初步能力。」與2-1-8「建立聽辨後複述、聽後記錄的初步能力，奠定終身學習的初步能力。」同樣是在第一階段中，不同的是2-1-4屬於十大基本能力中的「瞭解自我與發展潛能」，而2-1-8屬於基本能力中的「生涯規劃與終身學習」；然而，平心而論，這兩個能力指標的內容所要達成的應該就是同一件事，難道2-1-4達到指標能力後，還無法「奠定終身學習的初步能力」嗎？！
在說話能力中，還有不同階段的分段能力指標內容竟是一模一樣。例如，指標2-1-14「能主動向父母兄弟姊妹學習台灣閩南語的一般生活詞彙。」和指標3-1-27「能主動向父母

兄弟姊妹學習台灣閩南語的一般生活口語詞彙。」則一字不差。

3.指標號碼寫錯的問題易容造成教師在課程整體規劃時，對應能力指標的困擾。比如：說話能力指標中，號碼應該為3-2-3，卻寫成3-3-3，使得有兩個3-3-3。寫錯的還有3-3-28寫成3-2-28，3-3-34寫成3-2-34。

4.在能力指標正確的問題上，較不嚴重的是號碼缺漏的問題，例如，在說話能力中少一個3-3-23的分段能力指標。

（三）能力指標順序性的問題

閩南語之能力指標以學生年級分為三個階段，並依階段性質設立分段能力指標。依據學習的原則，能力指標應符合由淺入深、由簡致繁的順序；不過，在閩南語的能力指標中卻可以發現本末倒置的現象。

比如：在音標系統應用能力中的分段能力指標1-1-3「能利用音標系統和他人分享自己的經驗和想法。」此一說法不僅過於含糊，而且要到第二階段（4-6年級）才有記錄音標系統的能力，因此，實在令人難以想像如何「分享」。

對照來看，閱讀能力的第一階段分段能力指標4-1-16「能擬定讀書計畫」，和音標系統應用能力的第二階段1-2-2「加強應用音標系統記錄口語」則似乎相互矛盾；音標系統應用能力認為學生要到第二階段才能發展出「紀錄」的能力，何以能在第一階段作組織計畫。

（四）能力指標難易度的問題

難易度所呈現出的問題，其實主要來自能力指標順序性安排

失當所導致；原本能力指標的設計應依照學生的身心條件和學習的先備經驗，然而，閩南語的部分能力指標規劃，卻造成某一學習階段中出現難以達成的目標。

以音標系統應用能力來說，分段能力指標1-2-6「能利用音標系統與不同族群語言音標之差異，瞭解不同語言之差異。」對4-6年級的學生應太過困難；而且在聆聽能力中的指標2-3-4「總結台灣主要台閩語方言差異的辨別能力」才要求7-9年級學生達成此一能力；由上可知，同樣是對方言的辨別差異，豈有辨別語言內的差異容易，而卻要年紀較小的孩子去瞭解更難的語音間的差異。

寫作能力中的分段能力指標普遍要求太高；比如：指標5-2-11「寫作遊記，記錄旅遊所見所聞，增加認識各地風土民情。」對於剛學會拼音、記音的4-6年級學生應該太過困難。

（五）能力指標繼續性的問題

能力指標的繼續性意指指標內容能在不同學習階段中有適度的延續與連貫，讓學生能在不同學習階段對於同一能力繼續地加深、加廣學習。然而，閩南語能力指標卻出現不少「繼續性」的問題，亦即下一階段的能力指標無法對上一階段的能力產生接續的效果。

1.部分閩南語分段能力指標在發展成為下一階段時，描述過於抽象。比如：說話能力的指標3-2-1「能參照台灣閩南語言系統中的生活語言，瞭解自己與同伴的身體、能力、情緒、需求與個性等，並且運用台灣閩南語表現出來。」和指標3-3-1「能參照台灣閩南語言系統中的文學語言，瞭解自己與同伴的身體、能力、情緒、需求、自我控制能力與個性等，並且運用台灣閩南語文表現出個人真誠風格來。」

兩個指標所欲達成的能力大致相同，其間的差異在第三階段學生應比第二階段學生更能運用閩南語表現出「真誠風格」；至於這「真誠風格」實在讓人摸不著頭緒，難以表達。

又如說話能力的指標3-1-19「建立運用閩南語關懷別人、與人主動溝通的方式。」和指標3-2-2「加強建立運用閩南語關懷別人，由感情出發，運用親和口吻主動問候他人的習慣。」這之間的差異也是相當的抽象；身為第二階段學生要比第一階段學生更能達成「由感情出發，運用親和的口吻」；難道第一階段的學生就無法體會或實現「感情或親和」，否則為什麼還要在下一個階段就此特別強調。還有分段能力指標3-1-25「能具有學習閩南語口頭表達的興趣。」和指標3-2-32「能具有學習優美閩南語口頭表達的興趣。」和指標3-3-32「能具有學習優雅閩南語口頭表達的興趣。」這三個分別位於不同階段的能力指標，均是要「學習閩南語的口頭表達」；然而，令人不解的是閩南語中的「優美」和「優雅」究竟有何不同？還需要分階段實施。

2. 有些同一能力的不同階段能力指標，其描述過於相似。比如：聆聽能力的分段能力指標2-1-6「建立聽取教師閩南語教學語言、教學內容的基本能力。」與2-2-8「加強建立聽取教師閩南語教學語言、教學內容的能力。」這兩個指標分別出現在第一階段和第二階段裡，就其指標內容來看，唯一的不同只在於「基本」的差異。然而，這「基本」的差異，並不容易在提供給學生的學習經驗中清楚劃分。

又如分段能力指標2-2-7「加強建立聽辨閩南語後把握述題、把握內容、重組內容的初步能力，並且記錄下來」的延伸，是指標2-3-11「加強聽辨閩南語後把握述題、把握內

容並且重組、加強、美化的能力，並且記錄下來」。這兩個指標內容幾乎相同，不同的是在於「初步」能力要轉化為「加強、美化」的能力。

這樣的能力指標描述，其指標內涵幾近相同，對於不同階段的學習缺乏辨識度；另一面，在課程設計上，老師為了相似能力指標而安排的教學活動，對於「基本」、「加強」或「美化」只能表現出程度上的不同，卻無法真正達到昇華能力的目的。

甚而有一些閩南語能力指標不僅描述過於相似，內容也相當抽象。比方說，在聆聽能力方面，基本能力九「主動探索與研究」的三階段能力指標，分別為指標2-1-15「能養成愛聽台灣閩南語的態度。」、指標2-2-18「能深刻養成愛聽台灣閩南語表達的態度。」與指標2-3-21「深刻養成愛聽優雅台灣閩南語的態度。」若分開一瞧，似乎也相當理所當然；但若綜合來看，「愛聽台灣閩南語」、「深刻養成愛聽台灣閩南語」，與「深刻養成愛聽優雅台灣閩南語」，不知編輯諸公對「愛聽」與「深刻愛聽」的定義有何不同？而特別標示的「優雅台灣閩南語」不知和「台灣閩南語」又有何不同？難道在教育中適合教「不優雅」的台灣閩南語嗎？

此一情形亦出現在說話能力中，基本能力一「瞭解自我與發展潛能」的三階段能力指標中，分別是指標3-1-3「能養成愛用台灣閩南語的態度。」，指標3-2-3「能深刻養成愛用台灣閩南語的態度。」，和指標3-3-3「能深刻養成愛用優雅台灣閩南語的態度。」其問題同前所述，恕不贅言。

（六）能力指標周延性的問題

　　目標的周延性意指兼顧認知、技能、情意等目標（中華民國教材研究發展學會，1996）。由於能力指標是課程發展的依據，也是培養學生學習經驗的基準；因此，能力指標應符合周延性，方能確保學生認知、技能、情意三方面能力的均衡發展。

　　閩南語文課程綱要鉅細靡遺地編列了1-9年級所應完成的能力指標（2000：56-73）。依據閩南語文課程綱要（四）分段能力指標與十大基本能力之關係，可以瞭解其編列的邏輯為：

　　此種方式，方便閱讀者直接瞭解閩南語十大課程目標與十大基本能力的關係，及其所延伸的分段能力指標。然而，這綱舉目張的分段能力指標架構卻無法令人一目了然它們與教育目標間的關聯。

　　本文於此藉助Bloom（1956）認知領域教育目標分類、Krathwohl（1964）情意領域教育目標分類，以及Saylor and Harrow（1972）技能領域教育目標分類（引自吳清基，1990），將閩南語各分段能力指標歸類成認知、情意、技能三種。並且以認知層面的知識、理解、運用、分析、綜合、評鑑，情意層面的接受、反應、價值判斷、價值組織、品格形成，以及技能層面的知覺、心向、模仿、機械化、複雜反應、創造的各個面向，對應閩南語各分段能力指標，製成附表1。

　　由附表1可見，閩南語各分段能力指標與認知、技能、情意三

大教育目標間的關係。無論是依學習階段或分段能力看來，均是以「技能」的培養所佔率最高，其次是認知能力，最後則是情意能力。特別是在說話能力中，相當重視「技能」方面的訓練；不過，在閱讀能力中也很強調「認知能力」的養成。五種分段能力指標裡，以閱讀能力最能兼顧到「情意能力」。

雖然，閩南語的使用是語言工具中的一種；不過，閩南語卻是台灣語言逐漸消失中的一種，而在失去語言環境的今日，或許情意層面的認同、欣賞應該比一昧的技能養成來得重要。

（七）教學時數分配的問題

九年一貫課程中以語文領域所佔的領域學習節數最多[3]。但是，若與之前的課程時數相比，反似減少；而且所需學習的語言種類卻增加了。

就教育部對九年一貫課程的鄉土語言教學實施情形的調查資料顯示，如**表2**台灣多數的小學僅以一節課的時間進行鄉土語言教學，而這樣的一節課不是完全用語文領域的一節課來上，大部分的學校則可能以「融入」之名，行「隨機」教學之實。

整體而言，閩南語若以一節課計算，比之其他領域的節數大大的不如；而欲以如此短少之時間完成語言教學，也是前所未見的。

就語文領域來說，閩南語文的分段能力指標共約301條，比之國語文的分段能力指標（扣除閩南語所沒有的「識字與寫字能力」）共約有275條的內涵，實在有過之而無不及。若僅將閩南語定位於「選修課程」，而欲實踐能力指標之內涵，則無異於緣木求魚。

加上小學到了五年級以後，又必須加入英語課程，對大部分的國小而言，均是佔用一節以上的節數，如此一來則會對閩南語空間更加的壓縮。國中以後的英語約是國語的一半節數，而閩南

表2 九十學年度國小一年級鄉土語言教學政策推動情形與學校實施概況

鄉土語言教學推動情形		
鄉土語言教學節數	每週一節	99%
	一節以上	1%
鄉土語言教學型態	「語文學習領域」時間授課	52%（13個縣市）
	「語文學習領域 ＋融入相關領域 ＋彈性學習節數」型態	40%（10個縣市）
	「語文學習領域 ＋融入相關領域」	4%（1個縣市）

資料來源：教育部（2001），轉引自中央日報，13版

語課改爲選修；這樣一個從「有限」到「可有可無」的時間分配，閩南語的發展實在令人憂慮。

（八）音標系統的問題

除了口耳相傳外，語言文化的傳承和保留，主要還是得依靠書寫的紀錄；因此，一套記音系統的存在，對語族而言是相當的重要。過去閩南語曾以不同的書寫方式存在，荷蘭、西班牙殖民時期的「羅馬拼音」，日據時期的「台語假音音標」，以及進來國人研發改良的「通用拼音」等等，均爲閩南語的發展留下過記錄。然今，納入正式課程中的閩南語施行全國，雖然音標系統衆多，但卻仍爲缺乏統一的音標系統所苦。

教育部於89年9月公布「國民小學九年一貫課程暫行綱要」，其中閩南語文的（三）分段能力指標明言：「1. 教育部公告台灣閩南語系統TLPA應用能力」；不過，到了同年12月所印製的版

本，卻將分段能力指標改稱為「1. 教育部公告之音標系統應用能力」。雖只是些微的差異，但卻可以看出教育部對音標系統的態度，從先前所支持的TLPA系統，改為不再明確贊同某一音標系統，以免成為眾矢之的。

當然，除了在（三）分段能力指標將教育部公告台灣閩南語系統TLPA應用能力改稱為「音標系統應用能力」外，也在（四）分段能力指標中，將所有提到「TLPA」的字詞全都改為「音標系統」。

由於各機關或團體的堅持，使得音標系統的問題僵持不下；日前教育部雖已將拼音問題送交專業團體審議，但是，遠水救不了近火，缺乏全國統一的音標系統對於閩南語課程已經造成了影響。

基本上，多數老師並不知道該如何實施閩南語暫行綱要中所規定的「拼音系統應用能力」，由於沒有統一的規定，身為老師都不知道該如何選擇音標系統，更遑論希望學生達成音標系統應用能力的能力指標。其他問題還包括：閩南語師資培育機構所養成分歧的音標系統師資，各民間出版商編輯了不同音標系統的教科書…；如此一來，勢必導致教學問題、銜接問題…等。

二、對於閩南語能力指標的建議

九年一貫課程暫行綱要中的閩南語文分段能力指標，是今日實施閩南語課程所應奉行的準則；假若這些準則出現了交代不清楚或錯誤時，想必更令基層實施閩南語教學的教師們無所適從。

綜合上述能力指標的問題，提出以下幾點建議：

（一）儘速恢復或訂定統一、明確的音標系統，以免影響音標系統應用能力的學習。

（二）在學習階段中，過於抽象的能力指標應加以修正，比如

「優美」和「優雅」，這種「為賦新詞強說愁」的用法應予避免。

（三）避免在同一階段或不同階段的分段能力指標裡，記述相同或相似的能力，那麼就沒能達成加深、加廣的目的。

（四）有些分段能力指標同時包含了二到三種目標意圖；一般而言，設計目標最好是一個目標包含一個概念，然後才能據此概念發展具體目標。

（五）應儘速修正閩南語文中分段能力指標號碼重複、寫錯和缺漏的問題。

（六）應儘速修改閩南語文中分段能力指標內容重複的問題，並且也應避免分段能力指標的內容敘述不完整，或過於抽象，比如：「真誠」這類難以言傳的詞彙。

結語

David（2001）認為現存語言的生機，要靠族群來維繫，也唯有族群可以維繫。若是族群將這份責任扔給外人，或扔給族群裡的一小撮人（像學校裡的老師），語言絕對是死路一條。閩南語課程亦如是，學校教育只是維護語言、文化的一部分力量，更重要的是要得到社會的支持。因此，閩南語課程的理念應兼顧文化的維護與傳承，社群的包容與發展。

至於關係課程實質內涵至鉅的閩南語能力指標，應就其在明確性、正確性、順序性、繼續性、周延性，以及教學時數和音標系統應用能力方面加以改善。如此則有利於教師對於能力指標的解讀，以便於課程的實施。

九年一貫課程所設置的閩南語課，勾起了許多人深藏在心中

的期望，也喚回了對台灣這塊土地的記憶；而當語言再次為台灣多元的文化發聲時，族群和諧才能名正言順，自由與尊重則指日可待。於是，負載著社會期望與文化記憶的閩南語課程綱要，也就更加的重要了。

註釋

1. 教育部（2000）於「國民中小學九年一貫課程暫行綱要」實施要點規定：（三）選修課程：國小一至六年級學生，必須就閩南語、客語、原住民語等三種鄉土語言任選一種修習，國中則依學生意願自由選習。

2. 教育部（2001）公布「九十學年度國小一年級鄉土語言教學政策推動情形與學校實施概況」顯示，全國一半以上的學校均在鄉土語言課中選修閩南語（選修閩南語有2098校、客語有532校、原住民語有264校）。在鄉土語言的教學節數方面，99%的學校實施每週一節，全國只有1%（35校）的學校實施一節以上的鄉土語言教學。

3. 《國民中小學九年一貫課程暫行綱要》之陸、實施要點規定：語文學習領域佔領域學習節數的20%-30%；健康與體育、社會、藝術與人文、自然與生活科技、數學、綜合活動等六個學習領域，各佔領域學習節數之10%-15%。

參考書目

中文部分

中華民國教材研究發展學會（1996）。國民小學教科書評鑑標準。

台北：編者。

王建華（1989）。語文教師的雙方言現象。載於陳恩泉（主編），
　　雙語雙方言（頁 142-150）。廣東：中山大學出版社。

林運來（1989）。漢語雙語雙方言的建構與調節—兼論廣東的語言
　　生活。載於陳恩泉（主編），雙語雙方言（頁 88-95）。廣
　　東：中山大學出版社。

施正鋒（主編）（1996）。語言政治與政策。台北：前衛。

張學謙（1998）。愛爾蘭的語言運動和獨立建國。載於林央敏（主
　　編），語言文化與民族國家（頁 171-174）。台北：前衛。

教育部（2000）。國民中小學九年一貫課程暫行綱要語文學習領
　　域。台北：出版者。

教育部（2001）。九十學年度國小一年級鄉土語言教學政策推動情
　　形與學校實施概況。中央日報，13版。

陳美如（1998）。台灣語言教育政策之回顧與展望。高雄：復文。

陳恩泉（主編）（1999）。雙語雙方言與現代中國。北京：北京語
　　言文化大學出版社。

雲惟利（1998）。台灣和新加坡近二三十年來的語言政策與華族母
　　語的興衰。載於國立新竹師範學院、台灣語文學會（主編），
　　台灣語言及其教學國際研討會論文集（頁 161-182）。新竹：
　　編者。

黃嘉雄（1993）。美國實施多元文化教育措施及其啓示。教與愛，
　　43，30-32。

黃嘉雄（1996）。轉化社會結構的課程理論：課程社會學觀點。台
　　北：師大書苑。

黃嘉雄（2001）。新的權力分配與社會控制原則：論九年一貫課程
　　改革的社會深層意義。論文發表於教育部主辦之「課程與教
　　學論壇」，嘉義。

劉德勝（2000）。南非的多元文化教育。載於張建成（主編），多
　　元文化教育：我們的課題與別人的經驗（頁 257-286）。台
　　北：師大書苑。

英文部分

Christian, K. M. (2001). The issues of diversity and multiculturalism
　　in preschool education : A reader's theatre. *Multicultural
　　Education, 9*(1), 30-32.

David, C. (2000/2001). 周蔚（譯）。語言的死亡。臺北：貓頭鷹。

Edwards, J. (1985/1994) 蘇宜青（譯）。語言、社會和同一性。台
　　北：桂冠。

Halcon, J. J., & Reyes, M. L. (1992). Bilingual education, public
　　policy, and trickle-down reform agenda. In R. V. Padilla (Ed.),
　　Critical perspectives on bilingual education research (pp.303-
　　324). Tempe, Arizona : Bilingual Press.

Weiler, K.(1988).*Women Teaching for Change*. N. Y. Bergin of.
　　Garvey pub.

附錄

附表1　閩南語分段能力指標與認知、情意、技能三大教育目標之對應表

教育目標 ＼ 學習階段	第一階段 (1-3年級)	第二階段 (4-6年級)	第三階段 (7-9年級)
教育部公布之音標系統應用能力			
認知		1-2-1、1-2-3、1-2-4 1-2-6	1-3-3
情意	1-1-3		
技能	1-1-1、1-1-2、1-1-4	1-2-2、1-2-5	1-3-1、1-3-2
聆聽能力			
認知	2-1-1、2-1-2、2-1-3 2-1-6、2-1-7、**2-1-10** 2-1-16	2-1-1、2-2-2、2-2-3 2-2-4、2-2-5、2-2-6 2-2-7、2-2-8、2-2-9 **2-2-10、2-2-12、2-2-13** **2-2-14、2-2-19、2-2-20**	2-3-1、2-3-2、2-3-3 2-3-4、2-3-5、2-3-6 2-3-7、2-3-8、2-3-9 2-3-10、2-3-11、2-3-12 2-3-13、2-3-15、2-3-16 2-3-17、2-3-18、2-3-22 2-3-23、2-3-24
情意	2-1-5、2-1-7、2-1-9 2-1-13、2-1-15	2-2-10、2-2-18	2-3-13、2-3-21
技能	2-1-4、2-1-8、**2-1-11** 2-1-12、2-1-14	2-2-7、**2-2-11、2-2-15** 2-2-16	**2-3-11、2-3-14、2-3-19** 2-3-20

說話能力		
認知	3-1-1、3-1-21	3-2-9、3-2-10、3-2-27 3-2-35、3-2-36、3-2-37	3-3-4、3-3-6、3-3-9 3-3-11、3-3-28、3-3-34 3-3-35
情意	3-1-2、3-1-3、3-1-4 3-1-19、3-1-25	3-2-2、3-2-3、3-2-32	3-3-3、3-3-14、3-3-25 3-3-26、3-3-32
技能	3-1-5、3-1-6、3-1-7 3-1-8、3-1-9、3-1-10 3-1-11、3-1-12、3-1-13 3-1-14、3-1-15、3-1-16 3-1-17、3-1-18、3-1-20 3-1-22、3-1-23、3-1-24 3-1-26、3-1-27、3-1-28	3-2-1、3-2-4、3-2-5 3-2-6、3-2-7、3-2-8 3-2-11、3-2-12、3-2-13 3-2-13、3-2-14、3-2-15 3-2-16、3-2-17、3-2-18 3-2-19、3-2-20、3-2-21 3-2-22、3-2-23、3-2-24 3-2-25、3-2-26、3-2-28 3-2-29、3-2-30、3-2-31 3-2-33、3-2-34	3-3-1、3-3-2、3-3-5 3-3-7、3-3-8、3-3-10 3-3-12、3-3-13、3-3-15 3-3-16、3-3-17、3-3-18 3-3-19、3-3-20、3-3-21 3-3-22、3-3-24、3-3-27 3-3-29、3-3-30、3-3-31 3-3-33

閱讀能力		
認知	4-1-2、4-1-1、4-1-5 4-1-6、4-1-10、4-1-14 4-1-16、4-1-20、4-1-21 4-1-23、4-1-24	4-2-2、4-2-5、4-2-10 4-2-11、4-2-12、4-2-18 4-2-21、4-2-22、4-2-24 4-2-25、4-2-26	4-3-5、4-3-6、4-3-16 4-3-17、4-3-21、4-3-22 4-3-23
情意	4-1-3、4-1-7、4-1-11 4-1-12、4-1-13、4-1-15	4-2-3、4-2-4、4-2-6 4-2-13、4-2-14	4-3-2、4-3-11、4-3-12 4-3-13、4-3-14、4-3-15

技能	4-1-1、4-1-9、**4-1-17**	4-2-1、4-2-7、4-2-8	4-3-1、4-3-3、4-3-4
	4-1-18、4-1-19、4-1-22	**4-2-9、4-2-15、4-2-16**	**4-3-7、4-3-8、4-3-9**
		4-2-17、4-2-19、4-2-20	4-3-10、**4-3-18、4-3-19**
		4-2-23	4-3-20

寫作能力

認知	5-1-3、5-1-5、**5-1-12**	5-2-10、5-2-17	5-3-2、5-3-3、5-3-4
			5-3-5、5-3-8、5-3-13
			5-3-18
情意	5-1-4、5-1-6、5-1-7	**5-2-4、5-2-9、5-2-16**	**5-3-6、5-3-10、5-3-11**
	5-1-9、5-1-10、5-1-11		5-3-12、5-3-16
	5-1-16、5-1-17		
技能	5-1-1、5-1-2、5-1-8	5-2-1、5-2-2、5-2-3	5-3-1、5-3-7、5-3-9
	5-1-13、5-1-14、5-1-15	5-2-5、5-2-6、5-2-7	**5-3-14、5-3-15、5-3-17**
		5-2-8、5-2-11、5-2-12	
		5-2-13、5-2-14、5-2-15	

新世紀教育工程－九年一貫課程再造　classroom 系列 13

編　　　者☞ 中華民國課程與教學學會

出 版 者☞ 揚智文化事業股份有限公司

發 行 人☞ 葉忠賢

責任編輯☞ 賴筱彌

登 記 證☞ 局版北市業字第 1117 號

地　　　址☞ 台北市新生南路三段 88 號 5 樓之 6

電　　　話☞ （02）23660309　23660313

傳　　　真☞ （02）23660310

劃撥帳號☞ 14534976

戶　　　名☞ 揚智文化事業股份有限公司

法律顧問☞ 北辰著作權事務所　蕭雄淋律師

印　　　刷☞ 鼎易印刷事業股份有限公司

初版一刷☞ 2002 年 8 月

ＩＳＢＮ☞ 957-818-402-6

定　　　價☞ 新台幣 350 元

網　　　址☞ http://www.ycrc.com.tw

E-mail☞ book3@ycrc.com.tw

國家圖書館出版品預行編目資料

新世紀教育工程：九年一貫課程再造／中華民國
課程與教學學會主編. -- 初版. -- 臺北市
：揚智文化，2002[民91]
　　面；　公分. -- （classroom系列；13）

ISBN　957-818-402-6（平裝）

　1.九年一貫課程－論文，講詞等

523.407　　　　　　　　　　　　91007909